现代文明视域下的
圣·埃克絮佩里
人化自然观研究　Antoine de Saint-Exupéry

王牧 著

中国出版集团
世界图书出版公司

图书在版编目（CIP）数据

现代文明视域下的圣·埃克絮佩里人化自然观研究／王牧著.—广州：世界图书出版广东有限公司，2015.5
ISBN 978-7-5100-9642-6

Ⅰ.①现… Ⅱ.①王… Ⅲ.①埃克絮佩里（1900～1944）－自然哲学－哲学思想－研究 Ⅳ.①B565.299

中国版本图书馆 CIP 数据核字（2015）第 094041 号

现代文明视域下的圣·埃克絮佩里人化自然观研究

责任编辑：	程　静　李嘉荟
责任技编：	刘上锦　余坤泽
出版发行：	世界图书出版广东有限公司
	（地址：广州市新港西路大江冲 25 号　邮编：510300
	网址：http://www.gdst.com.cn）
联系方式：	020-84451969　84459539　　E-mail：pub@gdst.com.cn
经　　销：	各地新华书店
印　　刷：	广州市佳盛印刷有限公司
版　　次：	2015 年 5 月第 1 版
印　　次：	2015 年 5 月第 1 次印刷
开　　本：	880 mm × 1230 mm　1/32
字　　数：	180 千
印　　张：	9
ISBN 978-7-5100-9642-6／Ｉ·0348	
定　　价：	35.00 元

版权所有　侵权必究
咨询、投稿：020-84453622　　gdstchj@126.com

本质是肉眼看不见的,要用心才能看得见。

——安托万·德·圣·埃克絮佩里

■ 作者2007年4月摄于埃克絮佩里故乡——里昂（Lyon）

序

安托万·德·圣·埃克絮佩里是一位见解独特、极富传奇色彩的作家。他的作品将文学想象和哲学思考紧密地结合在一起，并且一直关注现代社会问题和当代人的精神困惑。本书试图从一个全新的视角更为全面地理解这位作家及其哲学思想对现代人生存方式的启发。

关于自然观的研究很多，但是关于埃克絮佩里的自然观的研究却很少。这位像谜一般有着传奇经历的飞行员作家对人们的启发却是不可估量的。他在一个真实的而又充满想象力的自然空间里，关注现实中的人，关注他们的生存状况，关注他们的孤独和忧虑，关注他们的爱与彷徨，关注他们对生命的不同理解。他的创作从早期的朴素写实，到中期的夹叙夹议，再到后期的超越时空，在形式到内容上不断地革新和创造，体现了文学感性和哲学理性的完美融合。

埃克絮佩里留给我们的不仅是乐观、勇敢、奉献的精神，更重要的是他启发我们寻找一种对立于被物质所异化的现代文明的生存方式，和一种全新的认识世界及认识自我的视角。他以作家敏感而细腻的笔触描述了一个多元的理想世界；他以诗人的热情和想象力勾勒了一个充满诗意的人间乐园；他以哲学家的理性和深沉，在面对人类社会的复杂问题时，从根本上质疑功利为先的现代文明并探寻全新的价值观和人生观。本文试图从自然观的角度深入地剖析作家的人文主义思想及其对人类的深切关怀。

2015 年 3 月

作者写于梅斯（Metz）

Résumé

Pour Saint-Exupéry, la nature n'est pas seulement un décor ou un contexte où se produisent les histoires des héros. Elle est un leitmotiv aussi important que l'homme dans les œuvres de ce pilote-écrivain. Dans notre livre, nous approfondissons nos analyses de la nature chez Antoine de Saint-Exupéry pour mieux comprendre cet homme légendaire sous un angle original; en vue d'observer le monde d'une vision singulière et dans le but de rechercher ailleurs un paradis terrestre pour l'espèce humaine.

Tout d'abord, nous remontons à l'histoire humaine pour tenter de faire une synthèse des conceptions de la nature des époques importantes afin de discuter notre sujet dans un contexte historique et systématique. Pour nos analyses théoriques, nous accordons une grande attention à la nature humanisée définie par Karl Marx, au retour à la nature préconisé par Jean-Jacques Rousseau, à la nature poétique prônée par Martin Heidegger, et encore à l'harmonie entre l'homme et la nature avancée par les penseurs de l'Antiquité chinoise etc.

Ensuite, nous entamons notre exploration de la nature chez Saint-Exupéry à partir du panorama de la grande nature chez le pilote, car elle est la base matérielle et objective de la nature humanisée. Durant toute sa vie, Saint-Exupéry approfondit peu à peu sa connaissance de la nature: de l'aspiration à la conquête, de l'émerveillement au respect. Son attitude pour la nature convertit de la ferveur au calme, ses actes accompagnés à la fois d'imagination romantique et de méditation rationnelle. Entre le pilote et la nature, s'établissent des relations compliquées. Cela aboutira au développement de la pensée de Saint-Exupéry. D'une vision du pilote, la nature est aussi belle que dangereuse, sous l'apparence paisible se cache souvent l'imprévisibilité. Mieux que les gens ordinaires, Saint-Exupéry connaît la nature sous un angle plus proche. Les éléments naturels et les phénomènes climatiques revêtent des sens extraordinaires aux yeux de l'aviateur. En conséquence, la nature du pilote est destinée à un sens différent.

Et puis, comme le nom d'une œuvre de Saint-Exupéry: *Terre des Hommes*, la nature est indissoluble de l'homme. Chacun a sa nature, car elle est définie par celui qui la contemple. Ainsi, elle est inévitablement humanisée. Nous procédons à une étude systématique des niveaux et des significations de la nature humanisée pour Saint-Exupéry. Nous avançons les idées de la nature labourée, de la nature apprivoisée, de la nature allégorique, et de la nature humaine pour révéler notre sujet en montrant la nature humanisée et plutôt spiritualisée chez l'écrivain. En premier lieu, l'homme laboure la nature pour la transformer. Mais Saint-Exupéry met l'accent sur les efforts consacrés au cours du travail qui transfigurent la mentalité et la moralité des hommes au lieu de prêter attention aux résultats ou à la récompense acquise. Ressemblant à un paysan qui se sacrifie à son champ ou à un adepte qui fait la prière sans demander la réponse de Dieu, Saint-Exupéry pousse les hommes à dépasser l'apparence du monde pour rechercher le sens de la vie dans le sacrifice au métier. En deuxième lieu, pendant les activités humaines, des relations s'établissent entre les hommes, des liens se créent également entre l'homme et la nature. Pour Saint-Exupéry, les relations humaines telles que l'amitié, l'amour sont des richesses véritables; les liens imposés par le métier entre la nature et le pilote montrent le courage et la puissance de l'homme dans la lutte contre les mauvaises conditions. De ce fait, la nature chez Saint-Exupéry est un monde où l'homme est lié étroitement à la nature, et aussi à la grande famille de l'espèce humaine. Dans cette optique, le sens de l'existence dépend des liens avec les autres. En troisième lieu, Saint-Exupéry nous décrit un monde féerique dans ses œuvres, surtout dans *Le Petit Prince* et *La Citadelle*, où il crée plein d'images allégoriques. Dans ses autres livres, il confère également des sens symboliques aux lieux, aux scènes, et aux personnages. Les histoires basées sur ses expériences vécues n'excluent pas du tout son imagination et sa méditation. En créant les intrigues et les rôles, Saint-Exupéry exprime ses pensées philosophiques dans ses oeuvres. Par conséquent, le monde dans sa création littéraire n'est pas monotone, ni simple, ni nu, ni brut, il est riche de significations qui enrichissent notre compréhension de cet écrivain inépuisable. Enfin, nous approfondissons nos recherches en vue de mettre en lumière les pensées de Saint-Exupéry sur la transformation de la nature qui consiste essentiellement à l'accomplissement de l'homme. Ainsi, la nature humaine est le dernier niveau de la nature humanisée chez Saint-Exupéry. Il nous dresse un paradigme de l'homme qui revêt une triple nature humaine: la nature humaine innée, la nature humaine sublimée et la divinité. Et il nous indique le cheminement vers la transcendance par l'action du métier, par le sacrifice à une entreprise servant l'homme. Il définit l'Homme moralement, partant de la réalité de la nature humaine. Il recherche un idéal romantique d'une manière rationnelle, active et noble.

En somme, Saint-Exupéry preconise se pensée particulière sur la transformation de la nature. Sa manière d'humaniser la nature n'est jamais un abandon, ni un refus. Nourrissant toujours l'espoir pour l'espèce humaine, il nous encourage à se perfectionner en vue de bâtir un paradis terrestre. A travers notre étude, nous découvrons l'empire humain qui dépasse le monde matériel et qui se base sur une civilisation résidant dans les vertus et les valeurs transcendantes dont le besoin se faire ressentir dans notre société moderne. Partant de ce postulat, notre étude a témoigné de la pertinence des valeurs actuelles des idées de Saint-Exupéry.

摘 要

对圣·埃克絮佩里来说，自然不仅仅是故事发生的背景。"自然"和"人"一样都是这位飞行员作家作品的关键词。在本文中，我们将深入地分析圣·埃克絮佩里的自然观，目的在于从一个全新的角度更好地来了解这个传奇式的人物，用一种特殊的视角来观察这个世界，并试图在现实的物质壁垒之外寻找一个人类的理想家园。

首先，为了在一个系统的历史背景下探讨我们的主题，我们追溯人类在各个重要年代的自然观。作为主要的理论参考，我们特别关注马克思的"人化自然观"，卢梭的"回归自然观"，海德格尔的"诗意的自然观"和中国古代的"天人合一"思想。

接下来，作为研究圣·埃克絮佩里的自然观的开始，我们对飞行员视野中的"大自然"做一个全景式的介绍，因为"大自然"是埃克絮佩里的"人化自然"的物质和客观基础。在他的一生当中，他不断地加深对自然的认识：从向往到征服，从赞叹到敬畏；他的态度从热情转化为冷静；他的行动伴随着浪漫的想象和理性的思考。与此同时，在飞行员和自然之间，也产生了复杂的关系，因而形成了圣·埃克絮佩里发展变化的自然观。在飞行员的眼中，自然美丽而危险，在平静的外表下往往掩盖着无法预料的威胁。圣·埃克絮佩里比普通人更加接近这个奇妙而神秘的宇宙。自然元素和天气现象在他的眼中具有不同寻常的意义。所以，飞行员眼中的自然注定不同于一般意义上的大自然。

就像埃克絮佩里的一部作品的名字——《人类大地》，自然与人是不可分离的。每个人眼中的自然都是不一样的。我们用个人的眼光去观察自然，去定义我们所注视的自然。因此，自然不可避免地被"人化"了。在本文中，我们将系统地研究埃克絮佩里的"自然"的不同层次及其含义，并提出"耕作的自然"，"驯化的自然"，"有寓意的自然"和"人性自然"等命题，在细致分析和论证的基础上，旨在展现一个作者眼中的更多地是从精神层面上所"人化"的自然：首先，人通过"耕作"来改造自然。但是埃克絮佩里注重的是人在劳动中付出的努力，这种努力会改变人的精神世界和道德观念。他从不强求结果或报偿。就像一个农民为他的土地奉献，或者像一个信徒，祈祷的时候并不期望得到上帝的回答，圣·埃克絮佩里激励人们超越世界的表象，通过行动和牺牲来寻求生命的意义。其次，在人类改造自然的活动中，建立起了"人类关系"，和人与自然之间的联系。对埃克絮佩里来说，人类关系，比如友谊和爱才是真正的财富。同时，在劳动中建立的人和自然的联系体现了人在与恶劣的生存环境作斗争的勇气和力量。所以埃克絮佩里的自然是一个人与自然紧密联系，同时个人与人类大家庭不可分离的世界。根据这个观点，生存的意义取决于个体与他者之间的诸多联系。再者，作为一个作家，埃克絮佩里在他的作品中为我们描述了一个仙境般美妙的世界，尤其是在《小王子》和《城堡》这两本书中，他创造了很多有寓意的形象。在其他的作品中，他同样赋予了很多地点、场景和人物象征的意义。这些基于他亲身经历的故事中不乏作者丰富的想象力。在创造情节和人物的同时，埃克絮佩里也记录下了自己对于生命和自然的思考。所以他在文学作品中创造的这个世界，并不是一个单一的、简单的、裸露的、粗糙的世界，而是一个充满意义的世界。这些形象之后的寓意丰富了我们对他的理解。最后，我们深入对主题的研究，旨在阐明埃克絮佩里"人化自然"思想的本质在于人的自我改造和完善。因此，人本身的"自然"，我们称之为"人性"，是埃克絮佩里"人化自然"的最后一个层次，也是其本质所在。

埃克絮佩里为我们树立了一个有着三重人性的人类的典范——"大写人"。他心中的理想人，就像他的主人公，都是现实中的英雄，具有天赋的人性，升华的人性和神性。埃克絮佩里还给我们指明了人类走向完美和超越的道路，那就是投身于职业，奉献于造福人类的共同事业。他承认现实中不完美的人性，用美德来定义心中的理想人。他用理性，积极和高尚的方式追求自己浪漫的理想。

归根结底，埃克絮佩里主张改造人类的世界，就像他所说的"修改一首诗歌"。他人化自然的方式从来不是放弃，也不是拒绝。他怀着对人类的希望，鼓励人们通过自我完善建立一个"人间天堂"。通过研究，我们发现一个超越物质世界，建立在真正的人类文明基础上的"人类帝国"。这种文明存在于人类的美德和超验的价值观体系之中。在今天的社会，我们尤其需要追求这些美德和超越物质文明的价值观。从这一点出发，我们的研究也证明了圣·埃克絮佩里自然观的现实意义。

前　言

"作为一个典范，一个完全的，严格的，高贵的人道主义者，他诠释了一种英雄主义的智慧，这就是圣·埃克絮佩里。"[①]作为20世纪最具传奇色彩的作家之一，安托万·德·圣·埃克絮佩里引起了众多研究者的兴趣。在他的职业生活和文学创作中，"自然"是永恒的主题。在他看来，自然是他生活的环境，也是他工作和奉献的战场，因为风雨雷电、高山大海是他在执行任务时必须战胜的对手。圣·埃克絮佩里壮年早逝，他的死似乎早已在《小王子》中预言过。但是我们对他的印象没有随着时间的流逝而褪色，70年过去了，他的失踪之谜已经真相大白，但是关于他的不少秘密仍然无人知晓，关于他的评说也远远没有结束。通过我们的研究，我们将扩展和深入埃克絮佩里思想的"人"与"自然"两个主题及其密切关系，旨在从一个独特的角度全面地认识这位天才的传奇作家。

埃克絮佩里的作品在全世界都受到人们的喜爱，尤其是《小

---

① 作者译自：Pierre-Henri Simon, *L'Homme en Procès*, 1968: 25，原文为：«Un classique, un humaniste intégral et rigoureux, assez noble d'ailleurs pour porter la sagesse au niveau de l'héroïsme: tel on voit Saint-Exupéry.»

王子》，可以说是出版界的一个神话。一直到今天，这本书仍然经久不衰，他的作者也被大家所怀念。对读者来说，小王子的形象已经深深地与埃克絮佩里融合在了一起。在埃克絮佩里的故乡——里昂，我们几乎可以在所有的书店找到他的书，除了《小王子》，还有《夜航》、《南方邮件》、《战争飞行员》、《城堡》等等。各大出版社不断地重版了埃克絮佩里的作品，法国的出版业巨头伽利玛出版社就出版了埃克絮佩里的作品全集，包括他的小说，散文，杂文，报道和私人信件等。作家以自己的亲身经历讲述了他熟悉的飞行员的故事，袒露他们的心声，倾诉他们的烦恼与痛苦，塑造了一群勇敢而充满责任感的人物形象，深深地打动了读者。同时，研究者们也对埃克絮佩里神秘而充满浪漫的个人生活、深刻又矛盾的哲学思想感到极大的兴趣，对作家及其作品进行全面的分析研究，比如：Françoise Brin写的 *Etude Sur Terre des Hommes* 是关于《人类大地》的研究专著；Geneviève Le Hir 2002年出版了著作 *Saint-Exupéry ou la force des images* 专门分析埃克絮佩里作品中的各种形象；还有其他的一些研究者尝试从特定的角度来研究埃克絮佩里及其作品，比如：Eugen Drewermann写的 *L'essentiel est invisible* 专门研究《小王子》中的心理现象，还有Walter Wagner写的 *La conception de l'amour-amitié dans l'oeuvre de Saint-Exupéry*，专门研究埃克絮佩里作品中的"爱"与"友谊"；还有大量的关于作家个人生活经历的传记和评论，比如：Paul Webster写的 *Saint-Exupéry, vie et mort du petit prince*；Alain Vircondelet写的 *La véritable histoire du Petit Prince*；Renée-Paule Guillot写的 *Saint-Exupéry, l'homme du silence*；Nathalie des Vallières写的 *Saint-Exupéry, l'archange et l'écrivain*；Stacy de La Bruyère写的 *Saint-Exupéry, une vie à contre-courant*；Alain Vircondelet写的 *Dans le pas de Saint-Exupéry* 等等，除此之外，还有埃克絮佩里的至亲好友写的纪念性的作品，其中最著名的是他的妻子Consuelo写的 *Mémoires de la rose*。

总体来说，国外关于埃克絮佩里生平和思想的研究概括起来主要有以下特点：（1）研究主题多样化；（2）研究方法多样化。但是到目前为止，关于圣·埃克絮佩里的自然观的研究几乎没有，只有少数关于作家作品中的"空间"研究与本文的主题有所关联[①]。

在中国，有很长一段时间，读者们是通过《小王子》才知道圣·埃克絮佩里。作家其他的作品如《夜航》、《南方邮件》、《战争飞行员》等小说也曾经被翻译成中文。《城堡》在2003年曾经被马振骋先生翻译过，取名为：《要塞》，但只是节选。学术方面，李清安先生是研究埃克絮佩里的早期的代表，他的研究主题是：埃克絮佩里的英雄主义和人道主义。近年来，南京大学法语系的黄荭教授和她的团队陆续将埃克絮佩里全集翻译成中文。其中，作家的信件收入了集子《沙漠中的一口井》，报道、杂文收入了《镜子的碎片》，小说、散文收入《云上的日子》，《城堡》和《小王子》被重新翻译。

国内关于埃克絮佩里的学术研究相对不是很多，主要特点为：（1）文本比较局限，主要集中于《小王子》和几部小说，杂文、报道、信件等其他文章基本没有涉及，而作家的哲学思想

[①] http:// www.cairn.info

专著《城堡》则很少有研究者提到；（2）主题偏向于传统，比如：英雄主义，责任感，友谊，存在主义，形象的寓意等，有少量文章讨论《小王子》的童话叙事结构；（3）研究的角度和方法也比较单一，所运用的理论也相对有限，没有把研究放到一个完整的历史和思想范畴内，同时缺乏现实意义的分析[①]。随着埃克絮佩里作品被全部翻译成中文，国内的相关研究也随之有所发展。正是在这种环境下，本文试图从一个全新的视角来扩展和深入对作家以及其哲学思想的认识，并探讨他对现代文明背景下的人与社会的启示作用。

本文的创新之处主要体现在以下几点：（1）关于自然观的研究和关于圣·埃克絮佩里的研究在国内外并不鲜见，但是结合这两个主题的研究却是非常之少，目前只有少量关于埃克絮佩里作品的"空间性"研究与本文探讨的范畴相似；（2）本文将在细致的文本分析和对作家哲学思想的把握的基础上，阐释埃克絮佩里在作品呈现的多层次、多意义的自然观理论体系；（3）本文将对作家哲学思想的关键概念进行全面的分析研究，如：驯化、"大写人"、友谊、爱情等等；（4）本文将参照其他哲学家的相关理论与思想，比如：萨特（Jean-Paul Sartre）的"存在主义"理论，马克思（Karl Marx）的"人化自然观"，卢梭（Jean-Jacques Rousseau）提出的"回归自然"，海德格尔（Martin Heidegger）定义的"人"与"世界"等等。（5）本文将把理论的研究和当今社会的实际问题相结合，探讨埃克絮佩里的哲学思想对现代文明背景下的人类的重大启示，鼓励人们勇敢地

---

① http://dlib4.edu.chki.net/kns50

面对现实，努力追寻生命的意义，超越物质的表象，尝试新的生存方式并获得更广阔的生活空间。

　　本文采用多种研究方法，尽量全面地、详尽地分析圣·埃克絮佩里的自然观思想。首先是细致的文本研究，文本主要有四类：（1）埃克絮佩里的全部作品，包括小说、杂文、信件、报道等；（2）作家的各种传记，包括童年时期、青少年时期、飞行员生涯，第二次世界大战期间的各种有关作家的传记，或是不同的人从不同的角度对作家的回忆，如：埃克絮佩里的妻子龚苏萝（Consuelo de Saint-Exupéry）写的 *Mémoires de la rose*（《玫瑰的回忆》）；（3）关于作家思想和作品的评论，包括研究某一部作品或是从某个主题研究埃克絮佩里的思想的著作；（4）其他哲学家或作家对相同主题的研究著作，如：卢梭、海德格尔、尼采（Friedrich Wilhelm Nietzsche）、马克思的相关哲学理论著作。其次是多侧面、多角度的比较研究，我们将把埃克絮佩里的自然观思想与其他哲学家的相关理论相比较，比如：本文在马克思提出的"人化自然观"的基础上进一步从精神的层面来构建"人类帝国"。与马克思理论的相似之处在于，埃克絮佩里认为在人类对大自然的改造中，人类自身也进行了自我完善，并且，人类始终是整个"人化自然"的核心。与马克思的思想不同的是，埃克絮佩里更注重精神层面的改造，对于自然来说，人与自然以及人与人之间的联系才是改造的重点，而对于人自身来说，道德境界的提升才是人类自我完善的目的；从某种程度上说，埃克絮佩里的"人化自然观"与海德格尔关于"人类诗意的栖居"的思想是契合的。事实上，埃克絮佩里的"人化自然"是连接着现实和理想，平凡与神圣的人类的诗意的栖居之所，它不仅存在于客观的自然空间当中,更是建立在人们的心中,就像他笔下的"城堡";与另一位伟大的哲学家卢梭关于"回归自然"的理论相比,埃克絮佩里的自然观思想显然并没有那么明晰与系统化,但是他对于人类积极地参与自然的改造的决心是明确的,与卢梭提出的"回归自然"相同的是,埃克絮佩里也倡导和谐的、田园式的人类世界,但是两者的根本区别在于埃克絮佩里始终强调人的创造性和对自然的积极主动的改造,以及对人自身的改造。除此之外,在具体的分析和论证过程中,我们还将对具体的主题进行比较,比如:尼采的"超人"与埃克絮佩里的"大写人"之比较;"驯化的世界"和马丁·布伯的"相遇的世界"之异同;还有《小王子》中的存在主义思想分析等等。最后是各个层次的主题的分析和论证。可以说主题研究构成了本书的主要框架,因为本书大大小小的主题涉及文学、哲学、历史、心理学、美学等多个领域。本书将以埃克絮佩里"人化自然观"的各个层次为基本架构,逐层展开论证,进一步细化各个主题,比如:在"寓意的自然"主题下,我们将提出"三类空间的转换"等子课题并进行研究;在"人性"的主题下,我们将着重论述其"大写人"的概念及多重性。

本文采取层层深入的方式,试图展现一个埃克絮佩里独特视野中的多维度、多含义、多层次的自然,阐释作家对人和自然之间的关系的哲学思辨。第一章,本文将对历史上的自然观思想做一个回顾,把我们的研究置于一个相对全面的理论体系中。我们将参照马克思、卢梭、海德格尔等人的相关理论,通过比较来揭示埃克絮佩里思想的独特性。第二章,本文将描述埃克絮佩里独特视野中的"大自然"的全景。因为它是作家创作和实践的客观物质基础。显然，作为飞行员，埃克絮佩里观察"大自然"的视角和对自然万物的理解是不同于常人的，因此我们在这个部分将发现一个奇妙的自然世界。在这一章中，我们跟随着埃克絮佩里的生活轨迹，深入地了解他的自然观，进而发现一个广阔、美丽、生动、充满未知和冒险的自然。事实上，每个人眼中的自然都是不一样的，在作家描述他眼中的大自然时，已经不知不觉地将其个性化或者说"人化"了。接下来，我们将超越物质层面，逐步分析论证埃克絮佩里"人化自然观"的各个层次和定义。归根结底，埃克絮佩里自然观的最大特色就在于它的超越性，正因为它超越了物质、超越了表象，才会对当今的人类和社会具有启示作用。第三章，本文将阐释"耕作的自然"作为埃克絮佩里"人化自然"的最基础的层次，因为这是人类通过直接的身体接触对自然进行改造的"人化自然"。就像农民耕种土地，各个行业的人都用自己的行动改造自然，在这个过程中，人类付出了汗水、时间、耐心、努力，甚至是生命，自然对人类的意义也随之改变。第四章，我们将展现一个超越物质层面的"人化自然"——"驯化的自然"，这是一个由各种"联系"来定义的世界。在人类改造自然的过程中，人与自然之间，以及人与人之间都建立起了"联系"。正是这些看不见的"联系"，改变了自然万物的存在的意义。"驯化的自然"是超越了表象的"人化自然"，是一个肉眼看不见的，万物之间广泛联系的世界。第五章，本文将描述一个作家用想象力所构建的"人化自然"。通过各种文学形象，作家表达了自己对于生命的认知。埃克絮佩里在文学创作中，通过众多富有寓意的形象，给读者展现了一个亦真亦幻的神奇世界。这个世界在作家无尽的想象空间中无限延伸。这个充满了各种具体表象的抽象的世界是作家精神世界的外延,也是理解其哲学思想的关键渠道。第六章,本文将深入埃克絮佩里自然观的核心,剖析"人"在"人化自然"中的主体地位。"人"作为大自然的产物,既是自然的一部分,又因为他的创造性而超脱于其他的自然生物。在这一章中,我们将分析论证埃克絮佩里"人化自然观"的本质就是"人化"其自身,这个本质与现代社会一切被"物化"的基本特征是截然相反的。埃克絮佩里通过塑造一系列的"大写人"的形象来定义一个真实的人类的范型。在他看来,每个人都具有天赋人性、后天培养的道德品质和神性。因此,作家认为,只有当人、自然和神灵融合在了一起,人化自然才真正得以实现,人类才可能在尽可能完善的内在世界和超越物质的外在环境中找到生命的意义,建立真正意义上的"人类帝国"。

目 录

序 1

Résumé 3

摘 要 9

前 言 13

第一章 自然观历史简述与埃克絮佩里人化自然观思想之比较 1
  1.1 原始自然观 2
  1.2 古希腊自然观 3
  1.3 宗教自然观 4
  1.4 机械自然观 5
  1.5 "回归"自然观 6
  1.6 德国古典哲学自然观 10
  1.7 马克思的"人化"自然观 12
  1.8 海德格尔用"诗"描述的"世界" 15
  1.9 中国古代"天人合一"思想 18

第二章 埃克絮佩里与大自然 ·················· 25
2.1 埃克絮佩里对大自然认识的三个阶段 ·········· 26
2.2 飞行员眼中的大自然 ·················· 33
2.3 人与大自然 ······················ 36
2.3.1 人对大自然的赞美 ·················· 36
2.3.2 人与大自然的搏斗 ·················· 40
2.3.3 人对大自然的破坏 ·················· 44
2.3.4 关于"大自然"的反思 ················ 46
2.4 各种自然元素和天气现象对于飞行员的意义 ······ 50

第三章 埃克絮佩里与被开垦的自然 ·············· 61
3.1 被开垦的自然——航线 ················· 62
3.2 航线的开拓者——飞行员 ················ 69
3.3 开垦的工具——飞机 ·················· 80
3.3.1 飞机和现代文明 ··················· 80
3.3.2 飞机对人类的意义 ·················· 82
3.4 广义上的被开垦的自然 ················· 88

第四章 埃克絮佩里与被驯化的自然 ·············· 93
4.1 "驯化"的定义 ···················· 95
4.2 人与自然之间的驯化 ················· 102
4.3 人与人之间的驯化 ·················· 106
4.3.1 友谊 ······················· 106
4.3.2 爱 ························ 111
4.3.3 联系的断裂 ···················· 114

4.4　未驯化的世界 ·············· 117

第五章　埃克絮佩里与充满寓意的自然 ·············· 123
　　5.1　充满寓意的背景 ·············· 124
　　　　5.1.1　沙漠 ·············· 124
　　　　5.1.2　绿洲 ·············· 132
　　5.2　寓意的空间 ·············· 135
　　　　5.2.1　作品中的空间和寓意 ·············· 135
　　　　5.2.2　三类空间 ·············· 142
　　5.3　《小王子》中的寓意世界 ·············· 147
　　　　5.3.1　各种形象的寓意 ·············· 148
　　　　5.3.2　两个对立的世界 ·············· 163
　　　　5.3.3　《小王子》中的存在主义 ·············· 166
　　5.4　其他具有寓意的形象 ·············· 170

第六章　埃克絮佩里自然观的核心——"大写人" ·············· 181
　　6.1　关于人性的讨论 ·············· 182
　　6.2　多层次的人性 ·············· 185
　　　　6.2.1　普通人的人性 ·············· 186
　　　　6.2.2　经过改造的人性 ·············· 189
　　　　6.2.3　"大写人"的神性 ·············· 199
　　6.3　人性改造的必要性 ·············· 202
　　6.4　改造人性的方式 ·············· 208
　　　　6.4.1　行动 ·············· 208
　　　　6.4.2　教育 ·············· 213

6.4.3 超越自我 …………………………………… 216
 6.5 "大写人"和"超人" ……………………………… 226

结　语 ……………………………………………………… 239

参考文献 …………………………………………………… 249

第一章　自然观历史简述与埃克絮佩里人化自然观思想之比较

　　自然是人类生存的物质基础。人自从诞生之日就依赖着自然，人与自然从来都是不可分离的。自然观就是对人与自然关系的认识。人类历史上各种的自然观思想体现了各个历史阶段人类的认知能力和改造能力。在这一章中，我们首先回顾人类历史上不同的自然观：从原始社会的神秘自然观，到古希腊的理性自然观，从中世纪的宗教色彩浓厚的自然观到现代的机械自然观，从启蒙时代自然观到德国古典主义哲学家的自然观等等。本文还将引入中国古代的自然观思想作为参照，以便在一个更为全面的范畴之内讨论人类对自然的认识。我们要特别关注马克思的"人化自然观"、卢梭的"回归自然"理论，还有海德格尔"诗意的自然观"等相关哲学思想，作为探讨埃克絮佩里自然观本质和特色的理论参照。

　　事实上，人类历史也是人类认识和改造自然的历史，同样也是人类自我认识和自我改造的历史，这就是埃克絮佩里的"人化自然观"的中心思想。对于他而言，人类对自然的改造就是对大自然的"人化"。随着人类文明的发展，自然被赋予了丰富而深刻的含义。人在"人化"自然的同时也在进行着对自身的"人化"，这也证明了人类对自然的改造是绝不限于物质的层面。

1.1 原始自然观

在原始社会，对于自然力的崇拜使人类顺从于大自然，因为他们发现自然令人生畏的力量是人类所无法抵御的。对于这个时期的自然观，基本的观点是一致的，那就是对自然现象缺乏了解而产生对大自然的绝对的敬畏。

在人类历史的开端，原始人类对于自然现象无法解释，对自然力表现出了恐惧和崇拜。人与自然融合在一起，人完全从属于自然界。之后，通过劳动，人积累了一定的经验，开始对自然信号有了一定的了解，如：风、雨、雷、电、日升日落等，人开始表现出与其他生物的区别。但是人改造自然的能力是有限的，自然灾害、天气变化、猛兽的侵犯，都威胁着人类的生存，人类只能服从于拥有着神力的大自然。这个时期，人类根据自己的心理来解释自然现象。他们认为自然像人一样，具有灵魂。人们想象出"人化"的众神，由此产生了神秘的自然观。这种自然观反映了原始社会低下的生产力和有限的知识水平。在这种条件下，人类从意识上创造了另一个自然，一个"神化"的自然，但是因为人与自然的密切关系，在原始社会的神话中，风雨雷电都由不同的神掌管，而这些"神"都有着人类的情感和思想。因此，这种原始的自然观反映的实际上就是那个时代的人的精神世界，比方说在希腊神话中，普罗米修斯盗火表现了人类渴望征服自然的愿望。在面对强大而神秘的大自然时，人类表达的是他的原始的"人化自然观"。在原始社会的后期，人类认识自然的能力得到增强，他们意识到了四季的天气规律，并根据这些知识来安排生产。他们不再满足于用神话来揭示自然现象，而是开始探寻现象之后的本质。渐渐地，神秘自然观被古希腊时期的理性自然观所代替。

1.2 古希腊自然观

随着生产力的发展，古希腊时期的自然科学日益兴盛。阿里士多德认为，自然科学的产生取决于三个因素：好奇心、自由和空闲的时间。前一个条件是人的天生的心理，后两个条件的满足得益于当时的政治制度。在那个时代，只有一部分的贵族和市民能够有时间和自由来从事科学研究。在古希腊的思想家眼中，科学和自然是不可分离的。他们认为自然界的法则和定理产生了科学，另外，自然科学的成果也验证了人类对自然法则的认识。他们开始研究万物的本质，并且相信每个物种的发展是符合相对的自然规律的。思想家们试图揭示现象之后的真理，了解万物运动的起因。但是他们的认识能力仍然有限，因此，不能完全从神话中摆脱出来。古希腊的第一代哲学家们认为：大自然是有灵魂的，自然有一个或者几个起源，整个宇宙按照一定的法则发生发展，同时，自然是运动的，其中的万物也是运动和不断发展的。人类的祖先渴望认识他们生存的自然环境，有人认为水是自然的起源；有人认为是气体产生了自然；还有人认为原子或某种理念才是自然的源头。在人们尝试了解自然的同时，他们创造了最初的自然科学。在古希腊，哲学也被认为是自然科学的一部分。苏格拉底（Socrate），柏拉图（Platon），阿里士多德（Aristote）等等都认为人类的灵魂是自然灵魂的具体表现形式，根据这种观点，人即是自然的一部分。

1.3 宗教自然观

中世纪，基督教产生了宗教色彩浓厚的自然观。一方面，在罗马帝国的战争中基督教逐渐形成，在战争的巨大灾难中，人在现实生活中难以找到幸福，希望在宗教中找到安慰。另一方面，古希腊的哲学衰落，怀疑主义和神秘主义证明了这种衰落，其结果是基督教逐渐兴盛。

中世纪的基督教思想家们也表达了他们对于自然和人的观点，如奥古斯汀（Augustin）和托马斯·达奎因（Thomas d'Aquin）。他们认为人和自然都是上帝的作品。事实上，这是一种对自然的贬低。整体来说，中世纪的自然观集中表现在《创世纪》中，信徒们阐述了上帝创造世界的过程。根据《创世纪》，上帝创造了宇宙万物。他们强调上帝的意志。这种意志决定了自然和人类的存在和发展，甚至自然的法则也是由这种神圣的意志决定的。根据这种观点，没有必要研究自然，只要理解上帝的意志就够了。无论如何，上帝占据了一个至高无上的位置，人类的职责就是听从上帝的意志。自然在人类的精神生活中并不重要，只是一个物质的存在。宗教统治了欧洲上千年，阻碍了社会和自然科学的进步。中世纪的自然观贬低了人类和自然。因此，很长时间以来，由于宗教的影响，人们并没有重视自然科学，人类生活在黑暗和无知当中。

1.4 机械自然观

14世纪末，人道主义逐渐产生和发展。人道主义者认为人类应该发展自然科学和人文科学来认识自然和自身，这是文艺复兴的前奏，人道主义对人类社会产生了深远的影响，推动了自然科学的发展，鼓励人们实现自我的价值。从此以后，人们开始研究自然现象，关注人类实践，这些都有利于现代科学的发展。文艺复兴给人类带来了希望，这是人类历史上的一场具有重要意义的改革。从15世纪到17世纪，社会飞速发展。人类从宗教的桎梏中逐渐解放，自然科学从意识形态的束缚中摆脱了出来，同时，哲学和艺术也带给人们全新的启示。

在欧洲，自然科学首先向宗教提出了挑战。在很长一段时间当中，宗教都制约了自然科学的发展。而文艺复兴时期的科学发现推动人类开始真正认识自然。哥白尼（Copernicus）写下了《天体运行论》（*De revolutionibus orbium coelestium*），他建立了一个和宗教相对立的理论体系，他试图证明地球围着太阳转，这是一次自然科学宣布脱离宗教的宣言。相反，一些宗教思想家认为地球是宇宙的中心。哥白尼启发人类以另一种视角来看待我们的世界。布鲁诺（Bruno）支持哥白尼的观点，并且提出宇宙万物都是运动的观点。伽利略（Galileo）也相信哥白尼的学说，他发明了望远镜进行科学研究，并且找到了证据支持哥白尼。另一位西方伟大的科学家牛顿（Newton）写了《自然哲学的数学原理》（*Mathematical Principles of Natural Philosophy*）一书，试图从数学的角度揭示自然的真理。另外，法国哲学家保尔·霍尔巴德（Baron d'Holbach）认为自然是由运动的物质构成的，并写了《自然系统》(*Système de la nature*)解释自己的观点。在他看来，自然是一种独立且永恒的存在。自然有自己的起源和自己的法则。他反对宗教迷信，主张通过经验来认识大自然。

综上所述，这个时期的思想家们尝试用各种科学的方法来解释自然现象。他们肯定了自然法则和规律的存在，并且认为人类能够通过观察和实验来掌握这些规则。他们确信万物的运动是被动的，被某种外部力量所推动的，或是由未知的多种因素引起的。机械主义的自然观在特定的时期推动了自然科学的发展，但同时，也造成了观念上的人与自然的分离。

从文艺复兴开始，自然科学的飞速发展唤醒了人类改善生存条件的愿望。人们不断寻找战胜自然和控制自然的方法。蒸汽机的发明标志了第一次技术革命。19世纪中期，自然科学在各个领域都取得了重大成果。第二次技术革命继续推动了钢铁工业、石油工业和电子技术的发展。在这个历史时期，人类自认为是自然的主人。弗兰西斯·培根（Francis Bacon）说过"只有顺从自然才能驾驭自然"。因此在他看来，为了战胜自然，首先应知道自然的秘密。笛卡尔（Descartes）和牛顿也分别阐述了关于自然的科学理论，他们认为自然是没有生命的存在，这种观点直接导致了人与自然的对立。

1.5 "回归"自然观

在西方文化中，最著名也最神秘的岛屿就是柏拉图曾经提到过的亚特兰蒂斯。这个传说中文明高度发达的古老大陆，虽然被大水淹没，但是它让人们对"别处"无限向往。从此之后，"岛"成了人类寄予幸福愿望的地方，也成为了现实中的天堂。在冒险家和商人们穿越大洋寻找财富的旅途中，岛屿作为神秘的、不可预料的存在出现在人们美妙的记忆当中。在寻求香料、珍宝和异域风情的旅途上，岛屿不时出现，代表着人类对于未知的大自然的理想的构建。沿着马可·波罗（Marco Polo）的路线，拉伯雷（Rabelais）描述了庞大固埃（Pantagruel）的历险。一路上，他和朋友们发现了梅达莫提岛（Medamothi）和无名岛（Nulle-Part）。另外，龙萨（Pierre de Ronsard）也在自己的作品中提到过一个狼不会吃羊的和平之地，这是一个精神上幻想的世界，但在实际中却不可能存在。英国人托马斯·摩尔（Thomas More）也提到在乌托邦岛（Utopie）上的一个理想共和国。法国思想家伏尔泰（Volaire）在《老实人》（Candide）中也表达了对田园世界的向往。因此，在西方的思想史上，"岛"不再是一个背景，它变得很抽象，代表了一种原始的神秘的理想空间。

在卢梭看来，"岛"并不仅仅是客观的存在，而是被当做一个能让心灵得到休憩的地方。"岛"满足了人们渴望回避他人、逃离现实的愿望。但是更重要的是卢梭没有局限在某个具体的形象上，而是系统地阐明了关于"自然"的理论，提出了"回归自然"的主张。在卢梭的哲学思想中，"自然"占有一个中心的位置，卢梭的哲学可以理解为是关于"自然"的哲学，在卢梭的墓碑上，甚至刻着这样一句话来总结这位伟人的一生：躺在这里的是一个热爱自然和真理的人（Ci-gît l'homme de la nature et de la vérité.）。在他的作品中，充满了对自然风光的赞美。但是卢梭对于自然的理解远不止如此，他对自然的热爱不仅仅是针对自然环境，而是对一种简单、顺应万物天性的生存方式的认同。而这种思想与现代社会的人工制造、人为异化的文明是格格不入的。

在对于现代文明的态度上，法国作家圣·埃克絮佩里或许也和大多数法国人一样受到了卢梭思想的影响。作为飞行员，埃克絮佩里的工作环境一直是广阔的天空，他的作品一直以大自然为背景，以人与自然的搏斗为主要情节，他对于自然的情感因为职业的原因也是不可否认的。但是他和卢梭的"自然观"最大的区别在于卢梭主张以"回归"来逃避现代文明，埃克絮佩里倡导通过"改造"来创造理想的人类社会。另外，卢梭对于自然的定义由外及内，人的天性也被认为是自然的一面，他认为人天生是自由的、平等的、无辜的、纯洁的、美好的，因此他所提出的"回归自然"，不仅仅是回到大自然而是回归人类原始的、天然的状态。他认为人性在现代文明中被腐蚀而变得虚伪，渴望表达真实的内心，因此他写下了惊世骇俗的《忏悔录》（*Les Confessions*）。基于对人性的定义，卢梭提出了自由、平等的政治主张，他写的《社会契约论》（*Le Contrat Social*）和《论人类不平等的起源》（*le Discours sur l'Inégalité*）都表达了他关于人生来平等自由的思想。卢梭提出自己的政治主张充分反映了他对于社会的使命感，而这种使命感在埃克絮佩里这里更多地是超出了意识形态范畴的对于人本身的一种要求。在卢梭的思想中，天性和人性似乎被划了等号，他对激情的诠释就是一个突出的例子。《新爱洛绮思》（*La Nouvelle Héloïse*）被认为是18世纪的"情感圣经"，也是卢梭的代表作。卢梭在这本书中通过描写一对男女之间的情感悲剧来宣扬"情感解放"。他认为情感本

第一章 自然观历史简述与埃克絮佩里人化自然观思想之比较

身就是人性的一部分,所以从某种程度上来说,他所谓的"情感解放"也是"回归自然"的一个表现。但是埃克絮佩里主张理性地控制情感,甚而认为"激情是一条思路"。应当将私人的情感转化为对于职业的热爱和对于他人的奉献,他的这种观点也是其"人化自然观"的重要部分。

从卢梭开始,自然不再仅仅是一个表面的概念,它成为了一个哲学体系,包括了所有存在的客观和意识形态的方方面面,他赋予了自然丰富的内涵,将自然的定义进行了扩展和深化,可以说,他开启了新的自然史。归根结底,在客观生产条件的制约下,人类历史上的自然观都围绕着一个选择题:回归自然还是改造自然,人在各个历史时期,在这两个选择中或极端,或犹疑,时至今日,各种环境问题和社会问题已经让人类不堪承受,埃克絮佩里在半个多世纪前提出的超越性的哲学思辨给我们带来了精神上的启示,他所要建立的"城堡"究竟是不是一个理想的可以实现的世界,最终的决定因素无疑还是人类自己,因此,埃克絮佩里在启发我们的同时,也鼓励我们用乐观、勇敢和不断进取的精神来面对和改造这个世界。

在卢梭提出"回归自然"一百年之后,美国诗人、哲学家、博物学家亨利·戴维·梭罗(Henry David Thoreau)也举起了"回归自然"的旗帜。在《瓦尔登湖》(*Walden ou la vie dans les bois*)中,梭罗阐明了远离现代文明社会的思想。他认为人并不是自然的中心,人与自然的关系和人之间的关系是一样的,人类应该敬畏大自然。在他眼中,大自然是慷慨的,人类应该怀感恩之心来接受自然的礼物。在《瓦尔登湖》中,梭罗讲述了自己在大自然中的有趣的生活经历。他的理想是人与动植物像同伴一样和谐相处。他提倡朴素的生活，并且强调精神生活重于物质生活。从这一点来说，他和埃克絮佩里超越物质层面的自然观是不谋而合的，而他理想的和谐的自然世界和埃克絮佩里在《绿洲》中构想的"老房子"如出一辙。因此，不论是"回归"，还是"改造"，所有的主张似乎是"殊途同归"的，那就是建立一个美好的、和谐的、人与自然相互融合的"人间乐园"。

1.6 德国古典哲学自然观

德国的古典哲学为马克思的"人化自然观"的形成奠定了基础。德国的古典哲学自然观主要分为两派：以康德（Kant），谢林（Schelling），黑格尔（Hegel）为代表的唯心主义自然观和以费尔巴哈（Feerbach）为代表的唯物主义自然观。

康德认为人类经验之外的存在是无法认知的。自然规律事实上是人类通过自己的经验而创造的。康德把人与自然紧密地联系在一起，他用一种辩证的方法观察自然现象，并且具体地阐述了宇宙形成和发展的过程。他在经验的基础上提出假设：宇宙从一个中心不断地扩展而形成。根据这个假设，他描述了宇宙的具体形象。康德主张用发展的观点看待自然，提出了辩证的自然观。

谢林继承和发展了康德的辩证思想。首先，他认为自然是精神的客观化。在他看来，自然是看得见的精神世界，精神即看不见的自然。其次，谢林认为自然是精神无意识的产物，并且产生自发的运动，而精神也有转换成自然的趋势。最后，他提出对立和统一同时在自然界中无时无刻都存在着，对立是产生一切运动的基础。根据上述观点，谢林在辩证的基础上试图说明自然是人类精神发展的结果。

黑格尔的思想是典型的唯心主义，他认为自然始于绝对理念，并且不断地运动着，这种运动的过程可以分成不同的相互关联的阶段。在他看来，自然就是外化的理念。因此，只有人能够真正地认识自然。他提出了人类看待自然的两种态度：实践的态度和理论的态度，实践的态度是人类出于满足自我的物质需要，是由欲望决定的；理论的态度是人类用自己的精神理念对自然进行的改造，使其成为了人类精神创造的一种结果。所以，这两种态度在本质上都由人类的欲望和主观意向所决定。黑格尔继承和发展了前人的思想成果，肯定了人在自然观中的地位，为以后的"人化自然观"提供了理论基础。

与康德和黑格尔不同，德国的另一位哲学家费尔巴哈提出了唯物主义的自然观。他认为，自然是所有科学的基础，没有自然，科学只能是假设。他评判了宗教的观点，并且主张将上帝人性化。在他看来，人类改变世界的活动即人类本身的定义，这个观点和马克思的"人化自然观"是相近的。但是，费尔巴哈反对黑格尔的辩证法，他受机械自然观的影响，否认自然界的发展和运动，也没有注意到万物之间的联系，和唯心主义将自然定义为人类精神的外化相反，费尔巴哈将自然提升到一个空前的地位，实际上也造成了人与自然的分离。

尽管存在着各种的不足甚至是错误，德国古典哲学的代表者将自然观的研究推进了一大步，为之后的研究者们提供了宝贵的参考。

1.7 马克思的"人化"自然观

人类自从诞生之日就与自然产生了各种联系。在原始社会，人依赖自然，敬畏自然；在现代社会，人改造自然、利用自然。因此自然观的历史可以追溯到人类历史的起源。到了19世纪，欧洲社会在各个方面都发生了巨变，新的自然观成为了社会发展的需要；同时，自然科学和人文科学的发展也为人类更好地认识自然和形成新的自然观奠定了基础。在这种情形下，马克思提出了"人化自然观"的理论体系。

根据马克思的"人化自然观"，物质生产决定着人类活动，人为了生存，必须进行生产，因此，实践构成了人与自然关系的主要内容；人类在劳动中认识自然，自然也满足人类的各种需要，人与自然的关系通过产品体现出来；在两者的互动中，自然是实践的客体，人是实践的主体，人类为了满足自己的需求而改造自然。

马克思将自然的"人化"定义为人类通过实践改造自然的过程，因此很多学者认为，自然对于马克思就是被人类改造的自然，虽然被改造的自然只是浩瀚宇宙的一部分，但是这个部分却决定着人类社会的发展，对人类的存在意义非凡。作为唯物主义的支持者，马克思认为自然是人类存在和发展的先决条件。植物、动物、石头、空气、阳光，一切都是人类活动的客体。人类通过劳动把自然变成了客体，自然就像是一个很大的实验室，或者一个储藏室，提供给人类生活的空间和物质资料。人类劳动的前提条件是这个物质基础客观存在，人类改造自然也恰恰证明了自身的存在意义。

马克思在人与自然的关系中充分肯定了人的地位,"在马克思的眼中,人是自然唯一的主体"[①],人既主动又被动。一方面,人作为自然中的一个客观存在,受限于自然规律;另一方面,人与自然中的其他存在有着本质上的区别,那就是人具备有意识的创造性活动的能力。人的双重性也体现在实践当中。人通过劳动改变自然的面貌,满足其自身的需要;同时人受制于自然,也无法摆脱自身的体力、脑力的各种极限。人的两面性体现了马克思自然观理论的辩证思想。但是在这种辩证关系中,马克思始终强调人的作用,他认为人与其他动物的本质区别在于人有改造自然的意愿,并通过劳动使自己的意愿得以实现;人作为改造活动的主体,其改造自然的能力随着生产力的发展而不断提高;同时,人的改造能力也受到自身的限制,因为劳动是肌肉、神经、大脑的共同的运动,通过劳动,人的体力和智力得到发展,因此,"人在改造自然的同时也改造了自身的自然"[②];劳动是一种社会实践,在这个过程中,人与人之间建立了各种联系。因此,在马克思看来人类的实践事实上分为两个部分:自然的"人化"和人的"自然化"。其中,"人化"的自然证明了人类与其他动物之间的本质区别。自从诞生之日起,人类为了生存,就开始了改造自然的活动。这种活动不是模仿,也不是无意识的偶然,而是有目的的创造性的活动。人类逐渐学会了使用工具提高生产力,在劳动中,积累了经验,提高了自己的能力,在改造自然的同时,人自身也在发生着变化。在马克思看来,人,生于自然,却能够运

---

① A.施密特:《马克思的自然概念》,北京:商务印书馆,1988年,第173页。
② 马克思、恩格斯:《马克思恩格斯全集》,二十三卷,1972年,第202页。

用大自然赋予的力量来改造环境，在劳动的过程中，人使用四肢和头脑，并且不断地提高身体各部分的机能，因此，在身体上，人发生了变化。更重要的是，人通过对自然规律的掌握，提高了认识和思考的能力。人自身的改变是为了更加适应"人化"的自然，并且不断地把自身的能力转化为生产力，使得自然的"人化"和人的"自然化"相辅相成。马克思用辩证的观点来看待人与自然之间的关系，在建立"人化自然"的理论体系时，他并没有忽视人的"自然化"进程，因为自然法则是不能取消，不能改变的。

总而言之，"自然的人化和人的自然化是在人类的实践活动中统一起来的。"[①] 一方面，人通过实践"人化"自然，通过劳动，人成为主体，自然成为客体，人与自然之间建立了联系；另一方面，人也通过劳动"自然化"。为了有效地改造自然，人必须认识和运用自然法则。归根结底，马克思的"人化自然"理论是理性的、有节制的，他认为"人化"是在人的能力范围之内，这个能力既包括体力也包括人的认识水平。马克思的辩证唯物主义自然观基于客观的物质基础，同时体现了对人类的信心和肯定。

埃克絮佩里也表达了辩证的"人化自然观"。但是埃克絮佩里超越了物质层面，他把人类对自然的改造和职业活动中人自身的改造结合起来。他在承认人类对自然的物质改造的前提下，更加强调对事物存在意义上的改造；而他认为的人类自身的改变，绝不仅仅是体力和脑力的层面，他更注重的是人类精神层面和道

---

① 邓喜道：《马克思的人化自然观及其当代意义》，武汉理工大学出版社，2009年，第81页。

德标准的提升，并且把人自身的精神力量定义为一切改造活动的原动力。马克思提出的"人化"自然的方式是劳动，埃克絮佩里则更加具体地将其定义为"职业性的活动"。任何一种自然观的形成都离不开人类社会的影响，马克思认为所有的人类活动都发生在社会当中，人与自然的关系与人类历史不可分离，也反映了人与人之间的关系。在商品社会，人与人通过物物交换建立了关系。在这种情况下，自然成为了人与人之间的媒介。现代社会，人与人之间的关系变得多样化，所以人与自然之间的关系也变得复杂化。人在改造自然的过程中必定要建立与周围的联系，埃克絮佩里也表达了同样的观点，而且他强调在行动中所建立起来的人与人之间的联系是真正的财富。

马克思虽然充分肯定了人在改造自然的过程中的主体地位，但是他没有忽视人作为自然产物的客观事实，并且强调了人类把尊重自然规律作为生产活动的前提。他所理想的人与自然的关系，是一种理性观照下的和谐的互动。他提出的"人化自然观"理论是建立在实践的基础上的，客观的充满辩证思考的对人与自然关系的洞察，正因如此，他的思想为人类社会的现实改造提供了宝贵而可信的支持。

1.8　海德格尔用"诗"描述的"世界"

很长时间以来，哲学家们都在以各种方式表达他们对于世界的认识，语言本身也逐渐成为了他们研究的对象。有的学者认为语言和世界的构造是一样的，如果我们能够认识语言的逻辑构造，那么就可以了解世界的构成。因此，语言不再是一种表达的工具，而是一种认识的对象。埃克絮佩里在作品中提到了"语言"的定义，不同于语言学家们的专业的术语，埃克絮佩里认为"行动"就是真正人类文明的语言，也是认识和改造世界的方式。这个观点充分体现了他的哲学思想的核心——行动创造一切。

在对于自然的研究上，德国哲学家海德格尔（Martin Heidegger）的解释显得更科学，且不乏诗意。海德格尔用精准的定义将自己独具一格的观点进行了阐释。他回避了"自然"，而选择了"世界"，将"人"定义为"世界中的存在"，充分地表达了他对人类世界的认识和构想。海德格尔认为语言是人类生存的一种方式，也就是说人类通过语言来认识世界。他提出了一个形象的比喻：语言即人类的栖息之所，思想家守卫着大门。他反对将语言局限为逻辑和数学的范畴，正如研究者让·米歇尔·萨朗斯基（Jean-Michel Salanskis）所评价的"海德格尔很轻易地像哲学家一样站在了高高的山岗上，在那里再也感觉不到逻辑的气氛"[1]。海德格尔把诗歌看成是一种美妙的，但又经常被现代人遗忘的语言，他受德国诗人施特凡·安东·格奥尔格[2]（Stefan Anton George）的影响，认为客观世界是不可知的，没有被语言所描述的世界是"真实的存在"，人类能够用语言来描绘世界，也可以歪曲世界，因此，逻辑语言存在着明显的不足，所以海德格尔提出了用"诗"的语言来描述世界、认识世界。他认为"诗"超越了逻辑和科学，是一种有创造力的语言。当人类

---

[1] 作者译自：Jean-Michel Salanskis, *Heidegger, le mal et la science*, 2009: 126, 原文为：«Heidegger apparaît facilement comme le philosophe qui s'est retiré sur les hauteurs d'une colline où l'on ne respire plus l'air de la logique.»

[2] Stefan Anton George（1868-1933），德国诗人，他认为语言是片段式的，没有意义的，人类不可能用语言来描述完整的世界。

想创造某样东西的时候就必须超越逻辑认识的极限,到达"诗"的领域。但是,海德格尔也表明自己不是科学技术的敌人,他主张在"诗"中寻找人类的栖息之所,提出用另一种创造性的思维模式来认识世界,因此,"关于海德格尔公认的反现代的形象,和藐视科学,与技术对立的种种形象是非常有必要进行修正的。"①

事实上,海德格尔与许多西方和东方的思想家的主张是相似的。在两千多年前的中国,道家就阐述了关于存在的不可确定性的思想。他们认为各种确定的形式制约了人类的认识,因此,人类不可能认识完整的现实世界。在人类社会中,很长一段时间以来,理性和科学都是判断所有存在价值的唯一衡量标准。海德格尔提出用"诗"的语言将人类从有限的现实和偏见中解放出来,展望一个更加广阔和美妙的世界,在那里,人类"诗意地栖居在大地上",表达了人类对田园生活和思想自由的向往。但是,海德格尔并没有否认技术世界的存在,他承认客观的物质的存在。他肯定自然和人的统一,同时提出了在一个更加抽象的程度上的"人化"自然的概念。

本文中,我们将围绕着埃克絮佩里的自然观,对其具体的思想进行深入的剖析和尽可能广泛的比较。相对于海德格尔抽象的"田园世界",埃克絮佩里也描绘了一个现代文明之外的田园般美妙的"人类帝国"。他们同样都有着对理想世界的追求,都表现了对物质世界的超脱,他们都用自己的语言来定义着人类所处

---

① 作者译自:Françoise Dastur, *Heidegger et la pensée à venir*, 2011: 120, 原文为:«l'image répandu d'un Heidegger anti-moderne, ennemi de la technique et méprisant pour les sciences...cette image demande à être fortement corrigée.»

的世界。显然，海德格尔更加理性，更加抽象，但也更加明确；埃克絮佩里更加理想化，更加激进，同时表现出了思想的矛盾性和模糊性。

1.9 中国古代"天人合一"思想

人与自然之间的和谐关系在中国古代思想中占有重要的地位。当时的思想家们认为自然是一个统一的生命体系，人是其中的一个部分，因此中国人强调各种关系的"和"。"和"可以理解为"和平"，"和谐"，就像中国古代的山水画，自然风景中的人总是淡淡几笔。虽然在大自然中的人显得似乎微不足道，但却是其中最具活力的生命。

对于道家来说，人和自然之间是一种亲密和谐的关系，人是自然的一部分。他们更喜欢隐居在山林，彻底地融入大自然，因此，山，对于道家而言就是大自然的象征：山峰伸向天空，山脚扎根大地，山泉在地下流动；同样，人体也对应着大自然的各个部分，比如说：头象征着天，因为古代人认为"天圆地方"；脚象征着大地；人的气息使阴阳相通。道家追求长生不老。道家的炼丹师认为永恒的自然具有"化腐朽为神奇"的力量，因此，人可以通过自然来获得"长生不老"的方法。因此，在道家看来，人、神、自然融合在一起就构成了无限的宇宙。

道家要求人们遵循的"道"被有些学者解释为"自然的法则"。在道家看来，"道"可以使人"长生不老"；可以帮助我们超越"有限"；它存在于"虚"与"实"之间。但是人不能确切地定义"道"，因为所有的"可知"都来自于晦涩和不明。"虚"

并不是"虚无",它是大自然的本质,孕育出万物。在这个有限的世界,"虚"象征着不确定和无限可能。气息可以证明"虚"的存在,"虚"是运动的力量,是可变的,而"实"并不是"虚"的对立面,它们相辅相成,互相依存。我们受限于"有形",不确定对于人来说通常是不可理解的。因此,我们对于世界的认识是相对的,我们也不可能了解真实的全部。老子概括了"无形"的三个特点:夷(没有颜色),希(没有声音),微(没有形状),它们融合在一起就构成了看不见的存在,我们称作"恍惚"。[①]"有形"将我们局限于部分的事实,道家建议用一种直觉的方式来观察和认识这个世界,而不是完全依赖已经取得的经验和知识。因此,我们应该摒弃成见和有限的认识,才能认识完整的世界。道家主张回归万物的本源,摆脱一切限定的束缚。他们认为最好的改造事物的方法就是使其回归最初的样子,这就是"无为"。但是"无为"绝不是什么也不做,它也是一种行动,是回归万物真实形态的行动。这种思想表达了道家在大自然面前的谦逊和谨慎的态度。因此,道家提倡"无为","虚无","守静","简朴","超然物外"。从某种意义来说,"道"是人与自然之间的共鸣,按照这种思想,改造自然的最好方式就是顺应自然。

事实上,人与自然之间的和谐相处一直是中国传统思想的精髓。儒家认为大自然孕育万物,因此,儒家把"仁"视为最

[①] 出自《道德经》第十四章,《老子·庄子》,甘肃:乌兰文艺出版社,2009年,第33页,原文为:"视而不见,名曰夷,听之不闻,名曰希,搏之不得,名曰微。此三者不可致诘,故混而为一。其上不皦,其下不昧,绳绳兮不可名,复归于无物。是谓无状之状,无物之象,是谓恍惚。"

基本的道德准则，对人如是，对物亦如是。儒家提倡"顺应天命"，"天命"也可以理解为大自然的法则。儒家认为人类应该顺应"天命"，也就是认识和遵守自然的法则，比如：四季按照自然内部的规律交替；万物都有其自身的发展规律。人类只有顺应天命才能获得丰收，躲避灾难。如果人类与"天命"作对，那等于自我毁灭。大自然是万物之源，但人赋予了万物之灵。孟子将人与自然的关系解释为"诚"，在他看来这是自然和人的共同的本质。从孟子的思想来看，自然被赋予了人的道德，也是"人化自然"的一种定义。因为"诚"将人与自然联系在了一起，所以孟子认为人类应该把顺应自然规律作为人的一种美德，这样，才能建立一个和谐统一的世界。儒家的另一位代表——荀子提倡改造自然，首先他认为自然是万物的源头，是人类社会发展的物质基础，但是他肯定人的价值和人在自然中的地位。他将道德置于人生的首要地位，提出为了人类的利益改造自然。同时，他强调人与自然的和谐关系，提出按照自然规律合理地利用自然资源。

宋明理学的创始人周敦颐提出了以"太极"为基本理念的"本体论"，认为人源于自然，但是人是自然中最聪明的动物，当人具有了和自然一样的德行时，人就能成为"圣人"，也就是"本体论"中的"圣人与天地合其德"的思想。宋代理学家程颢认为万物都源于"天理"，人类社会和自然都遵循着"天理"。他的兄弟程颐和他的基本观点一致，但是也有一点差别。程颐认为宇宙万物都遵循其自身的"道"，这里的"道"和"天理"事实上是一致的。南宋的哲学家朱熹是"二程"的三传弟子李侗的学生，他发展了"程颢"和"程颐"的思想。他将"理"的定义进行了扩展,他认为万物各有其"理","理"是事物的规律,是伦理道德的基本准则,理在人身上就表现为"人性"。朱熹充分肯定了人在自然中的地位,因为只有人能够耕种和收获。自然提供了水,但是只有人知道用水来灌溉;火源于自然,但也只有人懂得用火来烹调。朱熹继承和发展了程颐的"天地之性"和"气质之性"的观点,他认为"天地之理"至善至美,"人之心性"则有善有恶,因而提出"遏人欲存天理",主张既承认人性的本能欲望,又反对过分的物质欲望,推崇"天理之道",将美德作为人与自然的本质联系。

中国古代的哲学家强调"人融入自然"。从理论上,他们提出了四个概念:德、类、性、气,证明人与大自然之间的统一。根据《易经》,大人者,与天地合其德。这种思想鼓励人们以自然为榜样来提升道德。这样,自然被赋予了人类的美德,自然界的物换星移和人类的日常生活之间也产生了具体的联系,比如:古时候,一般不会在春季处决罪犯;砍伐树木、捕鱼、狩猎必须在秋天或冬天进行;战争也在秋、冬季发动,因为这两个季节是农休时间,还比如:祭祀不用雌性动物;不杀鸟类不能毁掉鸟巢等等。所有的这一切风俗都体现了人类对大自然的敬畏,因为保护自然最终是为了人类自身的繁衍和发展,人与自然是不可分离的。古代的思想家还认为自然和人的本质是相同的。他们建立三个系统来揭示这种观点,分别是:八卦、五行和阴阳。首先,八卦分为:乾、坎、艮、震、巽、离、坤、兑,分别与大自然的天、地、雷、风、水、火、山、泽对应,同时与人类的父、母、长子、长女、次子、次女、幼子、幼女对应。古代人认为天即是父,地即是母,皇帝是天的儿子,这样,人与自然就完全地统一在一起了。其次,古代人习惯用阴和阳来定义周围的世界,比如:外是阳,内是阴;背是阳,腹是阴;脏器中心、肝、肺是阴,胃、肠、胆属阳;男人代表阳,女人代表阴;气属阳,血属阴;好人处阳,坏人处阴等等。再者,中国古代思想中,宇宙万物可以被归入五行,分别属于金、木、水、火、土,比如:外表、言语、视、听、思与五行一一对应,而天气现象、方向、颜色等都可以被归入五行的系统。总之,中国古代的学者用以上的三种概念体系证明了"天人合一"思想。汉代的董仲舒也举出了很多例子来支持传统思想,比如:一年又十二个月,对应人身上有十二根大骨头;一年有三百六十五天,对应人有三百六十五块小骨头。这些说法在今天看来也许有些让人觉得奇怪,但是我们可以充分地理解古代人对于人与自然关系的定论,即:人与自然有着相同的本质,并且两者之间是共通的。所有的论证都体现了中国古代传统的一种平衡、和谐的自然观。最后,古代的哲学家提出了"气"的概念,这是一个抽象的哲学概念,但是在中国古代哲学思想中占有非常重要的地位。人被认为是由气聚集而生,天地万物也是由气构成。因此气成为了自然和人的共同本质。在人死后,气重新回到原来的状态,回归自然。"天人合一"的自然观是古代人的核心思想,中国人一直把"合"作为一切行为道德的准则。中国的古代哲学和后来的西方现代哲学有不谋而合之处,甚至成为了西方哲学家取之不尽的思想源泉,比如海德格尔对道家思想的阐释使中国的朴素的哲学观点被西方所了解,这一切都说明了中国古代的"天人合一"思想将人类的思考范畴扩展到了无尽的自然,而不是局限于人的本身,这种海纳百川的开放态度使其源远流长,不断地给人类的思想发展带来新的启示。从另一个范畴来说，中国的文学家一直都包含了浓厚的自然情怀。作品中大自然的风光和人类的情感与思辨融合在一起，也体现了以"天人合一"为核心的中国古代哲学。中国流传几千年的诗歌为人们描述的是一个"世外桃源"的理想。

在生产力相对低下的古代，人与大自然的融合是通过人对自然的顺从来实现的，朴素的自然观也是在人与土地的直接接触中形成的。今天，科学技术推动了生产力的发展，但是人类面临着更为复杂的处境：能源危机、环境破坏、人口问题等等。"人化自然"成为了不可抗拒的趋势，人类在改造自然的过程中面临着很多困难，因此，我们应当反思人与自然的关系。显然在现代的生产条件下，人类不可能像古代一样完全依赖大自然，但是无数的教训让我们清醒地认识到人类并不是大自然的主人。怎样在新的环境中重新建立人与自然的和谐关系成为了人类的首要问题。对于生于20世纪初的法国作家圣·埃克絮佩里，并没有任何资料可以显示他受到了中国古代哲学思想的影响。埃克絮佩里对于自然的认知多半是通过对大自然的亲身接触形成的。我们通过埃克絮佩里的故事，大多数时候只看到了人与自然对立的一面。事实上，在他的小说、杂文，尤其是两本哲理散文《人类大地》和《城堡》中，埃克絮佩里表现出了明显的犹疑、矛盾和困惑。我们也可以在他的作品中看到一个作家憧憬的理想的"人类帝国"，并不是建立在现代文明繁荣的城市里，而是在远离尘嚣的沙漠绿洲、飞行员偶尔经过的村庄或者是想象中的童话世界。这一切都表明了埃克絮佩里心中的一个田园梦想，即人与自然和谐相处的理想世界。从人的角度来说，埃克絮佩里塑造了一个个英雄形象，用自己的理念定义了"大写人"，而这种理念或者说是对人的信念的本质就是对道德的推崇、对欲望的遏制和对人类生存方式的反思。

第二章　埃克絮佩里与大自然

　　说到自然，首先指的是大自然。大自然是人类和人类文明产生的基础，比起自然的历史，人类的历史只是其中的一小段，但是人类文明对于自然的影响是显而易见而且无法估量的。埃克絮佩里的一生都和大自然关系密切。他在风光旖旎的圣·莫里斯城堡留下了美好的童年回忆，在自由的家庭气氛中，小安托万在大自然的怀抱中享受着一生当中最幸福的时光，也使他对大自然留下了无限的眷恋和向往。为了实现飞上天空的梦想，埃克絮佩里选择了飞行员作为终身的职业。在浩瀚的宇宙，飞行员与风雨雷电搏斗，能充分地感受大自然的神秘和强大。就像他作品中大多数主人公的命运，埃克絮佩里最终消失在航线上，半个多世纪之后，人们发现了地中海海底静静地埋藏着他的飞机残骸。一如这个或许早就应该被想到的结局——飞行员的宿命即是回归大自然。

　　对于埃克絮佩里来说，天空、沙漠、大海、平原、高山，这些自然风景构成了他所生活的环境和文学创作的背景。但是在他以亲身经历为素材的作品中，大自然绝不仅仅是背景，而是与人一起构成其作品的两大主题，两者相辅相成。对于大自然的认识，作家经历了思想和情感上的转变：从向往到征服；从豪情万丈到心生敬畏。他在自身经历的基础上首先建立起了一种模糊的自然观，随着对大自然的更深入的了解和思考，逐渐形成了自己独特的自然观。他的哲学思想的独特性来自于他对大自然观察的不同寻常的视角。他的作品拉近了人与大自然的距离，在他充满浪漫英雄主义色彩的故事中，表达了对大自然的复杂情感。他塑造的人物被他定义为"大写人"，"普通人"在与大自然的搏斗中，经历了各种考验，最终成为了埃克絮佩里式的人的"范型"。所以说，大自然在埃克絮佩里创作的源泉，是其哲学思想的核心概念，就像作家在《人类大地》的前言中写道："大地对我们的教诲胜过所有的书本。因为大地并不是随我们摆布的。当人类与障碍进行较量时，人类便发现了自己。"[①]

2.1 埃克絮佩里对大自然认识的三个阶段

安托万·德·圣·埃克絮佩里1900年6月29日生于法国里昂。他的父亲让·德·埃克絮佩里死后，因为没有经济来源，母亲玛丽把家安在了自己的娘家拉摩尔庄园（la Môle）。

"这是一座浪漫的城堡，两侧是中世纪的塔，拉摩尔高耸的城墙围绕着过去的梦想。农场近在咫尺：这是孩子们的王国，在那里可以见到牧羊人迪迪，他赶着羊走过阳光照耀的山岗。生活在与动物和植物如此亲密的环境，孩子们感受到了大自然内在的韵律。"[②]

[①] Antoine de Saint-Exupéry, *Œuvres Complètes*, Tome I, *Terre des Hommes*, 1994: 171.
[②] 作者译自：Renée-Paule Guillot, *Saint-Exupéry l'homme du Silence*, 2002: 13.

对于小安托万来说，在这里与大自然的亲密接触，使他开始感受和认识大自然。祖父死后，埃克絮佩里一家又搬到了圣·莫里斯·德·雷蒙城堡（château de Saint-Maurice-de-Rémens）。在这里，圣·莫里斯花园成为了孩子们的天堂，在埃克絮佩里的作品中充满着对这座城堡的美好回忆。

"圣·莫里斯·德·雷蒙，一片松树林连着一条长满椴树的长长的小路通向城堡。一个宽广的花园围绕着城堡，丁香树丛隐藏着土地蓬勃的生命力。高高的铁栅栏标明了公园的入口，开启了一个令人神往的世界。在这个世界里，安托万就是王子，玛丽则是核心人物。"①

圣·莫里斯的公园里还有很多可爱的动物，孩子们在这里养了几只兔子、一些小老鼠、一只大田鼠和一只受伤的燕子，这只燕子得到了孩子们的精心照料。他们还在这里为迷路的小鸟建起了鸟巢。这样的画面与《绿洲》中的那座神秘的屋子是如此相似，让人不禁联想到《绿洲》中的两个仙女就是埃克絮佩里的两个姐姐。另外，公园也是一个大游乐园，埃克絮佩里在这里发明了他的第一个飞行器，这是一架装了帆的自行车，就是骑着这辆

原文为：«Un château romantique flanqué de deux tours médiévales. La môle a la force des cieux murs cimentés par les rêves du passé. Toute proche, la ferme: un royaume où les enfants rejoignent le berger Tite qui fait paître ses moutons sous le soleil brûlant des collines. Vivant dans l'intimité des bêtes et des plantes, ils s'imprègnent des grands rythmes de la nature.»

① 作者译自：Renée-Paule Guillot, *Saint-Exupéry l'homme du Silence*, 2002: 14. 原文为：«Saint-Maurice-de Rémens, un bois de pins précède la longue allée de tilleuls qui conduit au château. Un vaste parc l'entoure dont les buissons de lilas cèlent l'âme vivante de la terre. La haute grille qui en désigne l'entrée est la clé d'un monde enchanté dont Antoine est le prince et dont Marie est le noyau.»

自行车，安托万试图凭借风力和自己年轻有力的双腿飞上天空。几年之后，埃克絮佩里终于成为了一名真正的飞行员，驾驶着飞机在宇宙中开辟了另一个乐园。圣·莫里斯是大自然给安托万的礼物，也在冥冥之中决定了他的命运。在《战争飞行员》中，埃克絮佩里充满深情地谈到了这个带给他无限欢乐的地方："童年，这是每个人都经历过的宽阔领地。我是哪儿的？我属于童年。我属于童年就像我属于一个国家。"①

埃克絮佩里对于大自然的认识的最初阶段，即：童年和青少年时期，对于大自然表现出无限热爱。从那时开始，他已经萌生了要探索神秘宇宙的理想。尤其是对于圣·莫里斯城堡，作家始终怀有一种"初始之心"。在小说《南方邮件》中，他回忆起在花园深夜仰望星空的场景，心中激起对生活的无限感慨。作家记忆中的圣·莫里斯总是映射在灿烂的阳光下，成为了往昔幸福生活的象征，这座童年的城堡被认为是小王子的B612星球的原型。

1912年，安托万经历了他人生当中第一次飞行。在离圣·莫里斯六公里的地方有一个叫昂贝里约（Ambérieu）的飞行基地，在这里他经历了他的飞行"洗礼"。在飞机上，安托万发现了一个奇妙的世界，当他回到地面时，他感到"一种使命感产生了"②。从这一刻开始，探索神秘的宇宙已经成为了他的使命。整个童年和青少年时期，埃克絮佩里对于大自然都怀有无比的热爱和迫切的向往。

---

① Antoine de Saint-Exupéry, *Œuvres Complètes*, Tome II, *Pilote de Guerre*, 1994: 158.
② Alain Vircoondelet, *Dans les pas de Saint-Exupéry*, 2010: 37. 原文为：«une vocation venait de naître.»

1921年,埃克絮佩里获得了飞行员资格证,去摩洛哥执行第一次任务。出发前,他一想到要飞跃沙漠就兴奋不已。但想象和现实的差距给他上了职业的第一课。大自然不仅仅只有美丽壮观的一面,其中还有随处潜藏着危险的一面。随后,他进入了一家叫拉特哥尔的航空公司(la Compagnie Latécoère)。在这里,他遇到了教官、航线开发负责人迪迪埃·多哈(Didier Daurat),认识了他日后的两位好朋友纪尧姆(Guillaumet)和梅尔莫斯(Mermoz)。埃克絮佩里从机械师开始,逐渐进入一个职业的飞行员团队。他第一次执行任务——运送邮件的目的地是阿里岗(Alicante),随后他又承担了图卢兹至卡萨布兰卡(Toulouse-Casablanca)和卡萨布兰卡到达喀尔(Casablanca-Dakar)两条航线的开发和运输任务。在一次飞行途中,埃克絮佩里的飞机在沙漠中发生了故障,飞行员里格尔(Riguelle)和纪尧姆一起出发寻求帮助,埃克絮佩里留在原地守着装满邮件的飞机。那一晚,他体会到了真正的孤独。在美丽的星空下,他度过了一个不眠之夜。这一夜的经历在他之后的《南方邮件》和《人类大地》中都有描述,可见对其印象之深。寂寞也是除了危险之外,飞行员必须要忍受的痛苦之一。在执行任务一年以后,埃克絮佩里被任命为朱比角(Cap Juby)航空基地的负责人。朱比角位于大海和沙漠之间,在这个被文明遗忘的角落,生活条件异常艰苦。但埃克絮佩里在这里找到了内心的平静和对飞行事业的热情。朱比角的自然环境让他着迷,海浪让他心潮澎湃,他在给母亲的信中,这样描述周围的一切:"大海、天空、沙漠连成一片,一副开天辟地时的荒凉景象。"① 就在这片贫瘠的沙漠中，埃克絮佩里度过了一段美好时光。他的内心充满着热情，乐观面对艰苦的生活环境和极端的自然条件，但是他对大自然的认识也在一点点地改变。

在埃克絮佩里的职业生涯中，与大自然的恶劣条件作斗争是极其重要的内容，几乎每一次执行任务都有可能要重复这样的经历，直至向梅尔莫斯一样永远地躺在自己"耕耘"过的土地上。在这场看似力量悬殊的博弈中，人并不是失败者，这是作家通过以生命为代价的经历带给读者的启示。他承认：也许无法避免飞行员最终的宿命，就像他自己在最后一次执行任务的途中，飞机被德军击中坠入海洋，但是飞行团队中的每一个人都义无反顾地投入到了与大自然斗智斗勇的战斗中，这种人类的精神才是和伟大的自然抗衡的力量。这体现了作家超越物质层面、注重精神世界的追求。埃克絮佩里对于大自然认识的第二个阶段——人与自然的博弈阶段。

事实上，思想的改变是潜移默化的，因此很难区分从什么时候开始，埃克絮佩里对于大自然的认识再次地改变了。埃克絮佩里一生经历了两次世界大战，第一次世界大战时，他还是一个少年，在准备航海学校的入学考试，对飞机经过屋顶的记忆并不比其他事件来的更深刻。第二次世界大战爆发后，埃克絮佩里已经成为职业的飞行员，经常执行观测和侦查任务。这一次，成年后的埃克絮佩里在他的作品中详细地描述了亲眼见到的情境和当时的感受。他在几万米的高空看到了一个被摧毁的世界，让他陷入

---

① Antoine de Saint-Exupéry, *Œuvres Complètes*, Tome I, *Lettres à sa mère,* 1994: 766.

了对生命意义的深刻思考当中。当他的同伴一个个离去,他也感到了无比的悲伤和难以摆脱的孤独。1940年左右,他开始撰写一本哲理散文集,这是埃克絮佩里对自己的哲学思辨的一个总结,对自己半生飞行员生涯的反思,这本书取名《城堡》。为什么取名为城堡?除了在书中出现的沙漠中伯伯尔族的城堡之外,也许在作者的心中始终充满了对童年的天堂——圣·莫里斯的怀恋。不管怎样,这部模仿尼采的《查拉图斯特拉如是说》的体裁而撰写的哲学著作全面反映了埃克絮佩里充满矛盾的精神世界,其中对于大自然的认识和感受与之前在《飞行员》、《夜航》、《南方邮件》等作品中表现的大无畏精神和战胜自然的壮志豪情大相径庭。在这部作品中,作者表达了对神秘、强大的自然力的一种敬畏,甚至是膜拜。回顾埃克絮佩里的作品,这种前后的转变在《人类大地》中已经初现端倪。在《飞机与星球》一章中,作者感叹道:"人类的仇恨、友爱和欢乐的大表演是在多么狭小的布景中进行的呀!那些碰巧生活在熔岩尚有微温,但又面临沙漠和冰雪威胁的人们是从什么地方获得这种永恒的感觉的呢?他们的文明只不过是一层单薄的烫金装饰,一次新的火山爆发,一片新的海洋,一股新的风沙就会把这些文明抹擦得一干二净。"[①]在无数次对大自然的挑战之后,作者静下心来思考人与大自然的关系究竟是怎样的,从而进入了一个反思的阶段。

1943年3月,埃克絮佩里回到了"同盟国"(des Alliés)的阵营。在摩洛哥,2/33大队成立了。在这里,他又见到了老同

---

① Antoine de Saint-Exupéry, *Œuvres Complètes*, Tome I, *Terre des Hommes*, 1994: 203.

事。虽然天气炎热，且训练强度非常大，但已经中年、满身伤痕的飞行员们仍然充满斗志。1944年，因为埃克絮佩里的一再坚持，他得到了最后的五次特批飞行，7月31日，他出发执行最后一次任务。8点30分他准时起飞，飞机很快消失在海上，随后雷达失去了联系。埃克絮佩里生死不明的结局似乎在他的作品《小王子》中早有预示，巧合让读者们宁愿相信有一天他会再回来。2003年，谜底终于揭晓，埃克絮佩里的飞机残骸在地中海海底被发现。几年以后，一位前第二次世界大战德国空军退役老兵向《普罗旺斯日报》(*La Provence*)的记者透露：在1944年7月31日，是他击中了埃克絮佩里的飞机。飞行员的命运被确认了，他永远地躺在了他耕耘的大地上，就像他的伙伴：梅尔莫斯、纪尧姆、贝勒汗……大自然成为了他们最后的归宿。

当然，如果把埃克絮佩里一生的作品进行总结，他的主体思想还是倾向于对人的精神力量的肯定。在与大自然的博弈中，人永远是斗志昂扬。他所塑造的人物形象是鲜活的、充满斗志和坚定信念的英雄。当他在无数次的教训面前不得不承认人的极限和大自然的不可战胜时，他在情感上仍然不愿退缩，仍然希望用行动来战胜一切，所以在《城堡》的最后，他用简单的一句话，用仅有一个动词的句子作为这本书的终结，也是对其一生信念和理想的终结：年迈的花匠用平静的语调说道"今天早晨，我修剪了我的玫瑰"，作者在句子之后用了省略号，所有的关于胜负的讨论也就此终结，因为在他的内心也许对于所有的问题都没有一个明确的答案，正如他对于大自然的认识。

2.2 飞行员眼中的大自然

多面的大自然是作家、诗人和画家永远的素材。圣·埃克絮佩里，这位在20世纪世界文坛上独树一帜的飞行员作家，以他的独特视角，为读者描述了一幅壮丽磅礴的大自然画卷。在他的作品中，大自然时而美丽平静，时而危险神秘。他塑造的主人公几乎都是和他一样的飞行员，故事的背景无一例外都是浩瀚多变的宇宙。

在飞行员的眼中，大自然是变幻莫测的。翱翔于天地之间，在几千米的高空欣赏着广袤的沙漠、雄伟的山峰、一望无际的海洋和茂密无边的森林。在短时间内，所有的景致尽收眼底，对这片我们熟悉的大地，飞行员获得的是不一样的感受。在没有险情的飞行途中，他经过平原、山岗，大海、荒漠，感受到的是大自然的壮阔美丽、静谧安详，正如作者在《夜航》的开头所描写的一幕：

"飞机下面的山峦在金色的黄昏中已经划出了一道道阴影。平原变得明亮起来，他的光辉经久不熄。在这个国度里，平原不断地反射着金光，而在冬季，它又不断地反射着雪光。飞行员法比安正在把巴塔哥尼亚的邮件，从最南端运往布宜诺斯艾利斯的航途之中，他从那种和港湾水面一样平静的天空中，从安详的云海泛起的轻柔的涟漪上，发现了夜晚的临近。他似乎驶进了一个浩瀚无边的令人神往的船只停泊。"①

但是危险总是隐藏在平静的表面之后。当飞行员在月色如水

---

① Antoine de Saint-Exupéry, *Œuvres Complètes*, Tome I, *Vol de Nuit,* 1994: 113.

的夜晚起航时，雷雨就埋伏在某一个角落，"就像蛀虫藏在水果里"[①]。坏天气随时都可能发作，在航线上，危险难以预测也不可避免，在几千米的高空，全凭飞行员一己之力与大自然对抗，这是一场异常凶险的战斗。飞行员贝勒汗回忆他在安第斯山脉遭遇暴风雪的经历就好像突然降临的灾难，一切都发生在顷刻之间。作为一个经验丰富的老飞行员，贝勒汗当然对此并不陌生，但是纵然身经百战，也仍然对这场博弈毫无把握。

"……是的，一切都很安静，但却充满了一种奇特的能力。接着，一切都激化尖锐起来。这些山岭，这些峰峦，一切都变成尖利起来。他感到，它们像船首一样，扎进猛烈的狂风之中。然后他觉得它们似乎在围着他打转，漂流，犹如一支进入战斗状态的舰队。后来，有一股微尘混进了空气之中，尘埃沿着积雪上升，像轻纱一般缓缓漂浮。预示为了在必要后撤时寻找一条出路，他转过身去并且害怕得发起抖来，他身后的整个山脉似乎都沸腾起来了……积雪从前方的一座山峰喷发而出，简直成了一座雪花火山，接着又是汕尾靠右一点的第二座山峰。预示所有的山峰，就这样一座接着一座地活跃起来，好像被一名看不见的赛跑运动员连续不断地触动了一样。于是，随着气流的第一阵涡旋，飞行员周围的群山震荡起来了。激烈的战斗留下的痕迹是很少的，他自己再也记不起那些折腾过他的涡流了，他只记得自己曾经在那些灰色的火焰中疯狂地挣扎过。"[②]

疾风骤雨后，大自然又回归了平静，只是人们无法推测危险会在哪里、哪一刻再次出现。

[①] Antoine de Saint-Exupéry, *Œuvres Complètes*, Tome I, *Vol de Nuit*, 1994: 114.
[②] Antoine de Saint-Exupéry, *Œuvres Complètes*, Tome I, *Vol de Nuit*, 1994: 119.

"卡萨布兰卡的天空一片湛蓝。一只只帆船犹如征战后的战舰,停靠在港口上。暴风雨过后的海面上,风平浪静,只有一条条长长的波纹,有规律地舒展成扇形。夕阳中的田野,犹如海水般呈现着鲜艳的深绿色。在城市的这里或那里,还残留着雨迹,阳光下泛着光亮。"①

埃克絮佩里书中的大自然壮丽、变幻莫测,具有奇迹般的力量,很明显,人类的力量是不可与之比拟的。他故事中的主人公或是在沙漠中迫降,或是被暴风雪围困在雪山,或是在夜空遭遇雷雨,或是迷失在狂风暴雨的海洋上空,除非神迹般的偶然可以侥幸脱险,大多数飞行员最终还是牺牲在执行任务的途中。《夜航》中的法比安消逝在夜空的雷雨中;《南方邮件》中的贝尼斯迷失在一望无际的沙漠里;现实生活中,纪尧姆从雪山中侥幸逃脱,但最后也坠落在地中海;梅尔莫斯纵使身经百战,也永远地躺在了曾经"耕耘"过的土地上。在经历了无数次战斗之后,埃克絮佩里在《城堡》中感叹大自然的神力和人类的脆弱,他用一个简单的例子来揭示这种神力:沙漠中的烈日"再晒一个钟头,我们和我们的脚步就会从地球上消失。"②无数次险境中,解救飞行员的往往是大自然的力量,或者是被神化的人,比如:梅尔莫斯依靠星辰的指引穿越暴风雨的海面;在《人类大地》中的"我"在奄奄一息时偶然碰到了贝都因人。当然,也有如纪尧姆和贝勒汗那样凭着超常的意志坚持到救援者的到来。但是,在充满豪情壮志的作者心中,其实对于人与大自然的较量早已有了分晓,大自然的神力既是死亡的绳索也是生命的指引,对于每个飞

---

① Antoine de Saint-Exupéry, *Œuvres Complètes*, Tome I, *Courrier Sud,* 1994: 84.
② Antoine de Saint-Exupéry, *Œuvres Complètes*, Tome II, *Citadelle*, 1994: 684.

行员来说，人的宿命终究是抵不过大自然的神力。

另外，大自然会通过特殊的方式与真正进入它的人进行交流。在沙漠中，一只蜻蜓就能预报沙尘暴，在给朋友的信中，作家谈到了自己在沙漠的亲身经历："沙漠还是给我派来了信使：这是一只蜻蜓。它在绕着我的灯打转，这很让人担忧，因为它在预报明天有沙尘暴。它应该由东风送来，因为在五百公里之内既没有绿洲，也没有水。但今晚没有一丝风。可这是从来没错的经验。今晚只派一只蜻蜓来的风，明天将会把无数吨的沙吹上三千米的高空。"[①]

2.3 人与大自然

在埃克絮佩里的作品中，自然是和人一样重要的主题。它不仅仅是远离现实的慰藉，更是证明人类力量和人生价值的战场。大自然在他的书中绝不是一个简单的背景，而是飞行员用行动追求理想的地方。通过对真实经历的艺术加工，作家呈现给读者的是雄奇壮阔的美景，表达了人类对于自然的错综复杂的情感。

2.3.1 人对大自然的赞美

"在我的这本书里，我列举了一些人，他们是属于那些似乎服从于一种至高使命的人，他们选择了沙漠或航空，就像另外一些人选择修道院一样，但是如果你觉得我是在鼓励你首先去赞美人的话，我就背离了我的目标。首先应该赞美的是造就人的土

---

① Antoine de Saint-Exupéry, *Œuvres Complètes*, Tome II, *Lettres à sa famille* 1994: 903.

坏。"①

埃克絮佩里的作品让人们对飞行员眼中壮阔神秘的大自然充满向往和想象。他对大自然的描写以真实的地理景观为基础,寄托了浓厚的个人情感,结合奇妙的想象,赋予了深刻的寓意。

在《南方邮件》中,贝尼斯回忆童年的乐园和与热那芙的爱情,作者仿佛又回到了让他梦牵魂绕的圣·莫里斯,恬静美好的景致寄托了作者一生对家园的依恋和对美好生活的想象。

"我还记忆犹新,你住在一栋老房子里,周围是厚厚的墙壁。我再一次看见你,凭依在窗户旁,窗户的形状仿佛是一个枪洞,透过它,你注视着月亮,明月冉起。平原上,响起各种各样的声响,知了煽动的翅膀发出尖鸣声,青蛙鼓起肚子发出呱呱声,还有回家的老牛,晃动着脖子上的铃铛声。明月冉起,有时从村里传来丧钟声,带给蟋蟀、小麦和蝉虫理解不了的死亡。你向前弯着身子,为那些未婚夫们担心,因为期待最容易落空。然而,明月冉起。灰林鸟开始发情,相互呼唤,他们的呐呐叫声盖过了丧钟。一群群的狗冲着月亮狂吠。每一株树木、每一颗小草、每一根芦苇都充满了生命。明月冉起。你拉起我们的手,让我们倾听,那是土地的声音,安抚心灵的声音,无比美妙的声音。"②

通过这些生动传神的描述,读者甚至能够听到大自然的鸟叫虫鸣,闻到树木花香,这就是作者心中憧憬的诗意的居所。他的田园梦想是如此真切,但在飞行员的世界中又似乎遥不可及。"明月冉起"重复了四次,渲染了宁静的气氛,也表达了作者渴望安定生活的愿望。月光安静如水,夜色温柔如丝,象征着甜蜜

---

① Antoine de Saint-Exupéry, *Œuvres Complètes*, Tome I, *Terre des Hommes,* 1994: 270.
② Antoine de Saint-Exupéry, *Œuvres Complètes*, Tome I, *Courrier Sud,* 1994: 53.

的爱情和幸福的家庭生活。而其中的知了、青蛙、牛、狗等动物都是这首动人"夜曲"的伴奏。文中的树木花草是这优美夜色的装饰。偶尔传来的丧钟，代表着世俗生活的讯息。而所有的这一切都与飞行员惊心动魄的故事形成了鲜明的对比。

飞行员对大自然的观察视角是完全不同于普通人的。在动态的角度，从地面到高空的位置变动使原本静止的画面活动起来，景物的形状、大小都有可能改变。所以埃克絮佩里作品中有关起飞、降落和飞行途中对周围景物的描写也是其作品的一大特色。

"大地好像被拉直，像一条传送带，在机轮下滚动。空气先是无法触摸，而后流动起来，最终变得坚实……跑道边的机库，树木，然后是山峰，一个个展现在眼前，随后又一个个逝去。从两百米的空中俯瞰，牧羊圈好似儿童玩具般，周围栽着笔直的树木，房子像是画的……"[1]

从飞机上的高度来观察大地，景物会显得小得多，大地上的一切就如同"儿童玩具"，也许在童性未泯的埃克絮佩里看来，如卡通画般的景色更加让他感兴趣。同时，大地上的景物看起来被分成不同的小块，原本浩瀚无垠的大海、一望无际的平原、高耸云霄的山峰和蜿蜒不绝的河流都成了一目了然的区域，大自然意想不到的安排都成了视野中清楚整齐的分布图，一切都显得那么平静。因为在几千米的高空，海面上的海浪、沙漠中的风沙和掠过森林的狂风都感觉不到了，正如作家写道："一切平静下来。透过双翼间的张线可以看到太阳，不再有任何气浪的冲击。大地显得那么遥远，好似一动不动地凝固在那里。"[2]

---

[1] Antoine de Saint-Exupéry, *Œuvres Complètes*, Tome I, *L'Aviateur*, 1994: 28.

[2] Antoine de Saint-Exupéry, *Œuvres Complètes*, Tome I, *L'Aviateur*, 1994: 28.

当飞机回到地面,一切又回到原状,但是在飞行员眼中,周围的景物不再遥远,而且显得那么亲切,因为大地意味着平凡而幸福的家庭生活,是平静温暖的港湾,是心灵的慰藉,大自然寄托了他内心对家的情感。

"大地令人感到安心:错落有致的田地,几何形状的丛林以及那的村庄,飞行员降低了高度,一边更好地领略着风光。高空俯瞰,大地显得荒芜而死寂,随着飞机的下降,大地再次被丛林装点,披上了衣装。山谷丘陵仿佛连绵起伏的波浪:大地在呼吸。"①

在远景与近景的交替中,飞行员的视角在不断变化,各种景物的尺寸和形状也在变化。在观察真实世界的反复校准的镜头中,飞行员也在调整着自己的心情,在游离于日常生活之外的这群人的视野中,大地和蓝天的转换并不需要多长时间,他们眼中景物的改变也印证了他们当时复杂的心情:对大地留恋又不能融入,天空隐藏着危险又具有无比的吸引力;地面的平凡生活温暖又琐碎,星空让人心静如水但也孤独寂寞。在飞行员的生活中,永远都不会有一个不变的驿站,在天上没有,在地上也不会有。但也只有他们能够超越地心引力和世俗的牵绊,体会到飘渺宇宙中生命的悸动。

在没有险情的旅途中,飞行员可以尽情地欣赏着大自然的美妙风景:如巨人一般耸立的高山,飞机就像一只自由的小鸟在重叠的山峰之间盘旋;像水族馆似的大海,平静的海面像"一片巨大的棕榈树叶"②;沙漠上空星辰点点的夜空,一些都显得温柔

---

① Antoine de Saint-Exupéry, *Œuvres Complètes*, Tome I, *L'Aviateur*, 1994: 29.

② Antoine de Saint-Exupéry, *Œuvres Complètes*, Tome I, *Courrier Sud*, 1994: 84.

静谧,让人感受不到任何威胁。

"清澈如水的天空沐浴着星辰,映衬出点点星光。夜幕降临。撒哈拉沙漠上,一座又一座的沙丘,在月光下绵延起伏。头顶上的月光,仿佛灯光,找不清物体,却重新组构了物体,柔和地哺育着万物。脚下,厚厚的沙漠,无声无息,无边无际。我们向前行进,头无遮掩,摆脱了炙热的太阳。夜晚像是一座安息的居室……"①

在作家的视野中,沙漠甚至是彩色的:《人类大地》中,月光下的沙漠是粉红色的;《小王子》中,"天亮的时候,沙漠是蜜糖色的。"② 沙漠中也有生机盎然的绿洲,有留下历史记忆的黑色鹅卵石和岩石,还有墨一般色彩深重的大理石;大部分时候,烈日炎炎下的沙漠是由一望无际的金色的沙丘组成的;意外出现的海市蜃楼也让沙漠更增添了一抹神秘的色彩;其中顽强生存的人与动植物们也给这片寂寥的土地带来了生机和缤纷的色彩。

2.3.2 人与大自然的搏斗

大自然并不总是平静的,它的变化往往突如其来,对于在高空单枪匹马驾驶着飞机的飞行员来说,危险随时都可能发生。这时,不只风雨雷电成了他们的对手,平时相安无事的大海、高山也成了要小心翼翼避开的"暗礁"。他们"独自在空中风暴组成的广大无垠的法庭上,跟三个原始神争夺他的邮件,这三个原始

---

① Antoine de Saint-Exupéry, *Œuvres Complètes*, Tome I, *Courrier Sud*, 1994: 37.
② Antoine de Saint-Exupéry, *Œuvres Complètes*, Tome II, *Le Petit Prince*, 1994: 307.

神便是高山、大海和风暴。"①

在《夜航》中，法比安在云层堆积的夜空航行，没有星光，他徒劳地搜寻着地面上的村庄的亮光，在这样的天气，他已经预见到了危险甚至死亡，他全力以赴地投入了这场战斗。"那双紧握操纵杆的手，无疑已经压在暴风雨上，就好像压在一头野兽的颈背上那样。而那副充满力量的肩膀巍然不动，使人感到其中蕴藏着深厚的实力。"②在这场人与大自然的搏斗中，飞行员把自己当做"指挥官"，雷雨当做"野兽"。在恶劣的天气条件下，飞行员与强大的自然力进行较量，虽然力量相差悬殊，但是他表现出的非凡的勇气和不屈不挠的意志让读者感受到了作为人的骄傲。也正是这种英雄主义的气魄与胆量成为了埃克絮佩里小说最动人心弦之处。在作者所处的时代，飞机制造的技术并不完善，航空事业在欧洲刚刚起步，作为飞行员需要具备各种普通人没有的品质，尤其是勇敢、责任心和牺牲精神。因为他们所面对的是没有边际也从未被开发的宇宙，其中，有太多难以预料的情况。每一次执行任务都有可能是飞行员生命的终结。

当梅尔莫斯第一次穿越南大西洋时遇到了龙卷风，作者在书中生动地再现了当时的情景：

"就在他的正前方，他看见了几条龙卷风的风尾，这风尾正在飞快地收缩，就好像正在往上垒的一道墙似的。然后黑夜降临，把一切都笼罩起来，……他发现自己进入了一个奇异的王国。海面上，旋风卷起的水柱高高耸起，它们就像庙堂里的黑色大柱那样立在那儿一动也不动。这些顶端鼓鼓胀胀的水柱支撑

---

① Antoine de Saint-Exupéry, *Œuvres Complètes*, Tome I, *Terre des Hommes*, 1994: 186.
② Antoine de Saint-Exupéry, *Œuvres Complètes*, Tome I, *Vol de Nuit,* 1994: 131.

着暴风雨下低矮而阴暗的穹窿，然而透过穹窿缝隙，落下几缕亮光，丰满的月亮在石柱林立的冷清的海面上闪光。梅尔莫斯越过这些无人居住的废墟继续航行，从一块亮处驶向下一个亮处，绕过那些巨大的水柱和显然正在奔腾咆哮的海面，他沿着缕缕月光，朝着庙堂的出口飞行……"①

作者用"庙堂的黑色大柱"和"穹窿"形容强大而不容侵犯的自然，让人能感受到它对飞行员造成的巨大威胁。由于狂风和浓雾，飞行员要避开这些巨大的水柱非常困难，一点点的疏忽或犹豫都会导致致命的灾难。在这种情形下，飞机不能降落在海面上，被困在如迷宫般的暴风雨中，只能徒劳地寻找着出口。最终，飞行员凭借丰富的经验和雨空中的几点星辰脱离了险境。在这场较量中，虽然力量悬殊，但是梅尔莫斯的勇敢、冷静、智慧和坚持让他终于战胜了大自然。

在作家的书中多次讲述了他或者同伴与大自然正面相遇的经历，其中，纪尧姆在雪山死里逃生的故事尤其令人印象深刻。纪尧姆在穿过安第斯山脉途中遭遇了暴风雪。"一场持续了四十八小时的暴风雪，封锁了所有的空间，使智利境内的安第斯山山坡上积满了五米厚的白雪……"②纪尧姆驾驶的邮政飞机因为天气迫降在雪山，他在雪地上挖出一个洞，把装信的口袋放在里面，然后徒步寻找帮助。

"你仍然在那里行走，没有爬山用的冰镐，没有绳索，没有干粮，你在那里攀越四千五百米的山坳，攀登陡峭的悬崖，在零下四十度的严寒气温中，手脚和膝盖都在流血，你体内的血液在

---

① Antoine de Saint-Exupéry, *Œuvres Complètes*, Tome I, *Terre des Hommes,* 1994: 181.
② Antoine de Saint- Exupéry, *Œuvres Complètes*, Tome I, *Terre des Hommes*, 1994: 192.

慢慢减少，你的精力在逐渐衰竭，你的神智越来越模糊，可你像一只蚂蚁似的在顽强地朝前爬。碰到障碍时便折回来，绕过障碍继续爬，跌倒了又爬起来，滑到坡底再往坡上爬，绝对不能让自己停下来歇息一会儿，因为你知道，只要一歇下来，你便再也不能从雪地里站起来。"①

从第二天开始，纪尧姆已经感觉不到自己身体的难受，而最大的困难是不去思想。第三天，他感觉心脏衰弱了，但是他用信念支撑着……第七天，他被救了。在没有食物，没有任何工具，极端寒冷的情况下，他凭借顽强的毅力和对家庭、对同伴的责任心，坚持着一直到被救援的飞机发现，创造了生命的奇迹。在这场与暴风雪的搏斗中，飞行员表现出的勇敢、坚持、责任心和智慧都完美地诠释了埃克絮佩里定义的"大写人"的形象。坏天气给飞行员带来困难、危险，甚至是死亡，海浪、云层、浓雾、雷雨随时都威胁着飞行员。但是埃克絮佩里和他的同伴们以无比的勇气向大自然提出挑战，就像纪尧姆、梅尔莫斯、贝勒汗、贝尼斯、法比安，这些人物有的是真实的存在，有的是根据作者亲身的经历，或者以他自己为原型创造的主人公，他们个个身经百战，虽然最终都永远地躺在了自己辛勤"耕耘"的土地上，但是他们留下的精神不仅让他们自己完成了生命的"涅槃"，而且鼓励着其他人继续着飞行事业。然而，人与大自然的战斗远远没有结束，飞行还在继续。飞行员的生命轨迹如同划过夜空的彗星，简洁而又意义隽永，就像《南方邮件》的结局："达喀尔呼叫图卢兹：信件安全到达达喀尔。完毕。"②

---

① Antoine de Saint-Exupéry, *Œuvres Complètes*, Tome I, *Terre des Hommes*, 1994: 194.

② Antoine de Saint-Exupéry, *Œuvres Complètes*, Tome I, *Courrier Sud*, 1994: 109.

2.3.3 人对大自然的破坏

《战争飞行员》发表于1942年，这是作者为纪念他在第二次世界大战中服务过的航空2/33大队所写的一部作品。作为亲身经历了两次世界大战的一名飞行员，埃克絮佩里深刻地体会到战争给人类、给大自然带来的毁灭性的伤害。

毁灭几乎是在一瞬间发生的，战争粗暴地改变了一切存在的意义。一片有着三百年历史的森林因为阻碍了一个狙击手的射程而被烧毁，在战火中，不仅仅是房屋、森林、道路被摧毁，生命、历史、宗教也失去了存在的意义。几千米的高空，因为距离而消弭了声音，飞行员所看到的地面的悲剧因为静默而更加凝重。作者在书中描写到被炮火点燃的村庄：没有火苗，没有声音，也没有气味，而是呈现出一种奇妙的静止和沉默的状态。所有景物的尺寸都被大大缩小，声音被屏蔽，气味被隔绝，灾难的印象完全脱离了惯常的经验，但是让人感到场面更加残酷，同时也带给人一种对世界的疏离感。烟雾如同"静止的白雾，类似某种白霜"①，火苗好似"凝结在琥珀上的淡灰色奶斑"②，从高空往下看着地上逃亡的人群，就像"不停流动的糖浆"③。作者用"奶"形容"火"；用"糖浆"形容逃亡的人群，这些日常词汇被用来描述沉重的战争，给读者一种错觉，而这种错觉与人心中对于灾难的一贯认知形成的反差，反而加深了人对于残酷现实的感受。同时，由于超远距离的视角，地面上

---

① Antoine de Saint-Exupéry, *Œuvres Complètes*, Tome II, *Pilote de Guerre*, 1994: 152.
② Antoine de Saint-Exupéry, *Œuvres Complètes*, Tome II, *Pilote de Guerre*, 1994: 153.
③ Antoine de Saint-Exupéry, *Œuvres Complètes*, Tome II, *Pilote de Guerre*, 1994: 162.

的时间似乎停顿了，这种静态和静音的效果让人感觉压抑，突出了悲剧的效果。在这种看似静止的状态，时间好像被大大放缓了，大火是"一种秘密的消化"①，人间上演着无声的悲剧。

当飞行员从远距离的高空向地面靠近，他对这场悲剧也看得越来越清楚，他的感受如同地面上的人一般，在高空的疏离感逐渐在近距离的现实中消泯，不管在几千米的高空还是在大地，人类的悲剧都不可避免，因为战争的动机就是荒谬的，战争中的人失去了理智，战争中的一切都失去了原有的价值，战争毁灭的不仅仅是这个世界的表面，更是存在的意义。

"我想象着，在云层下，一片黑暗。那儿是一个大汤碗，里面煨着战斗。路上交通阻塞，到处是火，是散落的设备，被踩躏的村庄，杂乱无章，……到处都杂乱无章，阴云下，他们在荒谬中挣扎着，如同石块下的甲壳虫。"②

这种悲剧似乎让人无处可逃，在地面上，飞行员看到的是一个无序的被战争毁灭的世界。敌人的飞机掠过地面，向逃难的人群扫射，制造混乱。大地变成了"废墟"和"泥坑"。同时天空也不平静，成了另一个战场。这些"群匿在黑暗中的猛兽"③组成"发射的壁垒"④，被击中的飞机顷刻就会着火爆炸。不管天上地下，一切都被笼罩在战火中。战争因人而起，也带给人无尽的灾难和破碎的家园。战争飞行员在不可逃避的现实面前，不仅仅是观察这场悲剧，更多地是在为人类、为大自然唏嘘，并且希

---

① Antoine de Saint-Exupéry, *Œuvres Complètes*, Tome II, *Pilote de Guerre*, 1994: 152.
② Antoine de Saint-Exupéry, *Œuvres Complètes*, Tome II, *Pilote de Guerre*, 1994: 161.
③ Antoine de Saint-Exupéry, *Œuvres Complètes*, Tome II, *Pilote de Guerre*, 1994: 190.
④ Antoine de Saint-Exupéry, *Œuvres Complètes*, Tome II, *Pilote de Guerre*, 1994: 190.

望以一己之力来拯救世界，体现了深刻的人文主义情怀和高尚的道德风格。这就是为什么杜泰尔特、奥士德，以及所有战士与敌人的战机周旋于火海之中，不惧危险英勇献身的原因。

2.3.4 关于"大自然"的反思

在埃克絮佩里早期的作品，如《飞行员》、《夜航》、《南方邮件》这些以作者亲身经历为素材的小说中，夹叙夹议是其主要的叙事方法；中后期作者的风格逐渐转变，从《人类大地》开始，故事情节被淡化，叙事风格也接近哲理散文。1939年，埃克絮佩里在美国养伤并且试图获得美国的帮助来拯救战争中的法国。这段孤独的日子让作家在饱受思乡之苦的同时也对自己的人生和创作进行了反思。从这时开始，他的作品从现实中抽离了出来，在人物、背景设置和情节构思上更加虚拟化，塑造的形象往往具有深刻的寓意。在此期间创作的《小王子》以寓言童话的形式表达了作者几乎全部的人生观和世界观。而他的最后一部作品《城堡》从叙述风格上明显地模仿了尼采的《查拉斯图拉如是说》。作者这样做固然是出于对尼采的崇拜，但是他的意图也很明显，在一个超越时空的范畴内阐述自己的哲学观点。在这本书中，不仅故事情节被淡化，而且时间和空间因为虚拟的语境而无从考证。文本以死去的酋长将毕生的经验教给王位的继承人为基本叙事轨迹，大量采用倒叙，并且使用了诗歌中常用的"瞬间记忆"的叙事方法。在空间的安排上也经常跳转重叠，文中以沙漠的实景为基础虚拟的一个伯伯尔族的王国，事实上不仅象征着人类社会，还直指人类精神家园。整部作品意义深远，每一章都可独立成文，阐释了作家定义的某个哲学概念，同时，前后贯通，全书的关键词其实一直都没有离开埃克絮佩里的创作主旨，即：人与自然。

1940年，埃克絮佩里退役后居住在他的姐姐家，并开始构思《城堡》。当时的法国仍然四分五裂，埃克絮佩里随后离开祖国去美国寻找帮助。他不愿意加入任何一个政党，而是实践他自己对理想国家的构想。在这次旅行途中，埃克絮佩里得知了纪尧姆牺牲的消息，他在给朋友皮埃尔·舍夫里埃（Pierre Chevrier）的信中写道："卡萨布兰卡—达喀尔机组就剩我一个人了，布雷盖十四、科莱、雷恩、拉萨尔、傅雷嘉德、梅尔莫斯、艾迪安、西蒙、莱克里瓦、维勒、维尔内勒和里盖尔都经历过那个伟大的时代，现在他们都不在人世了，再也没有人和我分享回忆了。"① 当埃克絮佩里到达纽约，他发现自己陷入了进退两难之中，他不能让美国帮助法国恢复统一，事实上，他并没有为此做出真正的努力。在生活中，他不说英语，因此变得更加沉默。同时，他忍受着伤病的困扰，而且与妻子龚旭罗关系并不融洽。身体和精神上的巨大的痛苦让他变得日渐消沉，但是他渴望摆脱这一切，渴望用文学创作来构建另一个美好的世界。他经常回忆起圣·莫里斯城堡和他曾经驻守过三年的撒哈拉沙漠。圣·莫里斯见证了他幸福的童年，而沙漠则让他不时想起他作为邮政飞行员的美好年代。不管是童年的乐园还是遥远的沙漠，都是他在苦恼的现实生活中所寻求的心灵慰藉，这两个时常出现在他作品中的形象也具有深刻的寓意。在此期间，作者发表了《小王子》，他选择以沙漠作为故事发生的背景，更多地是在表达自己内心对理想世界的

---

① Antoine de Saint-Exupéry, *Œuvres Complètes*, Tome II, *Lettres amicales et professionnelles*, 1994: 950.

构想。在"远离任何有人烟的地方"①,一切都沉寂不语,切合了作者孤独的心情,沙漠中只有回声在回答小王子的提问,而现实中的作者在远离飞行的日子,在形单影只的异国他乡,也只能与自己的心灵对话。就像小王子相信沙漠中的"某个地方藏着一口井"②。作者渴望发现生命的美好和追求的意义。小王子旅行经过的六个星球上的居民事实上就是文明社会中现代人的众生相,虽然,在小王子眼中他们很荒唐,很奇怪,但是现实中的人就是生活在这种荒谬而又不自知的处境当中。至于小王子居住的B612星球,作者寥寥数笔勾勒出一个仙境般的世界:日落、火山、猴面包树、花,这样简单的环境和小王子简单的生活十分吻合,和人类社会复杂的城市结构和现代人紧张而机械的生活节奏形成了鲜明的对比。《小王子》中的大自然亦真亦幻,充满寓意,一草一花都包含了深刻的寓意。

在《城堡》中,作者又一次选择了沙漠作为背景。和以往作者写实风格的作品不同,这本书更接近于作者心灵的自我对话。在一望无际的沙漠上,烈日如火,狂风似刀,干燥闷热的空气让生存更加艰难。恶劣的自然条件和艰苦的生活环境是沙漠给想要进入它的人的第一印象:"太阳让沙漠蔓延开去。烈日照着黄沙上的白骨,干枯的荆棘,死壁虎的透明表皮和硬得像鬃毛的骆驼草……阳光吞噬了自己的创造物,雄踞在狼藉的枯花之间,仿佛孩子站在被自己破坏了的玩具之间。"③在这里,人们很难见到葱茏的树木,但是《城堡》中的一位诗人,一天夜晚在火堆旁

---

① Antoine de Saint-Exupéry, *Œuvres Complètes*, Tome II, *Le Petit Prince,* 1994: 237.
② Antoine de Saint-Exupéry, *Œuvres Complètes*, Tome II, *Le Petit Prince,* 1994: 303.
③ Antoine de Saint-Exupéry, *Œuvres Complètes*, Tome II, *Citadelle,* 1994: 368.

向居住在沙漠中只见过荆棘、矮棕榈树和骆驼草的人们讲述有关"树"的故事。在这本以荒漠为背景的书中，交替出现了许多"树"的形象，如：橘子树、橡树、雪松等等，给人一种脱离时空的印象。事实上，这里的"树"被赋予了特殊的寓意，那就是"人"。在《城堡》中，作者彻底地改变了以往的纪实风格。在以沙漠为实景的基础上，出现了很多虚幻的原本不属于沙漠的元素，如：树、大海、水井、城市、庙宇和城墙等，并且它们都被赋予了特定的寓意，比如：阿克苏的井象征着生命的源泉，正如作者写道："埃克苏的井是一扇向生命敞开的窗……我看见在埃克苏井里出现了城市、庙宇、围墙和空中花园。"[①] 而沙漠中耸立的城堡也象征着人的内心世界。

从《夜航》、《南方邮件》中的豪情万丈，到《人类大地》中的坚韧不拔，从《战争飞行员》中的视死如归，到《小王子》中的满怀憧憬，作者在自己的每一部作品中表达了人在自然中的生存和奋斗的渴望，这种渴望在《城堡》中表现为对一个理想的"人类帝国"的想象，这里的"人类帝国"与本书的题目"城堡"从形象到意义都相互吻合。在这部作品中，虽然依然是以"人"为主题，但是作者对大自然明显表现出了与以往不同的态度，更多的是敬畏，对无法捉摸和神秘的自然力的膜拜，他在这本书中表达的犹疑是以往作品所很少出现的，他笔下的大自然显然超出了一切人类认知的范畴，因此全书都呈现出一种神秘的色彩，就像书中写道："那些看出山岭消蚀而人将继续存在的逻辑学家的预言落空了。他们怎么会预见到将要发生的事呢？"[②] 在反

---

① Antoine de Saint-Exupéry, *Œuvres Complètes*, Tome II, *Citadelle*, 1994: 684-685.
② Antoine de Saint-Exupéry, *Œuvres Complètes*, Tome II, *Citadelle*, 1994: 434.

思中，圣·埃克絮佩里的"人化自然观"也在发生着改变。虽然作者也没有最终对人与自然的关系做出结论，但是他所有的怀疑还是终结于人类的行动，也许可以看做是作者的一个态度吧，就如同全书的结尾："今天早上，我又修剪了我的玫瑰"，只有不懈地用行动改变世界，改造自然，不管力量是多么微弱，但都是意义非凡。

2.4 各种自然元素和天气现象对于飞行员的意义

作为一名作家，埃克絮佩里经常在作品中描绘他所见到的宇宙星辰、暴风雷雨。同时，作为一名飞行员，寻常的自然风景和天气变化却有着关乎生死的意义。因此，我们试图将其作品中的自然元素和天气现象分为三类：有利于飞行的因素，不利于飞行的因素和中性的因素，来具体剖析大自然对于飞行员的不同意义。

"夜幕正在上升……村庄已是灯火通明，它们那灿若群星的亮光互相辉映……大地倾听着灯光的召唤，家家户户都面对无边的黑夜点燃了自家的星星，就像人们把灯塔指向海洋那样，所有那些遮盖着人类活动的东西都闪亮起来。"[①]

村庄 代表着物化和工业化的自然，象征着人类与自然环境和谐相处的"人类家园"，是人与自然和谐相融合的理想的人类栖居之地，也是作者一直向往的充满家庭温情的田园世界。这里有房屋、咖啡馆、街道以及"所有使人们的生活变得温馨的东

[①] Antoine de Saint-Exupéry, *Œuvres Complètes*, Tome I, *Vol de Nuit*, 1994: 115.

西"①，吸引着长途奔波、居无定所的飞行员，唤醒着他们心中对于平凡生活的渴望。同时，村庄的灯光对于迷失方向的飞行员来说是指路的明灯，使他们重回熟悉的大地。更加重要的是村庄的灯光向筋疲力尽的飞行员揭示了他们战斗和牺牲的意义，那就是为了灯光下的所有人的安宁和幸福。

"云层被驱散，满天星斗，明亮皎洁。月亮……月亮，啊，最好的照明！"②

月亮 在月光下，高山、大海、岛屿、森林这些隐藏在飞行途中的危险都被照亮，不再让人措不及防。月亮能够驱散飞行员心中的恐惧和担忧，缓解了人与大自然之间紧张的气氛。因此，月亮代表着光明和希望。

泉 象征着生命，对于迫降在沙漠中的飞行员来说，它是世界上最珍贵的东西；和"泉"相关的"井"，也具有同样的寓意。沙漠中因为有了"井"而更加美丽，其实，这就是生命的价值。"月亮就像一座永不枯竭的光明的喷泉，把它那无穷无尽的光辉倾洒在整个航道上。"③作者把月亮比作"泉"，因为月亮可以为迷失方向的飞行员照亮夜空，它就如同沙漠中的"泉"带给人希望。

星星 和月亮一样，散发出光芒，可以帮助飞行员在黑夜里看清前方的道路。在充满着危险的旅途中，夜色、雾、云层、暴风雨都会阻挡飞行员的视线。这时，只要一颗星就能让人摆脱险境。所以，星星意味着平安和希望。征途上闪烁的星星意味着出

---

① Antoine de Saint-Exupéry, *Œuvres Complètes*, Tome I, *Vol de Nuit*, 1994: 114.
② Antoine de Saint-Exupéry, *Œuvres Complètes*, Tome I, *Courrier Sud*, 1994: 88.
③ Antoine de Saint-Exupéry, *Œuvres Complètes*, Tome I, *Vol de Nuit*, 1994: 146.

行的顺利。哪怕在最荒僻的角落,只要天空闪烁着星光,人就不会感到恐惧。在沙漠中的星空不仅让人忘记了孤独和危险,也让人产生无限的遐想。

"法比安想到了黎明,就像想到在艰苦的黑夜过后人们可以停靠下来的金色沙滩一样。在那危机四伏的飞机下面,可能会出现平原的口岸。宁静的大地怀抱着它那沉睡的农庄,还有它的那些成群结队的牛羊以及蜿蜒的山丘。所有曾在黑暗中滚动的沉船上的漂流物将不再伤人了。要是他能够这样做,他是多么愿意游向天明呀!"[1]

黎明 连接着黑暗和光明,带给人希望。困顿中的飞行员看到黎明的曙光便会精神一振;黎明让人想到"海滩"、"土地"、"农场"、"山丘"、"牛群"和熟悉的生活。与危机重重的黑暗相反,黎明让人感觉平静而安详,作者用"镀金色"、"安静的"来形容黎明,表达了心中对黎明的美好印象。在《夜航》中,面对着雷雨交加的夜空,法比安想到了黎明,因为黎明意味着生命和希望。"的确,有时候,当白天来临时,他就认为平安脱险了。"[2] 夜仿佛是咄咄逼人的一股危险的力量,黑暗之后到来的黎明蕴含了生的意义。在黑暗中一切都成了"沉船上的漂浮物",而黎明使一切都变得"不再伤人"。

飞行员对于大自然中的各种现象的感受是不同于普通人的。在与自然力的较量中,某些联系在大自然和人之间建立了起来,这些联系改变了大自然对人的意义。在平安无事的飞行途中,飞行员也要保持高度的警惕,注意各种自然界的"信号"。出于职

---

[1] Antoine de Saint-Exupéry, *Œuvres Complètes*, Tome I, *Vol de Nuit,* 1994: 145.

[2] Antoine de Saint-Exupéry, *Œuvres Complètes*, Tome I, *Vol de Nuit,* 1994: 145.

业的需要，飞行员要最大限度地利用有利的自然条件，避免不利和危险的自然因素。但是即使是经验最丰富的飞行员，也难以预知大自然所有的变化，人所能认识的大自然的讯息实在是少之又少。

"积雪从前方的一座山峰喷发出来，简直成了一座雪花火山。接着又是稍微靠右一点的第二座山峰。于是所有的山峰，就这样一座接一座地活跃起来，好像被一名看不见的赛跑运动员连续不断地触动了一样。于是，随着气候的第一阵漩涡，飞行员周围的群山震荡起来了。激烈的战斗留下的痕迹是很少的，他自己再也记不起那些折腾过他的旋流来了。他只记得自己曾经在那灰色的火焰中疯狂地挣扎过。"①

暴风雪 对于飞行员来说暴风雪就是生死的考验。暴风雪常常发生在山区，所以显得更加凶险。飞行员被大雪模糊了视线，在狂风中难以控制飞机，稍不留意就会撞在山上，机毁人亡。

黑夜 在黑夜中飞行比在白天危险得多，尤其在没有月亮星辰的黑夜中，一切都可能成为致命的"暗礁"。因此，坏天气再加上黑暗，如同猛兽添了爪牙，时刻威胁着飞行员的安全。但在埃克絮佩里的代表作《夜航》中，机组乘务员和他们的指挥官坚持这样危险的航行。整部作品充满了紧张的气氛，英勇的飞行员法比安最终没能逃脱黑夜的陷阱，牺牲在雷鸣闪电的夜空，印证了夜航飞行员的宿命。

"暴风雨即将来临的黑夜，一股恶风正在向它袭击，正在破坏它。难以战胜的黑夜。"②

---

① Antoine de Saint-Exupéry, *Œuvres Complètes*, Tome I, *Vol de Nuit,* 1994: 120.
② Antoine de Saint-Exupéry, *Œuvres Complètes*, Tome I, *Vol de Nuit,* 1994: 148.

沙尘暴 埃克絮佩里曾经驻守在沙漠中的朱比角三年,在这片贫瘠和荒凉的土地上,他度过了职业生涯的黄金时期。在极端的自然条件下,即使平安无事也度日如年,更何况沙漠中的沙尘暴往往突如其来,风沙的肆虐让人力无法抵挡。在给表妹依冯娜·勒斯坦(Yvonne de Lestrange)的一封信中,埃克絮佩里详细叙述了他亲身经历的"那种让人精疲力尽的沙尘暴"①。

首先,沙尘暴和大雾一样会遮挡人的视线。在夹杂着黄沙的狂风中,飞行员什么也看不见,找不到任何目标定位。其次,在沙尘暴中,驾驶飞机是非常困难的,强大的气流会让飞机震荡,让人仿佛掉进陷阱并且难以自救。最后,干热的空气使人无法在窄小的机舱中呼吸,高温让人的体力消耗殆尽。除此之外,沙尘暴是如此强大,一夜之间,可以把十米高的沙丘换个地方。

"远方暴风雨的最初几股涡流向飞机袭击过来。飞机的金属机体被缓缓地托举起来,它们贴着报务员的肉体,接着又好像消失了,融化了,几秒钟之内,他竟独自在黑夜中飘荡。"②

雷雨 强劲的雷雨使飞机完全迷失方向,失去控制,而飞行员却无能为力。这时,大自然彻底地展示着它的威力,而人类只能坐以待毙。雷雨带来的危险对于飞行员来说是致命的。闪电、云层、气流、狂风都一一登场助纣为虐。被气流困住的飞机成为了自然力的一个玩具,只能任之戏耍,飞机被狂风骤雨从3000米的高空一下扫到20米以下,形势会在短时间内变得异常凶险。如果再遇上黑夜,高山也会成为一个随时可能碰上的"鬼魅",

---

① Antoine de Saint-Exupéry, *Œuvres Complètes*, Tome II, *Lettres à sa famille*, 1994: 874.

② Antoine de Saint-Exupéry, *Œuvres Complètes*, Tome I, *Vol de Nuit*, 1994: 130.

制造机毁人亡的悲剧。

"在云海上方靠罗盘飞行确实美妙,但请记住:云海之下便是千古。"①

云层 在《人类大地》中,经验丰富的老飞行员提醒年轻人当心在空中一望无际的云海,因为在那之下,便是"永恒"。云层上的世界是如此安静美丽,让人忽略了它掩盖的"陷阱"。云层会遮住星辰的光芒,多云也预示着暴风和雷雨。埃克絮佩里的作品基于他自己的亲身经历向读者讲述了他和伙伴们的一次次冒险。事实上,每一次执行任务,都可能是一次没有返航的旅行。这种在云海上的旅行是如此让人向往,却可能以生命为代价,《夜航》中的法比安就是在云海中走向了永恒。

高山、大雾和大海 对于飞行员都是非常危险的。高山会阻挡视线。几千米高的山峰上,呼啸的狂风可能会将飞机逼到悬崖峭壁上击个粉碎。高山上的积雪也是围困飞行员的陷阱,即使飞行员能避开危耸的山峰,凛冽的狂风,而深山中的寒冷、雪崩和没有任何救援的境地也会让跋涉其中的人丧失求生的意志。

在一封给同事的信中,埃克絮佩里讲述了遇到大雾的经历。被浓雾遮住视线的飞行员像是溺水的人盲目地寻找方向,即使是经验丰富的飞行员在大雾中也无所适从。有一次,飞行员在途中遭遇大雾,他看到农场上的一幢房屋的屋顶,于是就在屋顶上方盘旋了一个小时,直到大雾散开才敢继续飞行。一切都必须小心判断,一旦失误就是无法回避的致命的危险。

高空中观察到的大海即使有风浪也会显得静止不动,这种假

---

① Antoine de Saint-Exupéry, *Œuvres Complètes*, Tome I, *Correspondance,* 1994: 810.

象会让稍有疏忽的飞行员陷入万劫不复的境地。在埃克絮佩里的时代，飞机的制造技术还有待完善，飞行员还不能在海面降落，只要靠近风险浪高的海面，飞机将陷入巨大的危险当中。在大海中央，风、雨、雷、电，再加上巨浪共同组成了考验飞行员的大自然的法庭，人在这个法庭上显得异常渺小。

"沙漠就像一块大理石那样光滑，白天烈日下找不到立锥大小的阴凉之处，夜晚冷风中更无半点遮拦。没有一棵树，一堵篱笆，一块石头可以容我藏身……"①

沙漠 最先让人感受到的是它的高温、一望无际的沙丘、随时都有可能袭来的沙尘暴和水源的匮乏。和文明世界相比，这里是一片蛮荒之地，但也是没有人类纷扰的清净之所。在这里，人与大自然更加接近，人能够接受到大自然的各种信息，从而更加了解真正的大自然。在沙漠中，白天烈日炎炎，晚上寒冷难耐。在毫无遮挡的环境中，狂风、黄沙和高温将自然威力发挥到极致，人需要更多的耐力和更强大的意志才能在这里生存下来。对于沙漠中长途跋涉的人来说，平常人眼中美丽壮观的海市蜃楼是一场让人绝望的噩梦。

"我曾热爱撒哈拉……我曾经在这片金黄色的荒原一觉醒来，如同在大海上掀起重重海浪那样，风在这片荒原上留下排排沙浪……"②

沙漠是埃克絮佩里作品中经常出现的场景。1921年，埃克絮佩里第一次执行任务飞往摩洛哥，见到了他无数次想象的沙漠，但是一切却是与想象中大相径庭。之后，他被派往朱比角驻

---

① Antoine de Saint-Exupéry, *Œuvres Complètes*, Tome I, *Terre des Hommes*, 1994: 262.
② Antoine de Saint-Exupéry, *Œuvres Complètes*, Tome I, *Terre des Hommes*, 1994: 246.

守三年，在恶劣的气候条件下，单调艰苦的生活条件、远离故乡的孤独和无处不在的危险让他一度意志消沉。他曾经在给母亲的信中抱怨沙漠的生活，物质上的匮乏和精神上的孤独让他陷于崩溃的边缘。沙漠中的时间似乎是静止的，船只每个月一次送来生活用品，往来的只有运送邮件的飞行员和飞机。一面是海，一面是沙漠的朱比角与文明世界如此遥远。他长期来往于图卢兹和卡萨布兰卡之间运送邮件，渐渐地，他真正地了解到这片土地并不像表面那样贫瘠。因为在沙漠的中心都隐藏着生命之源，这比世间的一切珍宝都要珍贵。

尽管沙漠生活不如人意，甚至让飞行员饱受折磨，他还是对这里难以忘怀。在这个极端的环境中，每一个生命都是奇迹：一小丛荆棘、一只沙狐、几只偶尔发现的蜗牛、沙地上徐徐前行的骆驼，还有这里生活的居民，在这里人们或许能更加认识到生命的意义。沙漠中，一切生命的源泉就是水，水比任何金银珠宝都更加珍贵，这就是生命的价值。相对于现代文明社会中以金钱为价值标准的人们，沙漠中的人更明了生命的本质，这也是作家在沙漠生活中最大的收获。在《人类大地》中，他连续写下了《在沙漠里》和《在沙漠中心》来记录自己亲身经历的沙漠历险，以沙漠为人类世界的缩影来呈现一个他理想中的"人化自然"。因此，在他的作品中，沙漠并不是一个简单的风景，而是有着多重寓意的形象，表达了作者的人生构想和哲学思辨。

总而言之，所有的自然风景和天气现象对于飞行员来说都有不寻常的意义。大自然就像一个多面体，而且变化多端，比如：大海在平静的时候是壮观的风景，但当暴风雨来临，巨浪和狂风随时会将飞机卷入没有出口的迷宫；高山在白天巍峨耸立，但是到了夜晚就成了航线上的"暗礁";阳光普照的天空是出行的好兆头,但是晴空万里的沙漠却让在黄沙中踽踽前行的人感到绝望。另外,各种天气现象往往一起发作和各种自然元素共同成为航线上飞行员的强劲的对手,比如:暴风雪、龙卷风经常在多山的地方一起发作;雷雨、海浪和黑夜会一起阻挡运送邮件的飞行员。

"……面对着云层、山丘、江河湖海……他默默地笑了。这是一种轻微的笑,但是传遍全身,宛如和风吹拂树木,使他整个身躯都颤动起来。一种轻微的笑,但它比那些云层,那些山丘,那些江河湖海都要强大得多。"[1]

尽管大自然对于飞行员来说是危险重重,但是埃克絮佩里始终坚持着"人"在这场较量中对自身的信念。在困难和危险面前,他表现出了勇敢、坚定、富有责任心和奉献精神,以及乐观、豁达的人生态度。作为一名作家,埃克絮佩里有着比一般人更宽阔的视野,大自然的风雨雷电在他的笔下栩栩如生。作为一名飞行员,他有更多的机会近距离地观察和亲身接触大自然,因此,他对于人与大自然的关系有着更加深刻的认识。他写下的那些惊心动魄的故事,让我们感受到了大自然的力量,同时,也体会到了作为一个"人"的自豪,因为"人"是自然界中唯一能与其神力抗衡的生命。从他对人与自然的关系的反思中,我们也应当重新审视自身和人类世界。飞行员对大自然的挑战是出于职业的使命,但是人究竟与大自然孰强孰弱,人与大自然之间的搏斗到底谁胜谁负,也许埃克絮佩里并没有最终给出答复,只是在作

---

[1] Antoine de Saint-Exupéry, *Œuvres Complètes*, Tome I, *Vol de Nuit*, 1994: 166.

品中给我们留下了一个充满了激情、勇气和力量的奇妙壮阔的世界。

第三章　埃克絮佩里与被开垦的自然

"当我说山，我指的是让你被荆棘刺伤，从悬崖跌下过，搬石头流过汗，采过上面的花，最后在山顶迎着狂风呼吸过的山。"①

人类改造大自然首先是通过亲身的接触。为了阐明埃克絮佩里的"人化自然观"，我们将借用他作品中反复出现的"耕作"（labourer）一词。

马克思系统地提出了"人化自然"的理论。在他看来，人类始终是改造大自然的主体，同时，人也在改造自然的过程中改变着自己。和马克思一样，埃克絮佩里也强调人对大自然的改造，即"人化"，同时指出了人在行动中，不仅改变了外在的世界，更多的是改变了自身的存在意义。总之，他更注重人在改造自然的过程中所付出的努力而不是人对自然改造的物质结果。

对于飞行员来说，航线就是被开垦的大自然。航线是人类在天空上留下的痕迹，它见证了人类为理想而付出的努力。飞行员投入开辟航线的征途就像信徒经过了洗礼，人生意义从此得到改

---

① Antoine de Saint-Exupéry, *Œuvres Complètes*, Tome II, *Citadelle*, 1994: 467.

变。在埃克絮佩里看来,飞机对于飞行员如同犁对于农民,船对于水手,锄头对于园丁,都是人类改造大自然的工具。作为邮政飞行员,埃克絮佩里观察大自然的视角比一般人更广阔,对大自然的认识也更加深刻。在他看来,飞行员开辟航线就像是农民开垦土地,水手航行大海,园丁种植花草,工匠琢磨作品,各行各业的人都用自己的职业行动改造着自然,创造着人类世界。

3.1 被开垦的自然——航线

埃克絮佩里的作品中反复地出现一系列"开垦"的近义词,如:开垦(défricher)、耕种(labourer)、种植(cultiver)、开发(explorer)、建造(construire)、建立(bâtir, établir)等等。在他看来,就像农民开垦土地,飞行员"耕种云海"[1],农民付出的是汗水,而飞行员付出的是生命的代价。

《人类大地》的第一章叫《航线》,作者回忆了自己职业生涯的开端。文中使用了一系列宗教的词汇来形容航线,表达了飞行员心中对这份职业的神圣感:

"应该让纪尧姆来教化我"[2]

"在我执行第一次航行任务的那天清晨,轮到我来参加神圣的就职仪式了"[3]

"我们职业的洗礼就是这样进行的……"[4]

---

[1] 作者译自:Stacy de La Bruyère, Saint-Exupéry Une vie à contre-courant, 1994: 324,原文为:«le pilote «cultive les nuages.»

[2] Antoine de Saint-Exupéry, *Œuvres Complètes*, Tome I, *Terre des Hommes*, 1994: 175.

[3] Antoine de Saint-Exupéry, *Œuvres Complètes*, Tome I, *Terre des Hommes*, 1994: 179.

[4] Antoine de Saint-Exupéry, *Œuvres Complètes*, Tome I, *Terre des Hommes*, 1994: 180.

……

所有这些带有宗教色彩的词汇都证明了航线对于飞行员的神圣意义,因为飞行员在航线上经历的风雨雷电让他从一个普通人成为了与大自然对抗的真正的"大写人"。

在航线上,飞行员能够看到不一样的大自然。首先,在几千米的高空,自然是一个整体而非地面上所看到的分割开来的局部。在相对广阔的视角中,天、地、人都是一体的。其次,当飞行员飞越江河湖海、高山大漠时,大自然对于他的意义是不同于寻常人的,他不仅仅像普通人一样欣赏风景,更多的时候是观测自然、接触自然。就像农民在他的田地巡视,飞行员通过各种自然现象来推测天气的变化和航线上可能出现的危险。最后,航线让人类进入了一个新的世界:飞行员在沙漠中看到的史前留下的巨石;在山顶发现的远古时代坠落的陨石;从几千米的高空看到的火山喷发的整个过程等等,这些都是大自然展现的非同寻常的一面,也是普通人无法见到的奇观。

在航线上,飞行员翱翔在天地之间,自豪感在心中油然而生,这是作为人的骄傲,是对这份敢和大自然较量的勇气的嘉奖。尤其是当他遇到恶劣天气并与之周旋,最终完成任务的时候,一切的努力都证明了作为一个人具有的力量和价值。埃克絮佩里的所有作品几乎都是讲述在航线上发生的故事。可以说,航线是"大写人"的熔炉,是让人脱胎换骨的征程。在《杂文集》中,埃克絮佩里回忆起他的一个同事——约瑟夫·玛丽·勒布里(Joseph-Marie le Brix)。这个人物虽然没有像纪尧姆和梅尔莫斯那样出名,却是埃克絮佩里式的"大写人"的典型。勒布里是一个几乎完美的人:直爽、诚实、谦虚、勇敢、慷慨大方、坚定乐观。他的飞机在蒂梅丽斯海角发生故障，这是撒哈拉沙漠最炎热的地方。在50℃的高温下，他几乎渴死，并且发起了高烧。然而在这样的生死关头，他想到的是修好飞机，继续飞行。这种对职业的执着，埃克絮佩里将其定义为"超凡的信念，是可以造就命运的信念之一"[①]。这种信念就是"勒布里身上所具有的高贵的道德品质"[②]。他相信这种信念能够让人无坚不摧、不惧艰险。具有这种信念的人即使失败，也是个人的失败，因为他们维护了作为人的尊严，而个人的失败相对于神圣的事业是无足轻重的，并且个人的失败带给人类的是经验和教训。航线造就的这种信念让飞行员在与大自然的较量中从不言败。这种信念也是成为"大写人"必不可少的品质之一。

在航线上，当飞行员遇到危险的时候，他所做的一切都是为了重新回到他熟悉的大地。航线将他与家园分离，飞行员怀着矛盾的心情，将个人的幸福和对家庭生活的向往抛在脑后，义无反顾地投入到浩瀚的宇宙中。航线是人类选择经历的考验，是充满个人痛苦的孤独旅程。埃克絮佩里在《人类大地》中讲述了一段亲身经历：在和往常一样的一个清晨，对于雷里和"我"却意义重大，因为"我们"刚刚死里逃生。"我们"差一点就回不到熟悉的这个星球，绝境中的一颗星偶然救了两人的性命。充满着生之惊喜的两人在路过的一个小城市的小饭馆休息。平常的一顿早餐让人感受到了对生命的眷恋。

---

① 作者译自：Antoine de Saint-Exupéry, *Œuvres Complètes*, Tome I, *Préfaces*, 1994: 429，原文为：«une merveilleuse confiance, une de ces confiances qui d'habitude forcent le sort.»

② 作者译自：Antoine de Saint-Exupéry, *Œuvres Complètes*, Tome I, *Préfaces*, 1994: 429，原文为：«une santé morale de la même qualité que celle de Le Brix.»

"……雷里和我,平平安安地在桌旁就坐,笑谈着夜间的经历。在我们面前的桌子上,摆着热乎乎的新月形的小面包和牛奶咖啡,雷里和我享用着生活中的这份早点……对我来说,生的欢乐就表现在喝这第一口香喷喷热乎乎的牛奶咖啡,就表现在和牛奶咖啡混合在一起的面包上。而这些食品又使人们联想起安静的牧场,外来的作物和收割庄稼,从这些食品,人们想起了整个大地。在众多的星球当中,只有它才能制作出这份一伸手就能拿到的芬芳可口的早点来。"①

大地上的人在陈规旧俗中过着每天一样的生活,因此对生活的细节已经麻木。平常早餐中的羊角包和牛奶咖啡对于劫后余生的飞行员来说却是生活的礼物。黎明时分的小酒馆、第一口香喷喷的面包和牛奶咖啡,这些被普通人习以为常的事物都让飞行员感到生之幸福。一个普通的黎明,一顿简单的早饭,这些平凡生活的细节却让飞行员觉得无限美好,作者用了"热的"、"香喷喷的"、"热乎乎的"……等词让人感到生活的温馨。然而,"为了珍惜人生的财富,应该从日常生活中的琐碎中摆脱出来,仔细地权衡自然的力量。"②埃克絮佩里是不喜欢城市的,因为他不能接受"人工化的自然",城市是现代文明的产物,钢筋水泥切成的壁垒不仅桎梏了人的眼界,也让人的思想变得狭隘。但是在险些丧生的飞行员眼中,黎明的小城充满了生活的快乐。埃克絮佩里笔下的城市第一次让人觉得可爱。这一段文字充满着诗意,将

---

① Antoine de Saint-Exupéry, *Œuvres Complètes*, Tome I, *Terre des Hommes*, 1994: 183.
② 作者译自: François Brin, *Etude sur Terre des Hommes,* 2000: 31, 原文为:
«pour apprécier cette richesse de la vie, il faut se libérer des préoccupations médiocres, il faut méditer sur les forces de la nature.»

现实、想象和哲学思考结合在一起，表达了作者对于生活的矛盾的心理。

在航线上，机组的同志之间建立了友谊，这是以共同的理想和事业为基础的真诚的感情，是"真正的人类财富"①。在过分注重物质文明的现代社会，埃克絮佩里却把注意力放在了建设人的精神世界，并且将自然观建立在超越物质的层面。他认为，人与人之间的联系才是"人化自然"中最重要的部分。机组成员之间的这种"友爱"之情首先是一种职业关系，是建立在"志同道合"基础上，相互之间充满责任心和信任的感情。这种感情不受世俗的影响，甚至超脱了时空的约束。飞行员们偶尔会在长时间的分别后短暂相聚，虽然行色匆匆，但是丝毫不妨碍他们之间的友情。在作家看来，真正的友谊是分享共同的经历、投入共同的事业，拥有共同的理想以及建立共同的精神层面的联系。在《人类大地》中作者回忆了在抵抗区度过的一个夜晚，三个机组乘务员因为机械故障迫降在里奥德奥罗附近。在随时有生命威胁的荒漠上，"在光秃秃的地壳上，犹如洪荒年代的孑遗……"②，然而"一无所有的男子汉却分享着一份肉眼看不到的财富"③。他们在等待着被救或是被摩尔人屠杀，但是他们却相视而笑，感到"心旷神怡"④。这一夜就像是节日的前夜，他们肩并肩分享着这份"看不见的财富"⑤。在风沙、星辰的背景下，他们感受到了

---

① Antoine de Saint-Exupéry, *Œuvres Complètes*, Tome I, *Terre des Hommes*, 1994: 189.
② Antoine de Saint-Exupéry, *Œuvres Complètes*, Tome I, *Terre des Hommes*, 1994: 190.
③ Antoine de Saint-Exupéry, *Œuvres Complètes*, Tome I, *Terre des Hommes*, 1994: 190.
④ Antoine de Saint-Exupéry, *Œuvres Complètes*, Tome I, *Terre des Hommes*, 1994: 190.
⑤ Antoine de Saint-Exupéry, *Œuvres Complètes*, Tome I, *Terre des Hommes*, 1994: 190.

"同属于一个团体"①的快乐,他们在荒漠上建立起一个"人间村落"②。

在航线上,飞行员不仅播种了真正的友谊,也建立了更为广泛的"人类联系(relations humaines)"。航线连接着世界的各个角落,飞行员为了相距遥远的人搭建交流的"桥梁",也在人与大自然之间创造了更为紧密的联系。但是,作为担负着使命的飞行员,他们必须付出巨大的代价甚至是生命。梅尔莫斯在无数次的探险之后终于魂归大海;纪尧姆从雪山死里逃生最后也牺牲在了执行任务的途中;贝勒汗曾经战胜了巨龙般的暴风雪却还是葬身在雪山,埃克絮佩里和他的战友们飞越高山大海,毅然地放弃自己的个人幸福,切断了和大地的联系,忍受着孤独和痛苦,为人类建造了彼此联系的"桥梁"——航线,也正是在航线上,他们创造了一个"驯化"的世界,实现了自身的蜕变。

为了开辟航线,飞行员必须经历各种考验,因为几千米的高空中危机四伏,稍有疏忽就可能送掉性命。在狭小的机舱里,他独自面对苍茫宇宙中的风云变幻。有时候,信件平安送达,飞机安然无恙;有时候,也会发生机毁人亡的悲剧,而且这样的悲剧似乎成为了埃克絮佩里时代飞行员的宿命,是他们在"开垦"自然中付出了生命的代价。年轻的飞行员在开始职业生涯的时候往往会被郑重地告诫:"在云海的上空,凭着指南针飞行是很有意思的,很痛快,但是……但是你要记住:云海下面……那可是永恒。"③"永恒"对于普通人来说就是"死亡",但是埃克絮佩

---

① Antoine de Saint-Exupéry, *Œuvres Complètes*, Tome I, *Terre des Hommes*, 1994: 190.
② Antoine de Saint-Exupéry, *Œuvres Complètes*, Tome I, *Terre des Hommes*, 1994: 190.
③ Antoine de Saint-Exupéry, *Œuvres Complètes*, Tome I, *Terre des Hommes*, 1994: 175.

里作品中的"死亡"充满诗意,给人一种优雅而动人的感觉。在他的年代,飞机还是一个仍未完善的新鲜事物,故障频频发生,即使没有遇到坏天气,飞行员也随时可能丧命。令人钦佩的是,虽然离死亡如此之近,埃克絮佩里笔下的飞行员们却沉静而潇洒,在《飞行员》中,作者用一种平静的语调描述了一场事故的结果:"皮雄的学员明白了些什么:人是会死的,而死亡不会有多大动静。这种与死亡的亲密接触让他几乎感到骄傲……然而,死亡就在那里,毫不夸张,纯粹地存在着。"① 在作家看来,"永恒"是飞行员的归宿,是人回到大自然的一种必然结局。

航线寄托了飞行员们的理想,也充满了难以预料的危险。飞行员驾驶着飞机在天地之间翱翔,在云海之上信步,这是人类与大自然融为一体的梦想。飞行员在实现梦想的同时,也承受着巨大的压力,因为危险随时都可能发生,稍有不慎,就会机毁人亡。即便如此,飞行员仍然坚持在航线上履行自己的职责,他们甚至为与死亡的亲密而感到自豪,因为他们摆脱了地面上世俗生活的惯例,实现了一种更为积极、更为充实和有意义的人生。贝尼斯在《南方邮件》中借一封信吐露了自己的心声,也揭示全书的情节和思想的基线:"我又急于离开,急于去远方寻找我的感受、我的未知,因为我就是那个寻找水源的勘探者,我渴望戳动探测棒,走遍世界,直至找到宝藏。"②

航线延伸到无边无际的宇宙,通向了人类未知的领域,预示着人类的无限可能性。它所连接的世界浩瀚无垠、充满危险和挑战,吸引着飞行员们投入到创造一个"人类帝国"的事业

---

① Antoine de Saint-Exupéry, *Œuvres Complètes*, Tome I, *L'Aviateur*, 1994: 33
② Antoine de Saint-Exupéry, *Œuvres Complètes*, Tome I, *Courrier Sud*, 1994: 52.

中，每一条新的航线都激起他们心中新的情感、新的热忱和新的希望。

3.2 航线的开拓者——飞行员

埃克絮佩里首先是一名飞行员，同时，他以自己的亲身经历为素材进行文学创作。在他的作品中，主人公的原型就是他自己或者是他的飞行员同伴。当我们跟随作者的足迹，所看到的是和他作品中一样无比瑰丽和神奇的自然界，而其中最重要的就是和人产生了密切联系的一部分，在飞行员的世界中，这个部分就是航线。他书中的故事大都发生在真实的生活当中，当我们翻开他的书，所有的情景就如同身临其境。这就是飞行员的生活和工作的背景，是他们在开辟航线的岁月中每天都会看到的景象和必须要面对的风雨。如果读者被埃克絮佩里所讲述的故事打动，是因为飞行员们以无比的热情和非凡的勇气向大自然提出挑战，实现了人类对大自然的改造的理想，作家本人在职业生涯中也多次承担了开发新航线的任务。在给朋友伊万娜的信中，他倾诉了对一同在航线上飞行的战友们的深厚情感："我的同事们很有趣。你想象不出，我是多么喜欢这些家伙，他们给人带来不知多少智慧。"[①]

在埃克絮佩里看来，航线就像是一场祭礼，人也被相应地分为：未受祭的人；年轻的受祭人和经验丰富的传祭人。第一类人对自己的处境感觉麻木，没有找到生活意义。他们远离大自然，

---

① Antoine de Saint-Exupéry, *Œuvres Complètes*, Tome II, *Lettres à sa famille*, 1994: 851.

一味追求物质，被生活的琐碎消磨了意志，因循守旧，缺乏想象力和创造力，营营役役地生活，没有理想和目标。作家将他们称为"野蛮人"（barbares），这种人不属于大地的"开垦者"，他们甚至比沙漠中的强盗对这个世界更无益，因为后者的到来至少改变了沙漠的面貌。在埃克絮佩里的作品中，也经常会出现这些只剩下背影、面目模糊的形象，他们可能是在圣诞节前夜驻足橱窗前的路人，或是在通往机场的出勤车上坐着的小官僚，他们是这个世界上充斥在各个角落的普通人，但却不是作家眼中真正的人，因为他们的存在缺乏意义，他们离真正的人类文明相距甚远，因此，也可以称之为"未开化的人"。

第二类人的代表就是作家作品中的年轻飞行员。在《人类大地》中，作者讲述了他的第一次职业洗礼，这场仪式分为三个阶段：纪尧姆家的地理课，清晨开往机场的班车和空中历险。经历了这次洗礼，年轻的飞行员就像脱茧而出的蝴蝶成为了英勇无比的战士，与大自然分庭抗争。

年轻的受祭者一开始对航线充满了好奇，他们羞怯地向经验丰富的老飞行员请教，而后者言简意赅的回答让年轻一辈的飞行员对即将开始的征途充满想象和期待："那是一个充满了陷阱和圈套的世界，时时都可能碰上一堵堵猛然高耸在你面前的悬崖，以及那可以把参天的树木连根拔起的漩涡。黑色巨龙守卫着山谷的入口。束束闪电盘绕着高山的峰顶。"[①]

在纪尧姆给年轻的飞行员上的地理课上，他形象地讲述西班牙境内航线上的各种地形对飞行的影响，地图上的标记都被赋予

---

① Antoine de Saint-Exupéry, *Œuvres Complètes*, Tome I, *Terre des Hommes*, 1994: 173.

了非同寻常的意义，比如：一个不起眼的小农场在飞机发生故障的时候能够发出求救的信号；而在一条小溪附近的灌木丛因为有动物出没所以飞机降落的时候会很危险。在了解了航行途中的基本知识之后的第二天清晨，年轻的飞行员乘坐着老式的班车前往机场，班车上，他与其他的普通人坐在一起，心中却思考着和旁人完全不同的事情，那就是即将开始的向大自然挑战的旅程。不同于一般人碌碌无为、一成不变的生活，年轻的飞行员们随时准备着迎接风雨雷电，甚至为了使命而献身。这辆破旧的机器就好像"一个灰色的蝶蛹，蝶将从这里脱蛹而出了"[①]。几个小时之后，他们将和强大的自然一比高下，成为真正的英雄。

在驾驶着飞机升到几千米的高空时，年轻的飞行员开始了前途未卜的旅程。大多数时候，航线上平安无事，但是，危险总是隐藏在平静的外表之下，往往在不经意间突然而至。在《人类大地》中，作者讲述了在航线上亲身经历的两次历险。一次是和同事雷里（Néri）在沙漠上迷失方向，当燃油即将耗尽的时候，他们偶然发现了一颗星星，在星光的指引下侥幸得救；另一次是和他的机械师普雷沃（Prévot）参加一次长距离飞行试验，在失去雷达信号，没有地面指引标志的情况下，飞机在沙漠中心坠毁。两人侥幸逃生，在沙漠中步行寻找救援，在经过各种无功而返的跋涉后，因为饥渴和过度疲劳，他们产生了海市蜃楼般的幻想，再一次濒临绝望。之后他们想尽一切办法自救，在沙漠中挖坑抵御夜间的寒冷，用降落伞和邮箱收集露水，但是一切的努力在恶劣的条件下都是徒劳，在绝境中，两人遇到了路过的贝都因人从

[①] Antoine de Saint-Exupéry, *Œuvres Complètes*, Tome I, *Terre des Hommes*, 1994: 178.

而得救。

在整个职业生涯中,埃克絮佩里经历了多次如他在书中写到的危险,他从机械师开始,最终成为了一名英勇的,多次打破各种飞行记录的经验丰富的飞行员,完成了从一个年轻的"受祭者"到一名成熟的"传祭人"的转变。

在埃克絮佩里的作品中,经常出现的英雄人物就是像他一样的"传祭人",他们是年轻飞行员的榜样,比如:《南方邮件》中的贝尼斯,《夜航》中的法比安和贝勒汗,《人类大地》中的纪尧姆和梅尔莫斯,《战争飞行员》中的杜泰尔特、奥士德等等。除了在航线上战斗的飞行员,还有机组的指挥官,他们不仅承担着教导和管理每一个机组成员的任务,还负责协调和处理航线上发生的一切情况,他们是整个机组的核心,是投身于飞行事业的信徒的"教父",比如:《夜航》中的李维埃,《战争飞行员》中的阿里亚斯。他们的牺牲精神和克己为公的道德风范给年轻的机组乘务员树立了职业的榜样。

事实上,圣·埃克絮佩里小说的主人公和他的现实生活是息息相关的。跟随作家的生活轨迹,我们可以发现在他职业生涯的每一个关键时刻都有这样一位"传祭人"的帮助和陪伴。1912年,埃克絮佩里第一次乘坐飞机飞上天空,飞机驾驶员是加布里埃尔·雷比勒斯基(Gabriel Wroblezski),这个名字鲜少在他的作品中提及,但是他可以说是埃克絮佩里职业生涯的第一个"传祭人"。对于这位让自己感受"空中洗礼"的先导,作家对他的描写只留下了只字片语:"被他桀骜不驯的行为所吸引,年轻的男孩对在天空度过的这些短暂的时刻留下了美好的回忆。"① 在圣·埃克絮佩里的年代,飞行的技术条件还很不完善,20世纪初,飞机还是一个新鲜、时髦而危险的事物,作为飞行员,不仅生活漂泊无依,生命安全也随时受到威胁。因此,埃克絮佩里的母亲,虽然主张让孩子从小自由发展自己的兴趣爱好,但是不同意儿子从事这项职业,而对于飞行的无限渴望让年轻的埃克絮佩里义无反顾地投入了充满未知的世界。他骨子里这种执着和雷比勒斯基的桀骜不驯似乎不谋而合。谈到埃克絮佩里的职业飞行员的职业生涯就不能不提到两位领路人:一位是素都尔神父(l'abbé Sudour),他不懂飞行,但是他鼓励年轻的埃克絮佩里实现自己的理想,并将其推荐给航空公司的负责人贝伯·德·马西米(Beppo de Massimi);另一位是埃克絮佩里一生的导师和挚友,航线开发的负责人迪迪叶·多哈(Didier Daurat)。《人类大地》中对年轻飞行员谆谆教导的前辈,《夜航》中全身心投入事业的指挥官李维埃都有多哈的影子。"多哈是圣·埃克絮佩里一直追寻的榜样,他生来是一个领袖,尼采的信徒,他能够运用简单的人格力量将普通人改造成真正的英雄。"② 在拉特哥尔,圣·埃克絮佩里从机械师开始了他的职业生涯。每次训练之后,多哈都要给年轻的飞行员进行测试。他给人的印象一直都是"铁

---

① 作者译自:Nathalie des Vallières, *Saint-Exupéry l'archange et l'écrivain*, 1998: 23,原文为:«Ravi de son acte de désobéissance, le jeune garçon gardera un souvenir ébloui de ces brefs instants passés dans le ciel.»

② 作者译自:Paul Webster, *Saint-Exupéry vie et mort du petit prince*, 2002: 95,原文为:«D'après le portrait qu'en trace Saint-Exupéry, Daurat était un leader né, un nietzschéen, capable de transformer des hommes ordinaires en véritables héros par la simple force de sa personnalité.»

面无私"①、沉默、刻板,甚至是不近人情。这种看似"冷漠"的性格与《夜航》中的里维埃所表现出来的"没有怜悯之心"和"执拗"的性情如出一辙。如同里维埃把规则当做宗教的信条,多哈是现实中整个机组的绝对统治者,负责执行所有的严格制度。里维埃认为规则可以塑造人,这种信念事实上来源于多哈在训练中对纪律的坚持。作为一个机组团队的领导者,里维埃有时不得不对违反规则的下属进行惩罚,在一念闪过的矛盾之后,他一如既往地坚持着原则,在他看来"公不公正都无所谓"②。同样,多哈在飞行员的训练中所表现出的让人生畏的严厉让埃克絮佩里多年后回忆起来仍然印象深刻。因此,迪迪埃·多哈可以说就是饱受争议的里维埃的原型。但是,读者对里维埃这个形象的针砭与作者心中对多哈始终怀有的尊敬和爱戴形成了鲜明的反差,也反映了作者在对待他所喜爱的飞行事业上的执着和作为普通人的情感诉求所形成的矛盾。

另外,《夜航》中的另一个人物也和飞行员的职业生涯息息相关,他就是检察员罗比诺(Robineau)。作为机组成员的一份子,罗比诺显得有些异类,他看起来既不聪明也不灵敏,他只是刻板地执行着李维埃的所有命令,毫无条件地履行着自己的职责。李维埃曾经这样评价他:"他不太聪明,因此他能恪尽职守。"③也许,这样一个人物在真实生活中并不存在,作者塑造他的目的是很明显的,那就是渲染《夜航》中机组乘务员之间的

---

① 作者译自:Nathalie des Vallières, *Saint-Exupéry l'archange et l'écrivain*, 1998: 36, 原文为: «sans brio»
② Antoine de Saint-Exupéry, *Œuvres Complètes*, Tome I, *Vol de Nuit*, 1994: 123.
③ Antoine de Saint-Exupéry, *Œuvres Complètes*, Tome I, *Vol de Nuit*, 1994: 122.

一种氛围：守时、严谨、沉默、绝对服从。

对于年轻的飞行员来说，经验丰富、身经百战的老飞行员是他们的榜样，但是这群让人敬佩的英雄在平常的生活中却沉默寡言，甚至显得有些笨拙，就像战胜了龙卷风的贝勒汗："额角上满是皱纹，埋头吃喝……对他的胜利他没有再作任何其他的解释……"[①]，当被人问到曾经的经历，这位搏击长空的巨人只用一丝浅笑来回应，这或许是出于天性，也或许是因为他所经历的一切无法描述。在贝勒汗身上，我们不难发现《南方邮件》中贝尼斯的影子和埃克絮佩里本人的性格，正是这一类卓尔不群但又与周遭格格不入的人物，成为了作家笔下最让人敬佩的英雄。

在拉特哥尔，埃克絮佩里还结识了他一生中最重要的两位好朋友——纪尧姆和梅尔莫斯。他们一起经历了从年轻时意气风发、单纯稚嫩到成为优秀的、经验丰富的飞行员的整个历程。

在作者记忆的长廊中，梅尔莫斯是让人印象深刻的。他就像史诗中的英雄，他跌宕起伏的职业经历和神奇瑰丽的大自然完美地融合在一起，为年轻的飞行员展现了绚烂无比的职业生涯。他给人的第一印象是"无敌的"。当他为了开辟新的航线而身陷险境时，他从不退却，也从不惧怕，并且他往往能在极端危险的处境中表现出一种难得的冷静。正因如此，在他的一生当中，他创造了无数的奇迹、打破了无数的记录，直至最后他驾驶的飞机坠落于大西洋。

梅尔莫斯性格坚韧，在困难和危险面前永不言败，对浩瀚

---

① Antoine de Saint-Exupéry, *Œuvres Complètes*, Tome I, *Terre des Hommes*, 1994: 174.

的宇宙充满了好奇心和赤子之情。"正是他，承担了南美洲早期夜航的任务；是他，与群山亲密接触，发现了每一道隐藏的裂缝。是的，是他，驾驶着仍不合适的飞机，却敢于飞越蛮荒的安第斯山脉。"[①] 在《人类大地》的第二章，作者详细地描述了梅尔莫斯在海上遭遇风暴和脱险的经历。在梅尔莫斯牺牲之后，作者以他的名字为题专门写了一篇文章悼念这位亲密的战友。在作者的描述中，最经常出现的词是"尝试"（essayer）、"开发"（explorer）、"开垦"（défricher）、"重新开始"（recommencer）、"重新出发"（repartir）、"驯化"（apprivoiser）等动词，既充分体现了人物的职业经历，又准确地表现了人物的性格特征。梅尔莫斯也因此成为了埃克絮佩里作品中让人难以忘怀的一个角色。

作为一个标杆式的人物，梅尔莫斯的魅力当然不止于他的性格，更来自于他的精神力量和对世界的深层次的认识。借用对这个人物的分析，作者也明确表达了自己对于现代社会价值观的驳斥。在他的笔下，梅尔莫斯是少数能够把"占有"（la possession）和"真正的财富"（la vraie richesse）区分开来的人，"他拒绝了骗人的市场，再一次投入艰难的冒险活动以享受真正的拥有。"[②] 埃克絮佩里通过深入这个人物的灵魂来探寻世界的本质，在他看来，或是在梅尔莫斯眼中，人们往往被物质所

---

① 作者译自：Joseph Kessel, *Mermoz*, 1965: 288, 原文为：«N'est-ce pas lui qui assumera les premiers vols de nuits en Amérique du Sud? Qui auscultera la montagne pour en découvrir les failles les plus secrètes? Qui, à bord d'avions encore inadaptés, osera la traversée de la Cordillère des Andes farouches et désolées?»

② Antoine de Saint-Exupéry, *Œuvres Complètes*, Tome I, *Articles*, 1994: 333.

迷惑，而物质财富恰恰是这个世界最浅显也最没有意义的部分，梅尔莫斯将这些财富称之为"贫穷的珍宝"。这种观点无疑是作者价值观的表述，让人不禁联想到《小王子》中的对"大人的世界"的彻底颠覆。如同小王子在沙漠中寻找泉水，梅尔莫斯也用行动追求着与大自然对抗的精神力量，那便是对人类的责任。他相信对他人的奉献才能让人找到真正的财富，而对物质的占有只能让人陷入虚无。其实，在每一个飞行员看来，并肩作战的友谊让人振奋，历险之后的平安返航让人体会到生命的可贵，对职业的奉献更让人感到存在的价值，而所有的这一切宝贵的财富都与金钱无关，就像"这片飞行的夜空以及几万颗星星，这种静谧的、至高无上的时刻，金钱是买不到的"[1]。

最后，梅尔莫斯并不是一个孤胆英雄，他属于一个紧密团结的集体。在这个团队中，行动是成员之间交流的"语言"，"超越于各种语言和不同的阵营"[2]。这个集体中的每一个人都表现出相同的品质，都有着相同的价值观，他们之间有多么相似，和世人之间就有多么不同，比如在对待"死亡"的问题上，他们超越了恐惧，在"战死沙场"宿命中，他们表现出了难得的平静。作者用冷静甚至诗意的语调描述了梅尔莫斯的牺牲："就像跟庄稼相依为命的庄稼人长眠在庄稼地里那样，梅尔莫斯最终安息在他的岗位上。"[3] 当战友们一个个离去，埃克絮佩里的内心也感到惆怅，在给友人的信中，他倾吐着自己的孤独，但他绝没有流露

---

[1] 作者译自：«Mermoz, le pilote de ligne», *Marianne*, 7 août, 1935: 1, 原文为：«cette nuit de vol et ses cent mille étoiles, cette sérénité, cette souveraineté de quelques heures, l'argent ne l'achète pas.»

[2] Antoine de Saint-Exupéry, *Œuvres Complètes*, Tome I, *Articles*, 1994: 336.

[3] Antoine de Saint-Exupéry, *Œuvres Complètes*, Tome I, *Terre des Hommes*, 1994: 188.

出一丝恐惧,因为在飞行员的世界中,"死亡"并不是痛苦的结束,而是通向永恒的涅槃。

纪尧姆是作者作品中的另一个光辉形象,较之于梅尔莫斯的暴烈性子,纪尧姆显得更加有亲和力,具有"一种与生俱来的稀有品质"[①]。当埃克絮佩里作为机械师开始自己的职业生涯时,纪尧姆已经是一名成熟的飞行员了。他总是面带微笑,热心助人。在年轻的后辈出发的前夜,纪尧姆教会了他怎样从一个飞行员的角度看地图。这堂让人印象深刻的地理课让年轻的埃克絮佩里感慨万千,也让他真正体会到了战友之间的深情厚谊。1940年,埃克絮佩里离开法国前往美国,途中他得知了纪尧姆牺牲的消息,这让他感到无比的震惊和悲伤,他在给朋友的信中写道:"纪尧姆死了,今晚我觉得我已经没有朋友了。"[②]在他的作品中,作者也经常会回忆这位亲密的战友。在《人类大地》中,他使用第二人称讲述了纪尧姆从雪山中脱险的经历。通过第二人称的运用,作者营造了一种身临其境的气氛,似乎他亲眼见证了纪尧姆在绝境中自救的场面。这是作者第一次也是唯一一次运用第二人称来描述人物,表现了他心中对纪尧姆的亲密的情感。

和梅尔莫斯一样,脾气温和的纪尧姆也是战功累累,他也曾经无数次打破各种飞行记录。难得的是当人们称赞他的勇敢时,纪尧姆只是耸了耸肩膀。勇敢,这是每个飞行员所必备的品质,

---

① 作者译自:Didier Daurat, *Icare*, N.69: 136,原文为:«une amitié d'une rare qualité venait de naître»

② Antoine de Saint-Exupéry, Œuvres Complètes, Tome II, *Lettres Amicales et Professionnelles*, 1994: 950.

在他们的团队中这并不是一个突出的优点。但是这个人物真正打动人心的地方并不在于他的勇敢和职业素养，而是他源于责任感的超乎常人的"坚韧"。纪尧姆在雪山中徒步寻找救援的第七天终于得救，虽然伤势严重，但是他意识清醒，他所说的第一句话就是："我敢发誓，我所做的事，是任何别的动物绝对做不到的。"[1] 的确，他所做到的已是非人力之所及，而他之所以能做到，是源于内心强大的信念，那就是：承担责任。这种信念也是支撑着所有飞行员不畏艰险、勇敢奉献的的精神力量。纪尧姆真正让人敬佩的是他的这种强烈的责任心：对邮件、对集体、对家人的多重的责任心。作为一名邮政飞行员，纪尧姆把邮件看得比自己的性命更宝贵；当他在冰天雪地中想放弃自救时，他想到了还在竭力寻找他的同伴，所以无论如何他不能放弃，直到获得救援；当他陷入绝望时，他还想到了妻子，想到了家人的痛苦和无助。所有的这些支持他走出了险境。

梅尔莫斯、纪尧姆、贝勒汗、奥仕德、杜泰尔特，法比安，贝尼斯，多哈，李维埃，所有这些性格各异的人物都诠释了作者对于"大写人"的定义。这一类人永远和"勇敢"，"坚韧"，"有责任心"，"有牺牲精神"，"富于行动力"等等品质不可分离，因为这些品质就是"大写人"的本质。在日常生活中，也许在你的周围就存在着这类人，他们或是沉默寡言，或是潇洒不羁，或是刻板冷漠，又或是单纯热情。不同的脾性，却有相同的本质。他们绝不从于世俗常规，也不对生命无动于衷，在困难面前他们没有放逐自我，而是积极投入到集体的事业当中。同时，

---

[1] Antoine de Saint-Exupéry, *Œuvres Complètes*, Tome I, *Terre des Hommes*, 1994: 192.

他们也是平凡人，有着平凡人的痛苦和渴求。但是一旦他们飞上天空，他们就成了敢于和巨龙搏斗的英雄，在狂风暴雨的洗礼中，他们脱胎换骨，成为了人类的楷模。

3.3 开垦的工具——飞机

马克思认为在"人化自然"中人是改造的主体，大自然是被改造的客体。随着现代科技的发展，人类改造自然的能力不断地提高，这种提高很大程度上是因为工具的发明和改进。各种职业的人使用不同的工具改造大自然，就像农民用犁来耕地，飞行员驾驶飞机开拓航线。虽然人受制于地心引力，但是有了飞机，人就能像鸟儿一样翱翔于天地之间，从几千米的高空重新审视这个我们熟悉又陌生的星球。同时，飞机给人类的生活带来了很多便利和意想不到的改变。埃克絮佩里就是一名早期的邮政飞行员，他驾驶飞机穿越高山大海，开辟航线，为人类传递信息，让整个世界成为一个紧密相连的大家庭。

3.3.1 飞机和现代文明

在埃克絮佩里看来，飞机和犁、锄头一样都是人类改造大自然的工具，各种职业的人使用不同的工具，而这些工具本身也是"人化自然"的一部分。首先，制作工具所用的材料来源于大自然，然后人类通过劳动制造了工具。它使人与大自然紧密联系，并且在两者的对抗中发挥着举足轻重的作用。但是我们不能忘记人使用工具是为了改善生存环境，为人类服务，制作工具或者说改进工具并不是最终目的。"飞机和其他任何的技术发明成果一样,是文明的工具,而文明的目的是人类的幸福。"[①]然而,现代社会中,人们往往混淆了目的和手段,忘记了物质只是手段而不是目的。

在不断改变的生活环境中,人们并不能安之若素。机器带给人便利,但是人们渐渐意识到这种便利并不一定能够从根本上改善人类的生存处境。有时候,他们甚至会认为"机器坑害人"[②],因为熟悉的一切都在迅速消失,比如:信仰、习俗、语言等。人类的思维总是有定式,生活方式也总是存在惯性。改变在人们的心中会产生一种不安定感,从而引起焦虑和恐惧。毫无疑问,飞机对人类的影响是巨大的,它使距离不再成为障碍,它所引起的速度的革命也使人类的生活节奏变得更加频密。埃克絮佩里虽然一直以乐观的态度面对人类科技的发展,但是,他对于飞机这一现代文明的重大成果有着自己的观点。他坚持一切的创造都是人为根本目的,一切科技发展的成果只是达到这个目的的手段。

自然的"人化"是人类历史上不可避免的阶段,但是埃克絮佩里在现代文明飞速发展的背景下始终坚持三点思想:(1)人是改造大自然的主体;(2)任何工具只是手段,人类幸福才是所有改造的最终目的;(3)他对于改造结果的期待正如他所说的:"我们的新家庭无疑将会慢慢地变得更加富有人情味,机器本身越是得到改进,它的作用也就更不显眼。"[③]因此,他所定

---

① 作者译自 Françoise Brin, *Etude sur Terre des Hommes*, 2000: 36,原文为: «L'avion est comme toutes les autres inventions techniques, est un outil de civilisation dont le but est le bonheur de l'homme.»

② Antoine de Saint-Exupéry, *Œuvres Complètes*, Tome I, *Terre des Hommes*, 1994: 198.

③ Antoine de Saint-Exupéry, *Œuvres Complètes*, Tome I, *Terre des Hommes*, 1994: 199.

义的"人化自然"并不是简单的"物质化的自然"或者"机械化的自然"。在他的笔下,完善的机器优美如一首诗歌,拥有和人体一样的自然曲线,是技术和大自然的完美融合,无痕迹地符合着人类操作的一切便利,与人紧密地结合在了一起,使人的能力得到更大的发挥,成为人的"得力助手"。

客观上来说,埃克絮佩里希望飞机能够得到技术上的改进,但是改造的最高境界应当是实现人与机器的一种完美融合。在他所生活的年代,飞机是一种新生事物,在高空飞行的旅途中,风雨雷电绝不仅仅是机舱外的风景,而是关乎飞行员生死的关键因素,因此,飞机的性能对于飞行员是至关重要的。但是对于埃克絮佩里和他的同伴们,飞机不完美的性能并没有让他们的热情有丝毫减退,风险并没有让他们放弃自己的职业。因为,飞机马达的声音让人能够感觉到与大地的亲近,飞行员在排除故障的过程中加深了对机器的认识,从而让两者之间的关系更加紧密。而一架精密的仪器让飞行员轻轻松松地飞越大地,对大自然的景致不再需要小心估量而变得无动于衷,人与大自然被机器分隔开来。因此,科技就像一把双刃剑,在便利人类生活的同时也抹杀了人类在付出汗水、克服困难后的喜悦,而这种喜悦正是现代人所缺失的存在感。在人类愈来愈依赖机器的今天,人们似乎忘记了发明机器的最初的目的。

3.3.2 飞机对人类的意义

对于飞机,埃克絮佩里感情深厚,从他少年时第一次飞上天空直到1944年牺牲,他再也没有和飞机分隔开来,飞机对于他并不仅仅是工作中操作的机器,飞机承载着他的梦想、寄托了

第三章 埃克絮佩里与被开垦的自然

他对大自然和对人类的所有情感，是他向大自然提出挑战的武器，是他躲避宇宙中风雨雷电的"避风港"，也是他如影随形的"密友"。在他的作品中我们可以欣赏到别的作家所不能描述的风景，当他置身于无限的宇宙来观察我们的星球和人类，他对于人类和大自然的反思也带给读者更多的启发，正如阿兰·维孔德勒（Alain Vircondelet）的评价："当他（埃克絮佩里）驾驶着他的飞机，他不仅仅是在飞行，也不单单是在履行战争飞行员的使命。飞机让他有了更多的思考，因为飞行也是他修行的密室，精神的家园。"①

因为有了飞机，人类可以更好地了解大自然。它让我们发现了大地的真正面目。在飞机发明之前，人类行进在蜿蜒崎岖的道路上来观赏风景，但是路线却是前任已经走过的，因此，没有路的地方我们不可能了解，对于这个世界的认识也不可能全面。但是在飞机上，我们拥有更广阔的视野，不仅可以看到人类居住的地区，也可以观察到人迹罕至的、自然条件恶劣的角落，除了村庄和绿洲，我们还可以了解沙漠和高山。有了飞机，人类的足迹还可以到达无限的宇宙，在星辰和云雾之间，人类认识到自身的渺小和大自然的奇妙，看到的是一个更加真实、更加复杂的大自然。

在埃克絮佩里的作品中，飞行员们翱翔于大地之间，从一个普通的人变成一个与大自然搏斗的英雄，飞机成为了他们脱胎换

---

① 作者译自：Alain Vircondelet, *La véritable histoire du Petit Prince*, 2008: 193, 原文为：«Quand il est aux commandes de son avion, il ne fait pas que piloter, il n'est pas seulement à sa mission de guerre. Il y ajoute une méditation car l'avion, c'est aussi la cellule monacale, le lieu de l'Esprit.»

骨的利器，是连接平凡和梦想的纽带。驾驶飞机的人需要对大自然的各种信号比常人更加敏感和清楚。在飞机上对大自然的感受完全不同于普通人，在离雷电一触即发的位置，任何的疏忽都将带来灾难；而在地面上再大的风雨也只是窗外的风景。因此，每一位飞行员都应当从风吹草动中把握大自然的最微妙的变化，比如：沙漠上出现蜻蜓很可能就是沙尘暴的前兆；气旋之后也许就是雷雨；在高空上看到的白色的如同棕榈叶般的海洋能将每一架靠近它的飞机击得粉碎。

飞机让人能够到达没有人烟的地方，在未被人类开发的荒凉之地，往往还保存着来自大自然的最原始的信息。有一次，埃克絮佩里在一片贝壳类生物的遗骸堆成的山上发现了不知多少年前的星辰的碎屑所形成的陨石。因此，飞机能让人类超越时空，去发现大自然的历史。就像作家在书中写道：从高处俯瞰，大地呈现出原始的面貌——"由岩石、沙漠、盐碱组成的地面"①。这一切都向人们讲述着这个星球在某个时期的历史，而这个时期已经和我们的时代相距很远了。埃克絮佩里在作品中多次讲述他所看到的奇妙景象，当他飞过火山的上空，周围的地貌让他联想到了地形渐变的过程。当他在撒哈拉上方飞行时，他发现在朱比角附近有许多石柱，这些石柱证明了沙漠中的这片地区曾经是广阔的高原。因此，当飞行员从一个全面的视角观察这个地球，就能够了解这个星球的更久远的历史，亲身地感受到"……一段扣人心弦的被缩略的历史，这是创造大地的历史，是土地、水、天空和火被创造的历史"②。

---

① Antoine de Saint-Exupéry, *Œuvres Complètes*, Tome I, *Terre des Hommes*, 1994: 201.
② 作者译自：Françoise Brin, *Etude sur Terre des Hommes*, 2000: 39，原文为：

因为有了飞机，人能够更好地了解自身。首先，在各种自然条件极其恶劣的地方，看到了人类生存的奇迹。在靠近死火山的地方，人们建立了村庄；在熔岩和冰层之间，人们建造了房屋，在寸草不生的地方，人生存了下来。人就像是随风而落的种子在这个星球的各个角落生根发芽。作者不仅见证了大自然中人所创造的种种奇迹，也切切实实地感受到生命历程的艰辛。埃克絮佩里曾经在沙漠中的朱比角度过了三年，负责交接来往信件和营救失事的飞机。在这个远离文明的角落，作者经历了精神上的孤独和物质上的极度贫乏。在对于这片沙漠的各种充满异国风情的想象泯灭之后，随之而来的是无尽的乡愁和孤苦。在《人类大地》中，他讲述了这段"被遗忘"的生活。在这段时间当中，埃克絮佩里曾经与同伴因为飞机故障在沙漠中迷路几近渴死，最后偶然遇到了贝都因人而得救，让他对生命的体验更加深刻。

飞行员更加接近大自然，因而更加能体会到生命的渺小。在大自然中，人类留下的痕迹只是历史中的一小段，但就像作者所说的"被祝福的日子"①，人类的历史是大自然的历史中最神奇也是最有意义的一部分。飞行员的所有经验都告诉他一个事实：大自然的伟大和人类的渺小。他在书中讲到人们把房屋建造在还温热的熔岩上，新的火山喷发在一瞬间就能毁灭人们以为长远不变的一切。对于大自然，人们永远都无法穷尽它的秘密，也无法预测下一秒自己的命运，因为大自然冥冥中存在的力量是人无法抗拒的。出于职业的需要，飞行员到过很多的地方，见证了大自

«l'impression d'assister dans un raccourci saisissant à la création de la terre mettant en jeu terre, eau, ciel et feu.»

① Antoine de Saint-Exupéry, *Œuvres Complètes*, Tome I, *Terre des Hommes*, 1994: 202.

然中人们无法解释的秘密，比如《人类大地》中，作者描述了一个池塘，这个看似普通的池塘底下压抑着低沉的海潮。大海近在咫尺，地面上的村庄却好似岿然不动，村民们也茫然不知。人类永远都不可能真正认识脚下的土地，也不能知道海洋的脉搏深入到了哪里。飞行员和普通人不同的是，他永远都不可能高枕无忧，因为飞机让他看到了一个无穷无尽的"黑洞"，他确信这个世界存在着许多只有大自然才能给出答案的秘密。

正因为有了飞机，人们能够认识到自己生存状态的局限性。飞行员周游各国，见识到各种民族风情和习俗文化，他认为每一个人都生活在自己的精神世界中，而旁人不得进入，所以，人与人之间有了隔阂，有了冲突。一个普通人只会关心自己的利益，局限于自己的生活圈子，即使是在人声熙攘的城市，也往往会感到孤独无依，迷惘和焦虑。而飞行员过的是另一种生活，他们居无定所、身若浮萍。但是他们看到了宇宙的博大和生命的奇迹。他们与俗世格格不入，显得寡言笨拙，但是在天空上他们威风凛凛，英勇无比。他们在现实生活中困难重重，家庭离异，但是他们在飞行员的集体中为了共同的事业而奋斗，他们之间有着最深厚的感情和胜过生命的友谊。他们的一切痛苦和快乐都是在挣脱生存的束缚中所产生的，飞机就是这种力量的外化之所在。

因为有了飞机，人们更加依恋大地。在《飞机和星球》一文中，作者在不同的段落反复用"桌布"比喻"星球"。他习惯用一系列和家庭有关的词汇来描述地球给他的印象，如："墙基"、"罐"、"公园"、"草坪"、"花园"等等。同时，当他回忆家庭时，他也会使用一系列自然风景相关的词，如："高原"、"泉水"、"水源"、"世界尽头"等等。因此,在飞行员的视野中,家和大地事实上是融合在一起的。另外,作家还习惯用与身体有关的词来形容大地,如:"手"、"脚步"、"胳膊"、"激动的心"、"腰"、"肩膀"等。这些词汇让人联想到与地面的一种触觉,让大地与人更加亲近。大地代表着熟悉的生活环境,象征着家庭和个人幸福。当飞行员迷失在宇宙中时,他的唯一愿望就是回到这个他熟悉的星球,因为那里有他的牵挂,有他所需要的温暖。天空,对于飞行员来说,是探索的空间,是事业的所在。就像地心引力无法束缚飞机,地面上的各种牵绊也不能留住飞行员渴望了解外面世界的决心。但是在虚无缥缈的宇宙中,飞行员也始终无法忘怀这个星球的灯光,这也是他们心中永远无法真正摆脱的依恋。因此,在埃克絮佩里的作品中,远离家园的飞行员永远都有一个遥远而模糊的梦想,那就是无法释然的童年和难以忘怀的少时的乐园。也许只有在那万般寂静的星空,思念才会如此强烈,即使暂时摆脱了人世纷扰,飞行员也无法忘却自己的家园。

总而言之,飞机让人们更了解大自然和自身。因为有了飞机,人与自然之间的联系也变得更加紧密。摆脱了地心引力,人类拥有了更大的自由和更强的力量。但是,自由也伴随着风险。没有汽车,就不会有车祸;没有飞机,就不会有空难。在科技并不发达的20世纪初,作为早期的飞行员,埃克絮佩里对于飞机的观点却是超前的,因为他直接阐明了一切机器的本质只是工具,创造飞机的目的是为了人类的幸福,而不是为了更加精良和安全的机器本身。

3.4 广义上的被开垦的自然

追溯人化自然的历史,我们首先提到的就是人类对大地的耕耘,因此,农民是人类开垦大自然的最直接的、最典型的代表。

在拉特哥尔一直保留着这样的箴言:"(像)梅尔莫斯开垦(大地),(像)纪尧姆耕种(土地)。"① 在埃克絮佩里看来,飞行员和农民在本质上是一样的,都是大地的开垦者。他曾经这样评价飞行员的牺牲:"我们不得不承认,我们的同志们是再也不会回来的了,他们已经安息在他们曾经时常在其上空耕耘的南大西洋。就像跟庄稼相依为命的庄稼人长眠在庄稼地里那样……"② 航线就是飞行员开垦的自然,如同园丁耕耘的花园,水手航行的大海。埃克絮佩里在《人类大地》中详细地描述了一位农民的母亲去世的情景,事实上,人类就是这样一代一代传承着改造自然的职责,一代人死去了,身后留下的是开垦过的土地和未尽的责任。飞行员、农民、园丁……所有的人都是一样的,每个人都在从事某种职业的过程中改变着这个世界,并且不断地传承着这个使命。作家也曾这样描写一位辛勤劳动的园丁:虽然汗流浃背,但仍在不停地锄地,即使患有严重的风湿,也继续着自己的劳作。另外,埃克絮佩里的作品通常是讲述飞行员如何冲破大自然的重重阻力去完成任务的故事。书中惊心动魄的场面和农民、园丁、木匠日常的劳动虽然看上去千差万别,但是在作者看来,他们行动的本质是一致的,那便是改造自然、造福人类。所有的人

---

① 作者译自:Marcel Moré, *J'ai vécu l'épopée de l'Aéropostale*, 1980: 252,原文为:«Mermoz défriche, Guillaumet laboure.»

② Antoine de Saint-Exupéry, *Œuvres Complètes*, Tome I, *Terre des Hommes*, 1994: 188.

都是"人类帝国"的缔造者,正如贝尼斯在《南方邮件》中宣告:"我就是一个工人,我是美洲的信使。每一天,工人开始建造世界,世界也由此开始。"①

"只有人努力攀登后从山顶眺望到的风景才是美景。"②埃克絮佩里注重人在改造自然的过程中所付出的努力,而不是对改造的成果感兴趣。因为结果展示的是改造的表面成果,但如果仅仅只是物质上的改造是没有意义的。在整个"人化自然"中,关键的改造是对人自身的改变,正是劳动中所付出的艰辛努力才能成就人的精神世界的升华。作家更喜欢用"开垦"(labourer)这个词,而不是"改造"。因为前者让人联想到人在土地上洒下的汗水,付出的辛劳,在他看来,这种付出是比结果更有意义的东西。埃克絮佩里认为,真正的价值从来就无关金钱和物质,有意义才是财富的衡量标准。一切有价值的东西用肉眼是看不见的,只有用心才看得清楚。在《小王子》中作者很明确地表达了超越物质表面的非功利思想,就像地球上的花园中有成千上万朵玫瑰,但是小王子却独独牵挂他的星球上那朵骄傲任性的花儿,因为他给她捉过虫、浇过水、费心尽力地保护过她。正因为小王子对玫瑰所付出的时间、耐心、感情,她才成为了独一无二的玫瑰。不难看出,在作家冷静客观的外表下掩盖着一颗热情又敏感的内心。他要的不是结果,而是意义,他的思想超越了物质层面,正因如此,他对死亡、友谊、爱情都有着独特的见解,他的世界不是表面繁华的欲望之城,而是超越一切物质量度的人类的精神家园。

---

① Antoine de Saint-Exupéry, *Œuvres Complètes*, Tome I, *Courrier Sud*, 1994: 40.
② Antoine de Saint-Exupéry, *Œuvres Complètes*, Tome II, *Citadelle,* 1994: 513.

虽然埃克絮佩里歌颂的总是英雄人物，但是他至始至终都对大自然怀有深厚的感情和无比的敬畏。他的"人化自然"中不仅有人，更有无处不在的大自然，正如他在《人类大地》的前言中所写："大地对我们的教诲胜过所有的书本。因为大地并不是随我们摆布的。当人类与障碍进行较量时，人类便发现了自己。"①在这本书中，作者充分肯定了人的价值，讲述人与恶劣的自然条件抗争的故事。但是对自然力，他从来都充满了敬畏，也正是因为人类出于对他人的责任而敢于向如此强大的自然提出挑战才表现出了作为一个真正的人的价值。作家在书中讲述了两个飞行员在沙漠腹地艰难求救的经历，大自然无疑成了不可违抗的主人，这场力量悬殊的抗衡是以一个偶然结束的。虽然飞行员得救了，但并不是他们战胜了沙漠，而是在垂死之际遇到了长居沙漠的贝都因人。人生于大自然，却和其他的生物不同，他懂得用创造性的行动改造大自然：他建造房屋躲避风雨，耕种土地获取食物，缝制衣服遮体避寒，发明工具为自己获得生活资料。人类经受了大自然的种种考验而生存下来，人类的历史就是其力量的证明。

"人化自然"是马克思哲学中非常重要的一部分。通过劳动，人类从大自然中脱颖而出；通过劳动，人类和大自然保持着密切的联系；通过劳动，人类从大自然中索取生活资料，改善生活条件，同时也实现了智力和各方面能力的提升。但是埃克絮佩里从自己的生活实践出发，对人类和大自然的关系进行了独具特色的总结。他的代表作《人类大地》的英文版名称翻译为中文

---

① Antoine de Saint-Exupéry, *Œuvres Complètes*, Tome I, *Terre des Hommes*, 1994: 171.

是《风、沙和星辰》,这个标题让人联想到了飞行员在航线上经常会面对的风景:风和沙漠是对飞行不利的因素,而星星则是希望和生命的象征。不管是沙漠中致命的沙尘暴还是雪山上凶多吉少的暴风雪都体现了大自然强大的力量;一望无际、不知何处掩藏着珍宝的沙漠展现了大自然神秘深邃的一面;夜空中的闪烁繁星即为飞行员指路的灯塔,也是对疲惫的英雄们卸下盔甲返回家庭的召唤。这个标题让人浮想联翩,难以尽言,这便是大自然给我们的印象,而作者要描述的大自然,不管是沙漠还是高山都有人留下的印迹,这就是埃克絮佩里的自然。正如保罗·韦伯斯特(Paul Webster)所说:"埃克絮佩里所讲述的沙漠的故事,长途运送邮件的飞行,和那些与大自然惊险搏斗并不是简单的让人惊心动魄的冒险故事,它们构成了一个重要信息的背景,而这个要传递的讯息就是:人类永远都在追求着一个神圣的梦想:以爱为名,超越自我。"[1]

被开垦的自然见证了人类为改变世界、追求幸福的全部努力。"开垦"是人与土地之间最直接的一种联系。在埃克絮佩里看来,各种职业的人都在"开垦"着大自然,而结果中最重要的不应当是表面的改变,而是对整个人类文明的重新创造。在拉特哥尔,迪迪埃·多哈经常称他的飞行员是一群"普通的工

---

[1] 作者译自:Paul Webster, *Saint-Exupéry Vie et mort du petit prince*, 2002: 214, 原文为:«Les histoires du désert, des vols long-courriers et des luttes contre les éléments n'étaient pas seulement des aventures merveilleusement racontées par Saint-Exupéry, mais servaient de toile de fond au message selon lequel la condition humaine est une quête éternelle et sacrée de l'homme cherchant à se dépasser, dans un élan de fraternité.»

人"①。的确,飞行员和农民、工人、园丁、水手等其他人并没什么两样,因为他们都是在用自己的方式改变和美化这个世界,正如作者在《飞机》一文中写道:"我们通过工具、超越工具,重新发现了古老的大自然,也就是园丁、驾驶员或者诗人的大自然。"②在这个自然中,开垦者始终无处不在。和其他所有的劳动者一样,飞行员在改变世界的同时理解了生命的意义。在行动中,他也一定会遇到困难和危险,就像农民在犁地的时候会触碰到坚硬的石块,水手在大海上会遇到风浪。但是他没有退缩。正是在与暴风雨、大海、黑夜和高山的较量中,他变成了大写的人,一个真正的英雄。正是饥渴、伤痛和孤独成就了他坚强而高贵的灵魂,人类改变大自然的艰辛历程恰恰体现了人的力量和价值。

---

① Edmond Petit, *La vie quotidienne dans l'aviation en France au début de XXe siècle 1900–1935*, 1977: 194.
② Antoine de Saint-Exupéry, *Œuvres Complètes*, Tome I, *Terre des Hommes*, 1994: 200.

第四章　埃克絮佩里与被驯化的自然

在埃克絮佩里看来，大自然中的万物之间都存在着看不见的联系，这些联系决定了存在的意义。人在改造自然的过程中建立了与大自然和与他人的联系，同时也体现了自身的存在价值，这就是埃克絮佩里所定义的"被驯化的自然"。

正如作者在《城堡》中写道："这景致因他而生，而我在他身上发现的快乐正是那些孩子的快乐，他们摆石头造城市，对自己的杰作惊喜赞叹，身心都融入其中。但是如果望着没有经过自己努力而成为景致的一堆石头，哪个孩子会高兴呢？"[①] 人类只有努力地驯化自然，才会感到真正的幸福。当我们注视着周围的风景，可以发现被人类刻上痕迹的一切才显得生动，因为我们可以联想到人类在劳动的过程中所付出的汗水和经历的痛苦。因此，虽然"驯化"所产生的联系是肉眼看不见的，但是"驯化"的实现仍然是通过人类的实践来完成的。正是在实践的过程中，人与大自然之间，人与人之间建立起了意义至关重要的多种联系。

在《小王子》中，作者明确定义了"驯化"，即："建立联

---

① Antoine de Saint-Exupéry, *Œuvres Complètes*, Tome II, *Citadelle*, 1994: 459.

系"①。在人类开垦大地的同时，大自然与人类自身的存在意义也被改写了。当飞行员开辟新的航线、运送邮件的时候，沙漠、海洋、高山都成为了"对手"，而不再是一般的自然风景。在飞行员的地图上，一条小溪、一个农场、一小片灌木丛都有着生死攸关的意义，而这些地方在一般的地图上是隐而不见的。在埃克絮佩里眼中，被人类开垦过的土地完全不同于人类未曾涉及的荒野之地，因为这两者虽然在自然范畴内并没有本质的不同，但对于人类的意义却是截然不同。并且，"驯化"的目的是为人类服务。作为一名飞行员，充当的就是人与人之间的一个桥梁，尤其是邮政飞行员，他们驾驶着飞机这种最快的交通工具，把邮件送到世界的各个角落，帮助人类完成远距离的交流。从宏观上看，他们将这个世界变成了一个相互联系的"网络"，这个"网络"就是"被驯化"的世界的一个复像。在创造这个由联系来定义的世界时，作者也提出了各种联系的新的定义，而所有这些联系的共同点就在于"由他者来决定的意义"，比如对爱的解释，作者认为爱并不仅仅是爱情或是局限于少数人之间的感情，而是一个整体的一张"关系网"（réseaux des liens），只有身在其中，普通人才能成为"大写人"。在这张"网"中的每条联系都促使其中的人逐步地自我完善成更好的人。又比如友谊，埃克絮佩里认为，友谊是建立在拥有同样理想的人之间的一种情感联系，它和其他一切的社会习俗和所有的浅显的偏见无关。通过重新定义各种联系，作者对人类社会乃至人类本身的存在意义提出了自己的见解。在他所定义的人类世界中，我们不难发现作者超越物质的

---

① Antoine de Saint-Exupéry, *Œuvres Complètes*, Tome II, *Le Petit Prince*, 1994: 294.

价值观和他敢于反抗世俗偏见的勇气和力量。归根结底，在埃克絮佩里的自然观中，人始终处于一个中心的地位，人既是本质也是目的。而现代社会，物质和金钱的表象蒙蔽了人的双眼，让他们看不清楚世界的真相。物质化的联系因为缺乏意义而脆弱易断，物质化的世界冷漠而单调，而"物化"的人孤独而虚妄。

脱离了物质的表面，"被驯化的自然"是比"被开垦的自然"更深刻的世界，前者完全是形而上，由联系来构建，后者是从人类和大地的直接接触中建立的。并且，"驯化"是比"开垦"更深层次上的"改造"，意味着人类对大自然的更本质层面的改变。从此开始，作者超脱了大自然的表象，进入了更加广阔的意义上的世界，这个世界和人的认知相辅相成，从广度和深度上进一步发展了以实践为基础的自然观理论。

4.1 "驯化"的定义

"——什么是驯化？

——这是一件大家都忘了的事情，就是建立联系。"[1]

《小王子》中作者明确提出了"驯化"的概念，在他的其他作品中，这个词也经常出现，比如：《人类大地》中，作者描述的"被梅尔莫斯驯化的黑夜"[2]。在他看来，"驯化"不仅仅发生在人和大自然之间，也发生在人与人之间，共同构成了"被驯化的自然"。

《小王子》中的"狐狸"这个角色是作者思想的阐述者，在

---

[1] Antoine de Saint-Exupéry, *Œuvres Complètes*, Tome II, *le Petit Prince*, 1994: 294.
[2] Antoine de Saint-Exupéry, *Œuvres Complètes*, Tome I, *Terre des Hommes*, 1994: 187.

这篇童话寓言中,他往往用浅显的语言来揭示深刻的思想,就比如他举了一个例子来解释"驯化":小王子对他而言和其他成千上万的小男孩原本没什么两样,而对于小王子,他和其他成千上万的狐狸也没什么不同,因为他们彼此并不需要对方。但是一旦双方发生了"驯化",两者之间建立了联系,他们便成为了对方的期待和需求,对于双方而言,对方都不再是无关紧要的路人,而是成为了彼此生活中不可或缺的部分。可见,通过"驯化"所建立的联系改变了原本毫不相干的事物之间的关系,乃至存在的意义,而这种意义是相对于他者而言的,这种思想和埃克絮佩里一贯的他者决定论是完全契合的。

除了小王子和狐狸,小王子和飞行员以及小王子和玫瑰之间都发生了"驯化",这种神奇的变化还发生在人与大自然之间,就像小王子所说:"每个人的星星都是不一样的。"[①]对于有的人来说,星星只是微弱的亮光;对于旅行者来说,星星是向导;对于学者而言,星星是要解决和探究的问题对象;而对于飞行员来说,星星是飞行途中的坐标,有的时候甚至是生命的信号。因此,大自然对于不同的人来说,意义也是不尽相同的。

对于每个人来说,他们或许都会有不同的属于自己的驯化方式,比如:登山的人披荆斩棘向山顶攀登时才会真正认识风景,那么他的驯化方式就是和荆棘、悬崖、森林、山风、石头等有关的体验。如果他坐着轿子到达山顶,那么他就会因为缺乏这些体验而无法驯化高山。又比如一个家庭主妇,她每天要做的事情包括:照顾孩子、擦洗地板和炊具、做饭、铺床等,只有这样,她

[①] Antoine de Saint-Exupéry, *Œuvres Complètes*, Tome II, *le Petit Prince*, 1994: 313.

才会真正地了解她的家庭；而水手每天要抛锚、拉缆绳、升帆、捕鱼等，这些活动才能让他真正了解海洋。但是不管每个人驯化自然和他人的方式是怎样，他们都是通过行动来实现驯化。

因为驯化带来的改变，人可以更好地了解这个世界，因为"人只能认识他驯化的对象"①。在驯化田野的时候，农民会了解天气；驯化花园的时候，园丁会知晓植物的生长规律；驯化海洋的时候，水手会掌握各种自然现象；在驯化天空和大地的时候，飞行员会懂得"云海之下是永恒"的道理和其他一切和飞行相关的自然规律。因为驯化，自然会变得对人类有意义，也更加美好。没有驯化的自然是荒芜的，没有被驯化的世界是冷漠的，没有被驯化的人是孤独的。狐狸追逐猎物、人又扑杀狐狸，这种关系并不是驯化，因为所有的猎物对于狐狸都是一样的，而所有的狐狸对于猎人也是相同的。这种机械的关系并不是驯化的目的，机械的循环只会产生单调、枯燥和冷漠的世界。可是当小王子驯化了狐狸，他的脚步声对于狐狸来说就不一样了，这种不一样的声音会让狐狸从藏身处冒险跑出来。狐狸被小王子驯化，他会注意到原本不屑一顾的麦子，因为麦田会让他想到小王子金色的头发。当驯化发生的时候，原本无用的、不被注意的事物霎那间都变得重要了，人们会觉得"生活充满了阳光"②。

驯化需要付出时间，正如狐狸对小王子说的："正是你花在你的玫瑰上的时间让她对你如此重要。"③为了更好地阐释时间的定义，作者在《小王子》中举了一个例子：一个卖解渴药丸的

---

① Antoine de Saint-Exupéry, *Œuvres Complètes*, Tome II, *le Petit Prince*, 1994: 295.
② Antoine de Saint-Exupéry, *Œuvres Complètes*, Tome II, *le Petit Prince*, 1994: 294.
③ Antoine de Saint-Exupéry, *Œuvres Complètes*, Tome II, *le Petit Prince*, 1994: 298.

商人出售的这种产品可以让人一星期都不觉得口渴，服用药丸可以节省大量的时间，但是作者认为节省下来的喝水的时间对于人类是没有意义的。在《城堡》一书中，作者进而把实践分成两个部分：工作的时间和休息的时间。前者是指人们享受工作的时间，而不是把工作当做苦力而忍受的时间；后者是指工作之后恢复体力的时间，而不是为了躲避劳作而虚度的时光。因此，时间不管是用于工作还是休息都是必要的。驯化还需要耐心。因为驯化并不是一蹴而就的事情，而是一个渐进的过程，就像狐狸所描述的："一开始你得离我稍远些，就这样，坐在草地上。我会用眼角的余光窥视你，但你什么话也不要说。言语是误会的源泉。而之后，你每天都可以坐得靠我更近些……"[①]

出于一贯的反对功利主义的立场，埃克絮佩里认为人们不应该去计较在驯化过程中花费的时间，虽然这个过程也许并不会产生经济利益。他注重的是在这个过程中人所付出的努力、耐心、所经历的考验，甚至必要的时候作出的牺牲，而结果，尤其是物质上的利益，他觉得是微不足道的。简而言之，他觉得过程最重要，而不强求结果。他将这个信念实践到了生活和职业的各个方面。他的思想和现代社会"一切以金钱为目的"的价值观是完全背离的。在现代人看来完全没有用处甚至是得不偿失的事情，他却往往乐意为之而且欣然接受。在他看来，付出时间和精力的过程是生命中最有意义的部分，而且充满了诗意，人完全应该享受这个过程，而不是惧怕或厌恶。他的乐观和奉献精神以及由此体现的高贵的人格使他的作品深入人心，历久弥新。

---

① Antoine de Saint-Exupéry, *Œuvres Complètes*, Tome II, *le Petit Prince*, 1994: 295.

驯化的过程充满着仪式感。"仪式，早就被人淡忘了，它可以使某一天与其他日子不同，使某一时刻与其他时刻不同。"[①] 一旦有了仪式感，普通的事物也会变得不同寻常。当他把驯化的定义和仪式联系在一起，驯化就和奉献、牺牲、开垦等概念一样被赋予了神圣和庄严的色彩。在《小王子》中，所有晦涩的概念都显得并不难理解，狐狸这样解释所谓仪式的驯化过程：在猎人和狐狸之间有一个仪式。每个星期四，当猎人们去找村里的姑娘们跳舞的时候，狐狸们便可以放心地享受这难得的一天，因为他们不需要担心和害怕，他们可以去葡萄园里散步，不会有危险。因此，星期四就与其他的日子显得不一样。这也就是为什么狐狸要求小王子第二天在同一个时间和他见面，因为一旦成了仪式，偶然就成了必然，双方之间就会建立稳定的联系而实现彼此的驯化。

事实上，《小王子》所阐述的所有思想在埃克絮佩里的其他作品中都有出现，其中也包括"驯化"。在脱离童话的现实生活中，作者这样阐述"驯化"：在飞行员出发去机场的路上需要搭乘一种老式班车。凌晨三点，仪式开始了。首先，飞行员醒来，穿上衣服。半个钟头以后，他在路边等待班车。上车后，他和同事还有其他的乘客坐在车厢里，伴着各种噪音前往机场。在这辆简陋的交通车上，即将面临严峻考验的飞行员们缄默不语，他们也许在为即将到来的战斗作准备，亦或是被什么烦恼和牵挂困扰。在平凡的清晨，在这辆普通的交通车上，坐在一群普通人之间，飞行员或许并没有意识到这就是一个仪式，一个通往战场的

[①] Antoine de Saint-Exupéry, *Œuvres Complètes*, Tome II, *Le Petit Prince*, 1994: 296.

仪式，每一个人都会在这样或那样的仪式中成长，在经历了无数类似的仪式之后，他们将成为天空中敢与狂风暴雨作战的英雄，开始了他们驯化整个世界的旅程。所以，仪式是实现从平凡到非凡的必经之路，而驯化则是将无意义的存在转换为有意义的存在的一段神奇的蜕变过程。

驯化最重要的是付诸行动。

地球上的花园里有成千上万朵玫瑰，却没有一朵让小王子动心，因为这些都不是他的那朵玫瑰，它们对小王子来说是没有意义的，也是不存在的。而和这些玫瑰表面上并无二样的那朵玫瑰之所以让小王子日夜牵挂，是因为小王子给她浇过水、捉过虫，为了保护她，小王子还给她做了一个屏风，为了让她不寂寞，小王子陪伴过她，听她抱怨、炫耀，还陪着她沉默。正因为小王子为玫瑰所做的一切，她成了他的玫瑰，一朵对他而言独一无二的玫瑰。

同样，B612星球和小王子之间也建立了联系，因此，当小王子来到了地球，虽然遇到了狐狸和飞行员，他仍然念念不忘自己的小星球，因为那里有他每天打扫的火山，有他精心照料的玫瑰，还有他时刻提防的猴面包树。他的星球很小，搬动一下椅子就可以从这一头到另一头，所以他经常可以看到日落，于是日落在他眼中也成了他最怀念的美丽风景。在宇宙中经过了六个星球之后，小王子来到了地球，可是不管到哪里也不能让他忘记原来的家园，一个在茫茫宇宙中微不足道的、连发现它的天文学家也没有把它当回事的小星球。可见驯化带来的改变虽然表面上看不见，但对于和之有联系的人来说却是意义重大的，并且是现代社会的任何标准都无法衡量的。

第四章 埃克絮佩里与被驯化的自然

对于飞行员来说，地球是唯一让他感到生之幸福的地方，正因为如此，在每次危险发生的时候，他最想做的就是回到这个他熟悉的星球。当他付出汗水甚至生命开垦大地的同时，他也在驯化这片土地，就如同农民驯化田野，园丁驯化花园，水手驯化海洋，贝都因人驯化沙漠。在埃克絮佩里的作品中，表示行动的各种动词是和驯化融合在一起的，我们可以把这些动词理解为"开垦"，也可以把它们理解为"驯化"，前者是从物质上的直接改造，后者是从存在的意义上实现的改变。

一般来说，人是通过语言来交流的，通过交流进而建立起各种联系。埃克絮佩里认为，语言并不仅限于口头的交流，行动就是驯化得以实现的"语言"，这也是作者认为最佳的交流方式。可能正因如此，他书中的主人公总是沉默寡言，因为他们用行动来建立事业，创造一切。可能是天生的性格使然，也可能是职业的习惯，作家本人一直都是一个不善言辞的人，他更善于用写作来表达自己的思想，用行动来实践自己的信念。他以自己的方式和大自然进行着交流，那些最微妙的、最秘密的信息，只有驯化了大自然的人才能够了解。

总而言之，驯化所建立的联系是相互的，而且是复杂的。就像飞行员看到天空中的星星在笑，并不仅仅是因为他熟悉那颗星星，原因在于他认为那颗星星上住着小王子，而那里是否真有其人，对于看星星的人来说或许并不重要。所以驯化的过程中需要的不仅仅是时间、耐心，还需要信念，或者说是一种信任，一种对对方无条件的信任。这种信任表现在行动上就是不求回报的付出，就如同《城堡》所写道的："我弥合地隙，给人类抹去火山的痕迹。我就是深渊上的草坪。我是让水果成熟的地窖。我是船，从上帝那接受作为抵押的一代人，将他们从此岸运送到彼岸。上帝又会从我手中接受这一代人，他们就像他当初托付给我的一样，也许更成熟更聪慧，更会雕刻银水壶，但本质没变。我已经用爱关怀过我的人民。"[1]

4.2 人与自然之间的驯化

对于一个普通的乘客而言，他在飞机上看到的大自然只是单调的、抽象的风景，但是对于飞行员来说，大自然充满着无限的能量、旺盛的生命力和许多难以预测的可能。蓝天白云是每个人都熟悉的风景，但是只有飞行员才知道"云海之下是永恒"的秘密。在飞行的途中，最经常遇到的危险来自于大海、高山和暴风雨。海洋就像是暴虐古怪的巨人，随时会掀起狂风巨浪，瞬间将飞机击得粉碎；高山就像是漂浮的暗礁，只要稍不留意就会让飞机坠入深渊；而暴风雨纠结着风雨雷电组成了一张遮天大网，让飞机顷刻就被卷入其中不可自拔。但是在普通人的眼中，大海是美丽壮阔的度假圣地，高山是登山者的乐园，暴风雨也只是窗户外被忽略的风景。因此，飞行员和普通人和自然的关系是不一样的，每一处风景对于他们的意义也是截然不同的，就像作者所说："一种景物，如果不从一种文化、一种文明、一种职业的角度来观察，那便毫无意义。"[2]

如同农民在他的田野中散步，一边欣赏着自己的劳动成果，一边预测着天气的变化和对收成的影响；飞行员驾驶着飞机翱翔

---

[1] Antoine de Saint-Exupéry, *Œuvres Complètes*, Tome II, *Citadelle,* 1994: 375.

[2] Antoine de Saint-Exupéry, *Œuvres Complètes*, Tome I, *Terre des Hommes*, 1994: 175.

在天空，也在辨识着各种来自大自然的微妙的信息，窥探着云雾之后的天气转变，为随时都可能出现的危险和挑战做着准备。在了解和较量中，人类对大自然的认识加深了，而对于不同职业的人，出于不同的需要，大自然对他们呈现出不一样的面貌，因此，"职业的需要改变和丰富了世界。"①

在《人类大地》中，作家回忆了一堂让他印象深刻的地理课。纪尧姆在年轻的飞行员第一次执行任务的前夜教他看地图。这张不同寻常的地图上表明了飞行途中重要的地点，比如：一条小溪，一片灌木丛，还有一个农场。这些在普通的地图根本不会被标明的地方对于飞行员来说却是至关重要的。在纪尧姆的耐心讲解下，这些微不足道的细节与飞行员之间建立了某种因为职业产生的联系，而这种联系对于普通人来说是不存在的。在飞行员眼中，一个大城市可能并没什么意义，而一个小小的农场因为处于飞行的必经之路上而显得格外重要，因为在事故多发的旅途中，只有这个农场上的人可以及时地对受伤的飞行员提供救援。从这一夜开始，这些与飞行密切相关的地方都深深地印在了年轻的飞行员的脑海中，地图不再是纸上的某些标记，而是变成了生动的画面，在需要的时候随时跃然眼前。职业会让人看到大自然独特的一面，并与自然建立某种特殊的关系。对于飞行员来说，"从出发的一刻开始，航线上（的风景），就被一种强大的魔力赋予了生命"②。从此以后，暴风雨会刺激他的肌肉，让他的神经变得兴奋；高山会成为一场危险游戏中的暗藏的对手，让他绞尽脑汁地与之周旋；大海会变成"一种活生生的物质，让人永远

---

① Antoine de Saint-Exupéry, *Œuvres Complètes*, Tome I, *Terre des Hommes*, 1994: 185.
② Antoine de Saint-Exupéry, *Œuvres Complètes*, Tome I, *Articles*, 1994: 302.

不识其真面目"[①]。在飞行员的眼中，大自然的一切都被一种魔力赋予了生命，成为了他的对手，在相互较量中建立了联系。

在现代人的生活中，大自然和人类的联系被机器切断了。在科技发达的现代社会，人们没有必要经历风雨和辛劳就可以享受舒适的生活。在水泥钢筋的"壁垒"中，人们不会受到风雨雷电的影响。因为有了精密而先进的机器，人类也不用顾忌自然中可能存在的危险。对于现代文明带来的这些成果，埃克絮佩里始终表现出保留的态度。在他的年代，因为飞机的制造技术并不完善，所以飞行员是一种非常危险的职业。埃克絮佩里亲身经历了无数次大大小小的故障而竭力自救或是绝地逢生。正因为他曾经在沙漠中迷失方向，在极度的干渴中徒步寻找救援，被海市蜃楼迷惑过，也被高温炙烤到奄奄一息，在多次穿越沙漠的途中，他遇到过各种危险，因而他真正了解了这片土地。而现代的飞行员，在更加安全和舒适的机舱内，可以完全不受舷窗外环境的影响，外面是沙漠亦或是大海，对他而言都没什么两样，因此，他也不可能了解这些风景下的自然的真实面貌。

埃克絮佩里所描写的自然风景总是带有明显的个人特色。不管是高山大海，还是风雨雷电，总是在他的注视下显得不同寻常。和普通人漫不经心的目光不同，埃克絮佩里以一种更加职业化、更加专注的目光来观察大自然。他所描述的世界总是充满变数、神秘莫测，身处其中的主人公则是英勇无比、冷峻洒脱。

他所有的作品几乎都是以飞行员和大自然的较量为基本情节。这也体现了作者所定义的大自然和人类之间的一种基本的联

[①] Antoine de Saint-Exupéry, *Œuvres Complètes*, Tome I, *Articles*, 1994: 303.

系，即征服与被征服。正如故事的结局：大自然总是岿然不动，变幻如常，飞行员牺牲在执行任务的途中，新的征途又在其他的飞行员面前展开了，大自然和人类的较量似乎并没有结束。事实上，人类和自然之间的联系也不可能有一个明确的定义和一个确定的结果，这一点是作者从一开始就认识到的，因为在两者之间远不止于单纯的对立关系。人与大自然在较量中互相驯化，它们之间也建立了复杂的情感联系，正如作者对沙漠那种"剪不断理还乱"的情感体验。第一次去摩洛哥执行任务时，年轻的埃克絮佩里想象中的沙漠是种着棕榈树、流动着甘泉、充满着异域风情的世外桃源，但是一旦进入了这片荒芜之地，孤独、恐惧和极端艰苦的生活条件便让他心生怨恨。因为职业的需要，他继而在沙漠腹地的朱比角驻守三年，在这个过程中，他逐渐发现了在沙漠生活的乐趣。他会和当地人一起喝茶聊天，会在休息时去沙漠中打猎。在这片寂静的土地上，他欣赏繁星闪烁的夜空。沙漠中的绿洲让他感受到生命的力量，宝藏的传说也使他常常浮想联翩。重要的是，在这个远离浮华的地方，他对人生进行了深刻的思考，重新认识了自己和这个世界。这片曾经冷漠而贫瘠的土地给他带来了无尽的美好遐想和对生命本质的领悟，这就是埃克絮佩里所经历的人与大自然的驯化过程，而这个过程的结局就是沙漠成了他的一生挚爱，是他每每遭遇挫折，经历苦难时的避风港，也是他精神上的"乌托邦"。他曾经用"一种无法解释的复杂情感"[①]来描述这种联系，但是始终无法尽言，也许人类与大自然的联系在他的眼中也正是这样的"复杂"和"无法解释"。

---

① Antoine de Saint-Exupéry, *Œuvres Complètes*, Tome I, *Articles*, 1994: 310.

4.3 人与人之间的驯化

人类在开垦大地的同时建立了各种各样的联系，一方面是人与大自然之间的联系，另一个方面就是人与人之间的关系，在埃克絮佩里看来，人与人之间的联系才是真正的财富。因此，被驯化的自然是一个万物之间彼此关联的世界，而在所有的这些联系当中，真正意义上的友谊与爱情显得弥足珍贵。

4.3.1 友谊

"如果你想要一个朋友，就请驯化我吧。"[①]

在《小王子》中作者借助"相遇"这个概念来解释"驯化"。德国存在主义哲学家马丁·布伯（Martin Buber）曾用"相遇的世界"来解释人与人相互关联的状态，以此来批判功利主义和物质至上的思想。和布伯相似的是，埃克絮佩里也用了一个个"相遇"的故事来诠释"驯化"。《小王子》中狐狸与小王子的相遇就是相互驯化的一个例子，除此之外，还有飞行员与小王子的相遇，玫瑰和小王子的相遇。当然，在小王子的旅途中，还有其他的相遇对象，但是他们并没有实现驯化。作者在一个个相遇中，建立了类比和对比，以此来解释驯化的真正含义和发生的具体过程。不仅仅是在童话故事中充满着这种浪漫而温情的相遇，在埃克絮佩里的其他作品中也不乏这样的例子，比如：在《人类大地》中，作者描述再一次见到脱险之后的纪尧姆时就用了"一次

---

① Antoine de Saint-Exupéry, *Œuvres Complètes*, Tome II, *Le Petit Prince,* 1994: 295.

美丽的相遇"(une belle rencontre)①来形容当时的情景。正是这种美丽的相遇让经常孤身奋战的飞行员感到并不孤独，在旅途中的擦肩而遇使他们能够感到自己并不是唯一为了这项事业而奉献的人，这些偶然而美丽的相遇也许只是只字片语的问候，却成为了把整个飞行团队紧紧相连的纽带，这就是飞行员之间的友谊。

在《城堡》中，作者这样定义他心中的友谊：首先，友谊不是算术，也不是互相利用。友谊只存在于双方的相互尊敬和欣赏中。友谊是"压根就不去评价"②朋友，要双方没有保留没有偏见的相互接受。在这个前提下，友谊是无关年龄、性别、种族、意识形态。人之间的区别的客观存在的，就像大自然的树木一样（埃克絮佩里经常在作品中以树喻人），就像苹果树、棕榈树、雪松、橘子树，它们都和谐地共存在大自然中。埃克絮佩里进一步指出人与人之间不能过分地相互窥测，要克制无节制的好奇心，从某种意义上说，这也说明了人与人之间的相异之处，每个人都需要自己内心的花园。其次，从反对功利主义的角度，埃克絮佩里认为友谊是人与人之间超越世俗形成的精神层面的默契，就如他所说："友谊，首先是休战和超越庸俗琐事的精神大巡游。"③他举了这样一个例子：船上的水手从各个方向拉绳索为的是船向一个方向前行。人与人之间也许千差万别，但是当他们怀抱同一个理想并为之奋斗的时候，他们就成为了朋友。一块石头不可能建成宫殿，一个人也不能成就一项事业。虽然埃克絮佩里强调朋友不分高低贵贱，但是他的朋友绝大多数就是和他一样的飞

---

① Antoine de Saint-Exupéry, *Œuvres Complètes*, Tome I, *Terre des Hommes*, 1994: 192.
② Antoine de Saint-Exupéry, *Œuvres Complètes*, Tome II, *Citadelle*, 1994: 506.
③ Antoine de Saint-Exupéry, *Œuvres Complètes*, Tome II, *Citadelle*, 1994: 507.

行员。可见"职业的伟大之处，可能就在于首先能够把人们团结起来。"①对他而言，职业环境是友谊的土壤。在现实生活中，他与外界的联系大都与职业有关，比如在2/33飞行大队，作家曾经给密友B女士的信中讲述了自己怎样融入这个团队的经历："那些同志都是些很棒的家伙，我很高兴分享他们的生活、他们的雨水、他们的泥泞、他们的悲伤。"②在飞行员中间，他体会到了忘我和团结的伟大。他的同事中有来自贵族家庭、有出身农民、有大富翁的后代，也有来自小商贩阶层。但是所有的人都投入到了同一项事业当中，他们可能在危难时并肩战斗，也可能在开辟一条新的航线时分享彼此的成功的喜悦。在一个集体内，团队成员各司其职，为了共同的事业而团结在一起。比如《夜航》中，检查员罗比诺貌不惊人、忧郁自卑，他想要和飞行员们作朋友，便邀请贝勒汗吃晚饭。性格温和的贝勒汗虽然和罗比诺平时没什么交往，但是不忍拒绝接受了邀请。在贝勒汗面前，渴望友谊的罗比诺打开了他的箱子，展示着自己的私生活，让人看到了他乏善可陈的生活中那些简单的需求、或缺的温柔和不可避免的遗憾。事实上，和飞行员一样，身为检查员，罗比诺也是整个夜航集体中的一员，他不仅需要负责监督纪律的执行状况，他自己也要遵守这个行业的各种清规戒律。他既没有飞行员翱翔云端的骄傲经历，也没有地面指挥官的运筹帷幄雄识大略，他只是一个资质平平的执行上级命令的检察官，他的自卑就像是精神上的湿

---

① Antoine de Saint-Exupéry, *Œuvres Complètes*, Tome I, *Terre des Hommes*, 1994: 189.
② 作者译自：Hélène Froment (le pseudonyme de Madame de B.), *On ne revient pas*, 1941: 193, 原文为：«Les camarades sont tous de très chics types et je suis content de partager leur vie, leur pluie, leur boue, leurs journées mélancoliques.»

疼深深地折磨着他。但是指挥官李维埃为了保证检查员执行规定时的无私，禁止罗比诺和飞行员建立亲密的关系，因此，罗比诺只能困顿于自己孤独无助的情感世界和暗淡自卑的职业生涯里不可自拔。但是，作为夜航团队的一份子，罗比诺起到了十分关键的作用，他维系着指挥官和飞行员之间的联系，也维系着整个团队的正常有效地运转，只是纠结在他暗淡的生活中，他并没有意识到集体的辉煌事业中也有他的贡献。他和飞行员之间虽然鲜有交往，但是他们之间早已经建起了一种看不见的联系，这种联系就是共同的理想和人生观。

　　再者，建立友谊必然经过驯化的过程，因此需要时间、耐心和共同的经历。埃克絮佩里坚持在人与人的联系中要摈弃物质的利益，他认为只有人们在职业中分享快乐、痛苦、危难，所有好的时候和不好的时候，他们之间才会建立起真正有意义的联系，形成精神上的默契。作者曾经讲述了这样一个故事：一次机械故障导致飞机在沙漠中心迫降，三个飞行员在危险中度过了一个不眠之夜。恶劣的自然条件和反政府武装的威胁让星空下的沙漠显得寂寥恐怖，三个同伴互相安慰鼓励，终于渡过了这个危险之夜。与现代人的价值观背道而驰的埃克絮佩里，一再强调时间在驯化中的关键作用，反对把一切都商品化的现代文明。他认为友谊与金钱无关，更不能用金钱来购买，他曾经这样说过："显然，从来也没有任何东西是可以取代失去了的同伴的，人们不能给自己创造故旧老友。没有什么东西能比那么多的共同回忆，那么多的共同患难的时刻，那么多的龃龉，那么多的重新和解，那么多的内心共鸣更加宝贵的了，人们不能重建这些友谊。"① 在埃克絮佩里的一生中，大部分时候都经济拮据。他曾多次向他的母亲要求经济上的帮助，他也曾经因为没有稳定的生活来源而被迫与第一任未婚妻路易斯·维尔莫翰（Louise Vilmorin）分手。在他的年代，作为一名飞行员，并没有丰厚的报酬和稳定的生活。他像浮萍一般，随时都会因为一个命令而出发，就像《南方邮件》中的贝尼斯，他对物质生活的享受既不在行也不感兴趣。现实生活中的陈规旧俗让他厌倦，他渴望在更广阔的天地寻找一种更加充实的生活；庸扰纷乱的世俗让他感到被周围的人所孤立，他像罗比诺一样寻求着自己的归属。最终，因为职业的联系，他找到了和他一样的人，虽然这群人性格各异，但是他们拥有同样的价值观。也许他们在物质上并不富有，但是他们分享着飞行途中经历的喜悦、悲伤、孤独和梦想，他们有着同样坚定的信念，怀着同样的深厚情谊，也有着同样丰富的精神世界，他们拥有着比物质更加宝贵的财富，友谊便是其中之一。

总而言之，埃克絮佩里提出了一种更为宽容也更为严苛的友谊观。宽容是因为他能够超越社会中的一切显而易见的差别而接受一个人作为朋友；严苛是因为他对朋友有更高的精神层面的要求，这个要求可以用一句中国的成语来概括，那就是"志同道合"。他把友谊定义为："精神大巡游"。他的"志"是扶摇直上几千米的鸿鹄之志，他的"道"是以人道主义为基础的精神追求。

另外，在埃克絮佩里看来，职业是建立友谊的重要途径，

---

① Antoine de Saint-Exupéry, *Œuvres Complètes*, Tome I, *Terre des Hommes*, 1994: 189.

也许对于他来说是唯一的途径，因此在他的作品中反复出现了和"友谊"（l'amitié）很相似的另一个词"同志情谊"（la camaraderie）。前者的意义更加广泛，而后者主要是存在于职业的范畴之内，但是两者最核心的本质是一样的，即：精神上的默契。不管是现实中作者和梅尔莫斯、纪尧姆之间的同志情谊，还是童话中小王子和狐狸之间经过驯化而建立的友谊，都是双方在精神上的高度契合所建立的联系，这种联系不受世俗偏见约束，不被时空湮灭，是比任何物质都更为珍贵的财富。

4.3.2　爱

埃克絮佩里认为真正的爱来自于责任。在小王子的星球上，一颗玫瑰的种子随风飘落在土里，然后发芽、生长，直至开出了一朵这个星球上独一无二的玫瑰花。小王子精心地照顾这朵娇弱而任性的花，但是无法揣摩花的心思，困惑和忧郁的小王子决定离开他所住的B612星球。但是漫长的旅程并没有让他忘记家中的玫瑰，反而让他更加牵挂她。小王子在浩瀚的宇宙中经过六个星球，却并没有让他解开心中的疑惑，直到他在地球上碰到飞行员，虽不能懂得他却愿意成为他的朋友，还有狐狸，能够教给他关于爱的真谛："人们已经忘记了这个真理，但是你不应该忘记。你要对你驯服过的一切负责到底。你要对你的玫瑰负责。"[①] 在地球上，小王子路过了一个开满玫瑰的花园，他惊奇地发现那里有许多和他的玫瑰一模一样的花，但是没有一朵让他留恋，他还是想着他的那朵玫瑰，因为那是他的玫瑰，他对这朵花负有责

---

① Antoine de Saint-Exupéry, *Œuvres Complètes*, Tome II, *Le Petit Prince*, 1994: 300.

任。出于这种责任，他愿意以死亡为代价回到他的星球，这就是小王子和玫瑰之间的爱情，他源于责任，而责任感是在驯化的过程中逐步产生的。

其次，爱和占有欲不同，作者这样来定义"爱"："真正的爱开始于你不在期待回报之时。"[①]因此，爱是一种慷慨、一种奉献、一种宽容。而占有欲是自私的欲望，最终只会让人感到空虚痛苦。为了诠释"真爱"，埃克絮佩里在《城堡》中举了一个例子，他说爱就好比不求回答的祈祷。他还讲了一个故事：一个战士在沙漠中抓住了一只小沙狐，精心地喂养，一天天过去了，他对这只小动物产生了十分依恋的感情。然而，有一天，沙狐逃跑了，战士感到内心一下子变得空虚，当同伴们建议他再养一只的时候，他却拒绝了，因为真爱的唯一目的就是爱，就是无私地付出，它和占有欲从本质上是截然相反的。

真爱超越了世俗的爱情，是升华的人类情感。真爱已经不再是两情相悦，而是让人脱胎换骨的高尚情操。埃克絮佩里作品中的主人公，包括作者本人都是飞行员，他们在未知的航行途中开辟新的航线，把邮件送到世界的各个角落，他们就是"桥梁"，将人与人联系起来，并让人对大自然更为了解。同时，他们不得不放弃普通人的生活，远离爱人和家庭。他们要承担的责任不仅仅是对于家人，更多的时候是对于和他们的生活看似并无关联甚至是远在万里之外的人，这种责任范围的扩大，恰恰让爱突破了爱情的局限，回归了本质，即：存在的意义。正如作者所写道："本质用肉眼是看不见的，只有用心才看得见。"[②]真爱是超越了

[①] Antoine de Saint-Exupéry, *Œuvres Complètes*, Tome II, *Citadelle*, 1994: 501.

[②] Antoine de Saint-Exupéry, *Œuvres Complètes*, Tome II, *Le Petit Prince*, 1994: 298.

一切形式上的束缚直指人的内心,也让人类看到了一个更为广阔的世界。而爱情,就像李维埃所说:"爱,仅仅是爱,真是一条死路!"①在《南方邮件》中,作者采用了倒叙的手法,也说明了他早已经预料到了贝尼斯和热娜芙的悲剧:女主人公香消玉殒,男主人公浪迹天涯。在热娜芙的病榻前,贝尼斯看着已经神志不清的爱人,一切的冲动都归于平静,只有深深的悲哀和绝望。这就是爱情的死路。虽然爱情一直都是文学作品中炙手可热的主题,但是埃克絮佩里用他的行动和作品,让人对于爱的理解升华到了一个更高的层次。作者所讴歌的爱是一种理性的、崇高的情感,同爱情中的激情四射、奋不顾身的感受完全不同。虽然怀着浪漫的理想,但是作者也保持了理性的哲学视野来看待人类本能中存在的情感。当我们为卢梭的《新爱洛伊斯》而喝彩,为男女主人公的际遇而痛心时,我们可能会对传统的礼教进行拷问和抗议,但是我们并不能找到爱情的出路,因为朱莉和圣普乐即使在一起也不一定就是这段爱情的最终结果。

最后,为了把人类从爱情的桎梏中解放出来,埃克絮佩里为我们打开了一个新的世界。在浩瀚的宇宙,在俯瞰千里的高空,在生与死的挣扎中,人会对爱有另一个更为本质的认识。当人不再为自己而存在,而是为理想而奋斗,为他人而奉献,那么他也许就能摆脱世俗的一切烦恼和痛苦,而获得精神上的幸福感,这就是作者给我们的启示。在《南方邮件》中,贝尼斯因为一次偶然的降落遇到了一位中士,一个在荒漠中驻守多年的老兵。在外人看来,这个人理应孤独潦倒,但是在荒凉的塞外,这样一个

---

① Antoine de Saint-Exupéry, *Œuvres Complètes*, Tome I, *Vol de Nuit*, 1994: 152.

内心温暖、充满理想的人带给沮丧困惑的贝尼斯美好的希望。当一个人在干着一件微不足道、看似毫无意义的事情的时候，他的存在也许是因为他远方的家人，或是他素未谋面的金头发的表妹，又或者是这片荒凉又迷人的沙漠。在一个与外界几乎完全隔绝的环境中，一个人把对于家人、爱人、不期而遇的陌生人和对于大自然的所有的爱还有对上帝的信仰融为一体，这样的感情或者说是信念才是他生存的支柱和意义所在。这样的爱，博大而深刻，惠及家人、爱人、朋友、陌生人，直至大自然的万物；这样的爱和宗教融为一体，能够安慰人的内心，升华人的灵魂；这样的爱才是作家对于爱的真正的诠释。

埃克絮佩里重新定义了爱，目的是提升人的道德精神层次，使其成为"大写人"。"大写人"是介于神和普通人之间的桥梁，是人类自我完善的榜样。虽然埃克絮佩里的思想和卢梭的思想看似截然相反，但是他们都把神寄予在人的灵魂中，对于一个望而兴叹的目标，他们都给出了现实的途径。不管是卢梭提出的"回归自然"，还是埃克絮佩里倡导的"改造自然"，都是人类探求存在本质的尝试。人类永远在理性和非理性中徘徊，在现实和梦想间挣扎。但是，我们不得不钦佩埃克絮佩里的巨大勇气和高尚情操。在他看来，以一己之力挽狂澜并不是神话，忘我奉献也只是职责，他对于人类和大自然不求回报的爱为我们树立了一座道德的丰碑。

4.3.3　联系的断裂

作为飞行员，埃克絮佩里很多时候都封闭在狭窄的机舱内，与世隔绝。当危险突然出现的时候，他需要巨大的勇气孤军奋战，而周围是茫茫的云海，他熟悉的一切都在几千米的高空之下。这种独特的经历让飞行员们大都沉默寡言，或许是独处得太久，或许是与地面的一切因为距离而变得陌生。在进入一个更广阔的空间从而获得自由的同时，他们也必须做出某种交换，这就是远离地面、远离家庭。从个人的角度来说，飞行员切断了和人类世界的众多联系，生活在"真空"当中，没有世俗的烦恼，但也不能享受到平凡生活的快乐；从人类世界的整体来说，被驯化和联系的存在之间出现了某种断裂，这是飞行员个人世界和人类世界之间的联系的断裂，在《城堡》中，作者将其定义为"交换"；在《夜航》中，称之为"牺牲"。

飞行员的房间是临时的栖身之处。他和宿舍之间的联系时常会因为一道出发的命令而悄然断裂，也会随着飞机回到地面而重新建立。在飞行员走向飞机的同时，属于普通人的友谊、爱情、家庭、孩子、财产等等一切都被抛诸脑后，他进入了驾驶室，眼前看到的只有舷窗外的茫茫云海。实际上，哪怕在白天，四分之三的舷窗外都是一片昏暗，外界的信息只能通过单调的信号传递给飞行员，他听到的也只有仪器发出的简单的声音。飞行的目的是为其他素不相识的人传递信息，建立联系，而飞行员大部分时间都是呆在单调而寂静的机舱内，与地面的世界毫无关联。埃克絮佩里书中的主人公大都牺牲在执行任务的途中，包括作者自己。死亡似乎是飞行员的宿命，也是作为个体和这个世界的所有联系的中止。孤独、远离爱人、放弃家庭，甚至是死亡，这些注定的放弃或是结局似乎就是飞行员不可避免的生存状态。

在飞行员如同"失重"的生存环境中，却始终有一根"纽带"，把他和地面联系在了一起，那就是"责任"。小王子最后以死亡为代价返回小星球，是出于对玫瑰的责任；纪尧姆从雪山脱险也是出于对家人和同事的责任。在埃克絮佩里看来，责任是沉重的束缚，也是让人的存在变得有意义的联系。人承担责任就必须付出时间和汗水，就如同园丁对待他种下的玫瑰树，农民关心他的田地。他认为责任有时候就意味着牺牲，就像《夜航》中为了建桥而受伤毁容的工人，还有《南方邮件》中将邮件安全送达却殒命的贝尼斯。

和普通人一样，飞行员也渴望着平凡的幸福和温暖的家庭，这些世俗的联系对于个人来说是本能的需要。当法比安驾驶着飞机飞过夜色中的村庄，他会被灯光所感动；当飞机徐徐降落的时候，他会感到疲倦，会被那些叫不出名字的道路和随处可见的咖啡馆所吸引；当飞行员经历了一次次生死较量重新回到地球，他们甚至会为一顿平淡无奇的早餐而感慨。品尝大地的果实是如此地让人感到愉悦，让人不知不觉地陷入了尘世的幸福中不可摆脱。《夜航》中的法比安一接到命令便立刻出发，妻子的温柔就像是一条锁链，在丈夫转身之际砰然断裂。我们无从知道当时法比安的感受，我们只能在书中看到一个颓然失望的妻子。当得知丈夫的飞机不可能返航时，法比安的妻子愤怒地质问着指挥官李维埃是否夜航一定要以个人的幸福为代价，李维埃没有回答，但是答案已经了然于心：在动荡的生活中，飞行员和他们的家人面对的是一个不完整的、联系断裂的、从未被真正驯化的现实世界。

4.4 未驯化的世界

如同埃克絮佩里本人一样,他书中的主人公在日常生活中都是沉默寡言,甚至笨拙腼腆的人,他们与周遭的一切是如此格格不入,以至于在热闹的城市中他们往往局促不安,只想摆脱所有的羁绊,去寻找更广阔的天地。在他的作品中,我们总可以找到对村庄和大自然的向往,而对于现代文明的成果,他却从来都保持着理性和冷静的眼光。他认为真正的幸福并不是物质的满足,而是来自于人与人之间的亲密的联系。在沙漠中的几年苦行僧似的生活,让他明白幸福和金钱并没有什么关系。他认为人类寻找幸福的过程就像是小王子和飞行员在沙漠中寻找水井一样,渐渐地,人们会领悟到"本质的东西是肉眼不能看到的,只有用心才看得见"。因此,他所定义的幸福并不是表面上可以看得见的,而是要用心去感受的,是以责任感为基础的情谊,甚至是所背负的重担和需要作出的牺牲。他的思想反映在自然观上,就突出地表现为超物质的层面。在他看来,人化自然并不仅仅是对于自然表面上的改造,而是对其存在意义的根本改变,而这种本质上的改变源于对人与这个世界之间的某种联系的建立。

作为现代文明的产物——城市,背离了人类建造它的初衷,而成为了真正的人类文明的对立面。在《南方邮件》中,贝尼斯将城市看成是一座监狱,是他无时无刻不想逃离的地方。在他看来,城市是"最没有变化的世界,要推倒一座墙,或是要扩展一块田地,都需要二十年的进程"[①]。在《城堡》中,老酋长告

---

① Antoine de Saint-Exupéry, *Œuvres Complètes*, Tome I, *Courrier Sud*, 1994: 51.

诉自己的儿子，建造完的城市是没有生命的，书中写道："我恨那些定居的人，那些城市也是死的。"① 与城市的死气沉沉相比，自然界却表现出一种无限的可能性和不确定性。埃克絮佩里所描述的大自然并不仅仅是物质上的存在，他在表述自然观的同时，也构建了一个层次分明、充满意义的抽象的世界。作家认为城市就像是一座没有生命力的钢铁城堡，水泥的壁垒将人与大自然隔绝，并且在人的精神上筑成了无形的桎梏，将近在咫尺的人分隔开来。表面上的熙熙攘攘并不能让人摆脱孤独，交通路线构成了地理上的联系，却不能把人的心连接起来。摩天大厦也不能让人类的骄傲维持多久，空虚和孤独只会让人萎靡堕落。可见，物质文明并不能将人从悲剧性的处境中挽救出来，人们只能寻找另外的出路。埃克絮佩里用自己的人生和作品诠释了另一种人类的文明，那是以道德高尚的人性为核心的人类文明，是与现代文明背道而驰的价值观体系。在现代社会，物质文明发展到了较高的水平，人们似乎比过去更加富有，占有了更多的财富，但是人并没有感到更加幸福和满足，相反，现代人饱受精神危机的折磨，感受不到生存的意义。因此，在埃克絮佩里的作品中，作为现代文明成果之一的城市就是未驯化的世界，是没有爱、没有幸福的地方。但是居住在城市中的人却不自知，就如同作者在《人类大地》中所描写的早班车上营营役役的公务员，在咖啡馆、商店和小饭馆中虚度时光的普通人，在作家的眼中，他们都不是真正意义上的"存在"。因此，人类要摆脱自己的悲剧命运，首先是要觉醒，觉醒于这个在小王子眼中奇怪的世界，这个只有金钱作量

---

① Antoine de Saint-Exupéry, *Œuvres Complètes*, Tome II, *Citadelle*, 1994: 442.

度的孤独的世界。这里的人贪婪自私、无知无觉,忘记了"他们要寻找的在一朵玫瑰或是一点水中就可以找到"①,而是盲目地试图抓住一些随时都可能消逝的联系,因为他们看不到本质。在现代社会中,似乎所有的一切都可以用金钱买到,甚至是友谊和爱情,人与人之间功利的关系事实上是并不真正存在的联系。城市是异化的自然,物质化的自然,工业化的自然,但唯独不是人化的自然。

在作者的生活和作品中,另外存在着一个战争的世界。埃克絮佩里亲身经历了两次世界大战,战争的阴影一直留在他的心中,也体现在他的文学创作中。《小王子》里提到一种猴面包树,事实上,有的学者认为猴面包树就是对法西斯势力的隐射。在作者撰写《小王子》期间,正值法国被德国占领,埃克絮佩里试图去美国寻求帮助,于是在1939年他到达美国,并在那里生活了一段时间。但在此期间,他并没有实现他的计划,而是变得日渐消沉。在思乡情切和身体状况不佳的情况下,他写下了这本日后风靡全球的《小王子》,阐述了半生思索的问题,也表现了一种深深的忧郁。当时,他所思念的祖国依然一片疮痍,虽然身在异乡,他没有忘记自己的职责,但也无能为力。在他回国之后,他加入了飞行大队,投入了战争,并以此为素材写下了《战争飞行员》。在这本书中,作者以写实的手法描述了一个被战争毁灭的世界,他描述了在地面上被燃烧的房屋,人们在泥泞的、危机四伏的道路上慌忙撤退,还有在天空中与敌机正面相遇的壮烈场面,这一切无不被浓烟烈焰所淹没,而陷入这场悲剧中的人类,

---

① Antoine de Saint-Exupéry, *Œuvres Complètes*, Tome II, *Le Petit Prince*, 1994: 307.

只能在其中堕落甚至毁灭。在这个世界中，"所有的一切都被连根拔起、混成一堆，然后扔在磨盘下碾碎"①。人所拥有的一切都被毁灭了，包括人性。在更为写实的纪实报道中，作者描写了一列满载着波兰旷工的火车。他笔下的乘客被迫背井离乡，离开了"所有他们抚爱过的、喜欢过的，和所有他们成功地驯化过的一切"②。在这种环境下，人成了"笨拙的野兽"③。这个被战争毁坏的世界，人类已经无法再与之建立联系。并且，曾经被人类驯化的一切都在战火中被毁灭了。战争的世界和被现代文明所遮蔽的世界在本质上是一样的，满目苍夷的残垣断壁和荒凉冷漠的钢铁城堡都不是人类应该居住的地方。

村庄，在埃克絮佩里的作品中是一个既实且虚的形象，一来它是飞行员几乎每天都可以看见的一处风景，更重要的是，作者赋予了这个景物深刻的含义，它是"人化自然"的具体表现，是作者心中理想的人类栖居之地，是"人类帝国"的外在形式，也是真正的人类文明的寄托。村庄，远离现代都市，与大自然融为一体，既有炊烟袅袅，又不乏自然风光，是作者的田园牧歌式的"乌托邦"的思想外化。这里没有奢侈的物质享受，人们靠辛勤地耕耘土地来获得生活资料，因此村庄所代表的文明与现代社会的物质文明相去甚远。再者，村庄是一个开放的人类世界，与大自然相连接，在它的上方，飞行员既能看到代表着平凡生活的灯光，又能在广阔的星空中随时飞向下一个驿站。在《人类大地》中，作者讲述了三个飞行员迫降在沙漠中的故事。在饥渴、

---

① Antoine de Saint-Exupéry, *Œuvres Complètes*, Tome I, *Reportages*, 1994: 344.
② Antoine de Saint-Exupéry, *Œuvres Complètes*, Tome I, *Reportages*, 1994: 370.
③ Antoine de Saint-Exupéry, *Œuvres Complètes*, Tome I, *Reportages*, 1994: 371.

危险和孤立无援的情况下,他们共同鼓励,建立了一个"人的村庄"①。可见,"村庄"的意义从单纯的地理概念扩展到了一个充满寓意的概念范畴,成为了我们理解埃克絮佩里"人化自然"的一个切入点。

埃克絮佩里在作品的字里行间流露出了对现代文明深深的不认同感和对人类社会无尽的希望。他在《小王子》中诠释的"大人的世界"和"孩子的世界",前者是流光溢彩的虚幻之像,后者是朴素美好的理想所在,体现了现实和理想之间的矛盾。在他的笔下,现代文明社会在抛去了浮华的遮盖之后,剩下的却是荒凉的如同沙漠般的真实处境。但是作者并没有失去希望,就像他一直相信在沙漠的深处隐藏着宝藏,而这宝藏就是新的生命。他在荒漠中构筑的"城堡",更是建造在人心中的一个"人类帝国",而这个"帝国"的"基石"就是与物质文明价值观截然相反的真正的人类文明。"城堡"的围墙就是人所承担的责任,人尽到自己的职责,才能获得有意义的新的生命,才能建立起幸福的家园。

总而言之,在埃克絮佩里看来,"人们掌握的用以表达及传递外部与内部世界的一切,都只是一些关系"②,一切存在的意义就在于彼此之间的联系当中。人在开垦土地的同时,建立起了人与大自然的联系。当他在回忆战友梅尔莫斯的时候,他使用了"驯化"这个词,他写道:"黑夜被驯化了"③,同样,海洋被驯

---

① Antoine de Saint-Exupéry, *Œuvres Complètes*, Tome I, *Terre des hommes*, 1994: 190.
② Antoine de Saint-Exupéry, Préface au livre d'Anne Morrow Lindbergh, *Le vent se lève*, *Œuvres complètes*, tome I, 1994: 435.
③ Antoine de Saint- Exupéry, *Œuvres Complètes*, Tome I, *Terre des Hommes*, 1994: 187.

化了，沙漠也被驯化了。他在描写这个典型人物的时候使用的最多的就是一系列的动词，如：建立、打开、建造、投入、尝试、开发等等。可见，"驯化"是通过行动实现的。现实中，梅尔莫斯牺牲在了执行任务的途中，但是，在作者的笔下，梅尔莫斯就如同一个"庄稼人"永远地躺在了自己耕耘过的土地上。这样的描写使死亡没有如往常一般让人恐惧，而是像一个必然的结果，呈现在了每段惊心动魄的故事之后。在这个结局中，人与大自然完全融合在了一起。

　　埃克絮佩里对于物质世界的超越是其思想的价值体现之一，对当今的人类社会有着巨大的启发和借鉴作用。对他来说，人类改造自然的成果不仅仅体现在物质的极大丰富，更应该表现在人类自身的道德精神层面的提升，这才是人类改造自然的最终目的。物质的拥有并不意味着真正的幸福，有时候甚至导致了相反的结果。因此，他所定义的财富，从来就不是金钱和物质享受。他的幸福反而是源于对职业的奉献，更多的是放弃和牺牲，而不是索取和占有。现代社会中的物欲横流让我们无比地怀念这位人类道德的"传教士"，他主张和一切虚伪的道德观、所有的错误的价值观决裂，投入一个真正的"人类帝国"，宣扬一种真正的"人类文明"。他的这种勇敢、乐观、博爱和奉献的精神使人类在精神的荒漠上将残垣断壁的精神家园重新建成繁荣生动的"城堡"。

第五章　埃克絮佩里与充满寓意的自然

人化自然是被人类认识、描述和改造的自然。圣·埃克絮佩里从来没有排斥人类对大自然的"干预"，他认为要建立人类的精神家园首先要先开垦大自然。在行动的过程中，人与人之间，人与自然之间建立起了各种联系，正是这些联系使人类从孤独和虚无的生存状态中摆脱出来，拥有了更加充实、有意义的生命。除此之外，埃克絮佩里在作品中还构建了一个更加抽象和个人化的自然世界。通过各种形象及其象征的寓意，表达了作家独特的哲学思想。

首先，作为埃克絮佩里作品中最经典的场景——沙漠，在写实的背景下，蕴含了丰富的寓意。然后，我们会发现在作者的整个文学世界中所呈现的这个自然空间是一个多层次、多意义的寓意空间。接下来，在后期的创作中，作者的风格逐渐从写实转变为抽象，尤其体现在《小王子》和《城堡》两本书中。其中《小王子》给读者展现了一个想象力丰富的充满寓意的世界；而《城堡》作为埃克絮佩里的最后一部作品，对其一生的哲学思想做出了总结，其中的众多形象以及整个超越时空的背景都充满了深刻的象征涵义。

5.1 充满寓意的背景

海明威认为小说就像是冰山，八分之一显现在水上，八分之七隐藏在水下。虽然埃克絮佩里大都是根据自己的亲身经历进行文学创作，但是，在他的作品中，真实的场景往往隐含着丰富的寓意，有些形象生动鲜明，而另一些形象却好似蒙上了一层面纱，叫人一时看不清其"真面目"。

5.1.1 沙漠

在埃克絮佩里的作品中，在一望无际的沙漠上，矗立着城堡，在满目黄沙的旷野中，生长着顽强的植物和动物，也生活着神秘的贝都因人。对于文明世界的人来说，这是"一个寓意的空间，让高雅后退，同样将平庸拒之门外"[①]。

从他第一次去摩洛哥执行任务，一直到在拉特哥尔航空公司（Latécoère）和邮政航空（la Compagnie Aéropostale）的职业生涯的巅峰时期，埃克絮佩里与沙漠结下了不解之缘。他所有关于沙漠的经历都对他的思想产生了巨大的影响。在他的作品中，沙漠作为背景时隐时现，有时候是故事发生的真实背景，有时候又成为了一片神奇的土地，超越了时空，飘渺而神秘。与其他的自然景观相比较，沙漠亦真亦幻的形象让人不禁想去探寻其中深含的寓意，它就像是打开作者精神世界的一扇大门，提供给读者洞悉奥妙的渠道。

---

① 作者译自：Alban Cerisier, *Il était une fois…Le Petit Prince*, 2006: 276，原文为：«un espace allégorique qui, autorisant l'aristocratique recul qui maintiendra à distance la médiocre.»

作者最初在沙漠驻守的日子是十分难熬的，他在信中抱怨艰苦的生活条件和单调枯燥的生活，但是，渐渐地，在这一望无际的天地之间，他学会了品尝生活的乐趣，懂得了生命的真谛，也爱上了这片土地。就像他写道的："我在撒哈拉生活了三年。和众多人一样，我也拥有魔幻般的梦境。任何一个了解撒哈拉生活的人，在那几年中，都会如迟暮的美人一般哭泣，那儿表面看上去只有孤寂和匮乏，……只不过文学的字眼，根本解释不了什么……"[①]

在埃克絮佩里的笔下，沙漠似乎是一个矛盾的统一体，一方面，它是单调的、荒芜的；另一方面，在沙漠中也同样蕴含着旺盛的生命力，如同泉水一般滋润着人的心灵。这里有炙热的阳光也有寒冷的夜晚，既荒凉寂静又充满活力。漫漫黄沙中的每一个生命都让人惊叹，每一个声音都让人遐想。在进入这片土地之前，所有关于沙漠的想象如同幻影——破灭，那些绿洲中歌舞升平的景象和泉水边茂盛的椰子树都被一望无际的黄沙掩埋。在这里，人首先体会到的是无法排遣的孤独，而正是在这种孤独和寂寥中，埃克絮佩里找到了久违的安宁，远离尘世的喧嚣，他找到了精神的栖居。

埃克絮佩里作品中的沙漠寓意丰富：首先，沙漠代表着原始的大自然。连绵的沙丘和突如其来的沙暴让一切的生命都凝固在了这无边的黄沙当中。在这片不毛之地，贝都因人与大自然融为一体，以顽强的生命力成为了沙漠的主人。即使在条件极端恶劣的环境中，人和动物仍然生存了下来，生命让沙漠显得更加美

---

① Antoine de Saint-Exupéry, *Œuvres Complètes*, Tome II, *Lettre à un Otage,* 1994: 92.

丽，象征生命的泉水也成为了最珍贵的宝藏。在这里，一切的需求都接近生命的本质，一切的浮华都如烟般消散；在这里，人类和大自然更加息息相通；在这里，作者看到的完全是一幅天地交融的苍茫景象，只有自然的声响，没有城市的喧嚣。正如他写道："大海、天空、沙漠，连成一片。一副开天辟地的荒凉景象。"①

其二，年轻的飞行员怀着对沙漠的想象进入了这片荒芜之地，之后他要承受难以排遣的孤独、物质上的缺乏、生活的单调和无处不在的危险，这一切的困难让他感到深深的失落和对家乡的思念。他对沙漠的描写中，没有绚烂的色彩，对景物的描写大都是单一的颜色：灰色、蓝色、白色，当然还有漫天盖地的黄色，在这个环境中只有大自然的声响，因而显得更加寂寥荒僻。1926年，埃克絮佩里被派往毛里塔尼亚的朱比角，这是图努兹到达喀尔航线上的一个战略中转站。当飞行员初到这个与世隔绝的角落，让他感到震惊的"是匮乏，在这里，他不得不独自面对孤寂和贫穷，还有最起码的人性"②。在这里的生活一成不变，送给养的船一个月来一次。在这个被人遗忘的地方，初来乍到的飞行员禁不住沮丧地向母亲写信抱怨道："我过着怎样一种修士般的生活呀！在非洲最荒芜的角落，在西班牙控制的撒哈拉。海岸边只有一座堡垒，我们的小屋背靠着它。除此之外，几百公里又几百公里，再也看不到任何东西……屋内几近空空荡荡。床

---

① Antoine de Saint-Exupéry, *Œuvres Complètes*, Tome I, *Lettres à sa mère*, 1994: 766.
② 作者译自：Alain Vircondelet, *Dans les pas de Saint-Exupéry*, 2010: 46, 原文为：«ce qui le frappe, c'est ce dénuement, cet espace où il est confronté à la solitude et à la pauvreté de lui-même, à sa stricte humanité.»

就是一块木板，铺着一床薄薄的草褥，还有一个脸盆和一口水缸……真是修士住的房间。"① 在执行任务的途中，沙暴常常不期而遇，能将血液吹干的西风就像利刃一般在飞行员脸上刻上了风霜的痕迹。摩尔人的枪口隐藏在暗处，水源的匮乏让人无所适从，甚至危及生命。与最初的浪漫想象背道而驰的不仅仅是恶劣的物质条件，还有飞行员的心情。不管怎样，生活还得继续，在朱比角，埃克絮佩里要试飞各种型号的飞机、运送邮件、开辟航线、救援发生意外的同事；同时，抵抗区武装一直威胁着驻守的飞行员的安全，所以，埃克絮佩里也尽力地和当地人保持良好的关系，努力融入沙漠所特有的文明。渐渐地，沙漠向真正进入它的人们呈现出了不一样的、多姿多彩的景致。在这里，埃克絮佩里发现了史前的石柱，远古时代的海洋遗迹，蓬勃生长的沙棘和灌木，灵巧的沙狐，他也开始欣赏沙漠深处当地居民的平淡隽永的生活，这是一种看似贫乏却深蕴哲理的生活方式，是远离现代文明的返璞归真。在这里他不仅找到了久违的内心的宁静，更学会了享受异域生活的乐趣：捕猎狮子，教邻居的阿拉伯小孩英语，去摩尔族首领的帐篷里喝茶。慢慢地，生活不再只有孤独苦闷和资源匮乏，而是充满了欢乐的细节，让作者逐渐地爱上了这片宁静而诗意的土地。

其三，沙漠远离城市文明，是没有被现代文明污染的"圣洁之地"。对于这位《小王子》的作者来说，地球的背景就是一片无边无际的沙漠，而现实中的人类社会只是一个偶然。生活在沙漠中，在这广漠无垠的大自然中，人褪去了尘世的浮华，与大自

---

① Antoine de Saint-Exupéry, *Œuvres Complètes*, Tome I, *Lettres à sa mère*, 1994: 764.

然融为一体。人在改变自然的同时,也被自然所同化,就像传记作家斯塔西(Stacy de la Bruyère)所说:"随着圣·埃克絮佩里对沙漠日益了解,这片土地也开始影响着他。"[1] 在拉特哥尔航空公司期间,他主要承担图鲁兹到卡萨布兰卡航线上的邮件运输,他在撒哈拉沙漠渡过了难忘的三年,"辗转于达喀尔、艾迪安港、朱比角、卡萨布兰卡,三千公里的海岸线上"[2]。一边是大海,一边是沙漠,周围是抵抗武装,物质的匮乏到了极点,甚至连基本的生存资源——水都供应不足,在这样极端的条件下,作者却感到了久违的安宁和幸福,这正是作者通过"沙漠"这个形象所揭示的哲理。在沙漠中,水是最基本的生活资源,也是最宝贵的财富。这里衡量价值的标准是和现代社会完全不同的。在埃克絮佩里和同事因为飞机失事迫降在沙漠中心时,文明社会中以金钱为标准的度量失去了意义。由于缺水,两个飞行员濒临死亡,最后因为遇到偶然路过的贝都因人而得救。这段经历让作者更加坚定了自己的信念,那就是超越物质才能看清本质,而沙漠就是让人认识到生命本质的地方。

其四,当飞行员真正进入了沙漠才认识到了这片贫瘠之地的另一面,沙漠中心的居民创造出了沙土地上的"人类帝国",表面荒凉的沙漠,因为有了人而充满了生命力。当人们深入沙漠的中心,会发现在一望无际的黄沙中也会有其他鲜亮的色彩。在《人类大地》中,作者讲述了沙漠居民的生活故事,这些故事中

---

[1] 作者译自:Stacy de la Bruyère, Saint-Exupéry, une vie à contre-courant, 1994: 23,原文为:《A mesure que Saint-Exupéry agissait sur le désert, le désert commençait à agir sur lui.》

[2] Antoine de Saint-Exupéry, *Œuvres Complètes*, Tome I, *Lettres à sa mère*, 1994: 768.

的主人公表达出的强烈的情感让人感受到了他们存在的真实。其中,有一个关于奴隶的故事让人印象深刻,这个叫巴尔克的黑奴想法设法希望得到自由,当他终于得到自由的时候仍然要用物质去换取尊严。在这样一个身份卑微的人身上,同样有着普通人正常的渴望和情感,有着同样高贵的自尊。一切真实的情感和一个个真实的故事让埃克絮佩里对沙漠留下了难以忘却的回忆。因为有了人留下的痕迹,沙漠不再是荒寥寂静的不毛之地。和被钢筋水泥封闭、人情冷漠的城市相比,沙漠广袤无垠,住在这的人充满了对生命的渴望而显得更加真实,更加反衬出现代文明社会中的人虚无和荒谬的生存状态。

其五,埃克絮佩里作品中的沙漠虽然远离现代社会,但是因为生活着人,所以也难以避开人世间的矛盾和纷争。因此,沙漠有时候也会被当作人类社会的缩影,其贫瘠的外表象征着人类社会的冷漠、空虚和浮光掠影下的荒凉。他对城市的描述让人感到失望:拥挤、潮湿、混乱、让人窒息。他甚至毫不避讳地把塞内加尔的圣·路易称为"垃圾堆"。也许他的印象不免偏颇,但是这也证明了他对物质文明的抵触。虽然地处荒域,沙漠也不能完全与人世隔绝,抵抗武装、侵略者、不同的部落,还有外国人,各种势力纠集混战,让原本宁静的土地也染上了血色,回响着枪炮声,在人们的心中也造成了恐惧的阴影。事实上,在埃克絮佩里驻守朱比角期间,法国和西班牙正在对撒哈拉进行争夺,而本地的抵抗武装也进入到了这场战争中。1935年,埃克絮佩里参加了一场法国航空公司组织的飞行竞赛,在从巴黎飞往西贡的途中,他的飞机撞上了山峰失事,他和同事普雷沃(Prévot)侥幸逃离飞机,但却迷失在了利比亚的荒漠中。在各种尝试过后,他们不得不放弃得救的希望，在这种绝望的境地中，作者眼中的沙漠又具有另一番景象："地面是覆盖着一层黑黝黝石子的沙地。石子好像一些金属鳞片，我们周围所有的岗丘就像盔甲似的闪闪发光。我们跌进了一个矿物世界，被困在一篇钢铁天地里。"[①]风景的颜色是暗沉的，在飞行员眼中，沙漠成了金属和铁的构造，这和他一贯对于城市的印象是相似的。而他们此时的心境也恰恰印证了迷失在物质文明中的现代人的精神状态。作者反复使用了"掉下来"、"封闭"等词，让人感到人类在绝境中表现出来的焦虑、忧愁和无可奈何的心情。因此，沙漠在处于不同境况下的人看来具有不同的寓意：一方面，充满各种纷扰的人类社会从意义上来说已经成了虚妄的存在，这种荒凉的感觉和人对沙漠的一贯印象是一致的；另一方面，现代人的精神世界除了金钱已经贫瘠到了不能再容纳其他存在的"不毛之地"。因此，不论从整体的生存环境还是从个人的精神世界，沙漠都成了人类社会的一个复像。

其六，沙漠就像人类，它具有自己的生命，甚至是情感。在一次旅行当中，埃克絮佩里、纪尧姆（Guillaumet）和里格尔（Riguelle）三人在沙漠中迫降，他们遇到了一位中士，独自守着一座城堡，怀着对远方家人的思念坚守自己的岗位。这漫漫黄沙的世界对他到底意味着什么，这一点在书中作者给出了一个让人意料不到的答案。中士对沙漠的情感已经融合了他对家人、爱人和职业的感受："它意味着总在向你走来的一位神明。同时它也意味着离沙漠五千公里之遥的一位温柔、可爱的金发表妹。沙

[①] Antoine de Saint-Exupéry, *Œuvres Complètes*, Tome I, *Terre des Hommes*, 1994: 247.

漠对我们呢？它意味着在我们心中所产生的一切。它意味着我们从我们自身所学到的一切……"[1] 由此可以看出，沙漠已经被赋予了人性和神性，在作者心中，人、大自然和神灵是合为一体的。类似的比喻也出现了在了《小王子》中，在沙漠中深藏的水源，既是大自然的一部分，又是生命的象征。怀着对撒哈拉的这种亲切感，埃克絮佩里在这里找到了人生的真正财富，首先就是生命本身。

其七，沙漠从某种意义上成了作家的精神家园，一旦他离开这片清净之地，回到喧嚣的人类社会，就会很快想要回来。因此，"他会无数次地在沙漠中回想起童年时的老屋和城堡中的花园，这些地方对于他来说，有一个共同点，就是心灵的安慰剂，是他疲倦灵魂的回归处。"[2] "躺在沙漠中，手枪和弹夹散落在两腿之间，我第一次感到是自己生命的主人，对我自己负责。"在这里，作者明白了很多之前困惑的问题，在沙漠中的这三年，就像是经历了一场化蛹为蝶的过程，让埃克絮佩里坚定了自己对于人生和世界的信念。在穿越沙漠的历程中，一个不一样的人诞生了。在这片荒芜的土地上，飞行员完成了自我的改造，成为了另一个埃克絮佩里，就像专门研究埃克絮佩里的评论家克赛尔（Kessel）所说："一段无法估量的距离将这两个完整又截然不

---

[1] Antoine de Saint-Exupéry, *Œuvres Complètes*, Tome I, *Terre des Hommes*, 1994: 217-218.
[2] 作者译自：*Marianne*, 2 novembre, 1932，原文为：«Etalant sur le sable, entre les jambes, mon revolver et mes cinq chargeurs, je me sentais pour la première fois, propriétaire de ma vie et responsable de moi-même.»

同的人分隔开来"①，而沙漠的生活就是"这段无法估量的时空距离"。

总之，埃克絮佩里对于沙漠充满了复杂的情感，他笔下的这片土地荒凉又充满生机，贫瘠又丰富。沙漠并不仅仅限于作家的真实经历，而是一个精神化的地理外延。它是封闭的，这里的人们创造出了一种封闭的文明，生活在当地的摩尔人有自己的风俗和信仰；但是沙漠并不属于哪一个民族，各个民族之间的界限被漫漫黄沙淹没。在这里，与世隔绝的文化却表现出了一种兼容并蓄的情怀，一样上演着人世间的悲欢离合。"这就是沙漠，一部古兰经只不过是一种游戏规则，它把沙漠变成了一个游戏的帝国。"②在城市的繁华和沙漠的贫瘠之间，埃克絮佩里选择了后者，他逃离了现代文明，忘记了"城市中的人原本是怎样的"③。在沙漠中，他找到了生命的真谛和精神的乐园。

5.1.2 绿洲

既然沙漠象征着作者的精神家园，那么其中的绿洲就是所有生命和精神信念的源泉。"我很想给你描述一座绿洲，我印象中的那座绿洲并没有消失在撒哈拉的腹地。"④绿洲建立在水源的附近，充满了生命力、希望、繁荣。在《人类大地》中，第五章被命名为《绿洲》，就像是整部作品的一个间奏，如果说沙漠是

---

① 作者译自：Joseph Kessel, «Portrait de Saint-Exupéry», *Gringoire*, 10 janvier, 1936, 原文为：«une distance infinie séparait ces deux individus complets et distincts.»

② Antoine de Saint-Exupéry, *Œuvres Complètes*, Tome I, *Terre des Hommes*, 1994: 235.

③ Antoine de Saint-Exupéry, *Œuvres Complètes*, Tome I, *Reportages*, 1994: 372.

④ Antoine de Saint-Exupéry, *Œuvres Complètes*, Tome I, *Terre des Hommes*, 1994: 209.

一首自由流动的沙丘谱写的乐曲的话，绿洲就是其中最美妙的音符。在作者的笔下，绿洲被遮上了一层神秘的面纱，面纱下隐约可见的是童年的老屋和一切有关幸福生活的回忆。在这一章中，作者用一种平淡的语调，讲述了一次在阿根廷附近的停留。在这个世界的角落，飞行员发现了一座古旧的房屋，屋里的两个女孩热情地接待了这位不速之客。作者对这两个女孩的形容十分奇特，有的评论家认为她们是埃克絮佩里的两个姐妹的影像。在所有关于绿洲的想象中，除却浮光掠影，既是真实的背景，又充满了神秘的意象，就如作者在这一章的开头写道："我来谈谈在世界某地的一次短暂着陆。那是发生在阿根廷的贡格尔迪亚附近，不过也可以出现在随便什么地方，因为奥妙是到处都存在的。"① 可见，在作者心中，绿洲早已不仅仅是一个具体的地理概念，它和沙漠一样成为了一个具有抽象意义的形象。在这里，时空是定格的，是可以脱离人类发展的历史长河分隔开来的。在这段经历的开始，是一个月光旖旎的晚上，一幢不知年代的房子藏在树阴中。没有如画的风景，也没有具体的时间，"故事的真实的时间都诗意地浓缩为一瞬"②。接下来，气氛也变得诡秘莫测，这栋破败不堪的房子对作者来说似曾相识，但又充满了看似矛盾的印象："这地方的一切都呈现出一副令人惊奇的破旧的样子。犹如一株老树，因年深日久而龟裂，树身还布满青苔；又像一条木凳，坐在上面谈情说爱的情人已有十多代了。护壁的木板已经陈旧破损，门窗也被蛀损，椅子缺脚跛腿，不过虽说人们都没有修

---

① Antoine de Saint-Exupéry, *Œuvres Complètes*, Tome I, *Terre des Hommes*, 1994: 209.
② 作者译自：Jean-Yves Tadie, *Le récit poétique*, 1994: 7, 原文为：«le véritable temps du récit poétique se réduit à l'instant.»

理过，但却总是殷勤地打扫。所以一切都显得很清洁，油光锃亮。"这种奇怪的印象，使这栋房子完全超越了时间的概念，虽然是年代久远的旧房子，但是又可以见到有人居住的痕迹。在这里，过去和现在已经融为一体。随后，人物登场了，两位仙女出其意料地出现又毫无预兆地消失。这两个神秘又态度亲切的女孩，跨越人类和动物的界限，和这幢房子里的动物们和谐地生活在一起。在她们身上，作家甚至抹拭了人与神灵的区别。在这个人、神、动物共存的世界，所有一切人世的烦扰都是微不足道的，这也是作者心中对于理想栖居的想象，既有几分真实，又有几分神秘，既有几分像家，又看似遥不可及、与世隔绝。当然，对于这个乐园中的人，埃克絮佩里一如既往地坚持着自己的定位。正如他对于这幢房子里的各个角色的描述："所有的动物混居在一起，相处得很融洽，组成了一个新的人间乐园。她们管辖着所有这些与世俱来的动物，用她们的小手抚弄着它们，给它们吃喝，给它们讲故事，从蛇獴到蜜蜂，它们都听得津津有味。"[1] 可见，在这个远离人类社会的角落，仍然是人在"管辖"这片领地，而动物们都"倾听"着主人的话，因此，"绿洲"中的人和其他地方一样，都是处于中心的位置。

在这一章的开头，作家就将"绿洲"置于时空之外，引领着读者渐渐接近这个梦想之地，他写道："衡量远近的不是距离，我们家花园里的围墙可以比中国的长城封藏更多的秘密。要了解一个沉默不语的小女孩的内心秘密就远比了解广袤无边的撒哈拉沙漠中的绿洲的奥秘要难得多"[2] 但是梦里寻它千百度却只是

---

[1] Antoine de Saint-Exupéry, *Œuvres Complètes*, Tome I, *Terre des Hommes*, 1994: 212.
[2] Antoine de Saint-Exupéry, *Œuvres Complètes*, Tome I, *Terre des Hommes*, 1994: 209.

一场空,进行了短暂的休息之后,飞行员走出了"绿洲",不得不回到现实,他感叹道:"而今,我进入梦乡,这一切都很遥远了。"①所有的一切想象都成了过往烟云。在现代人的精神沙漠中,绿洲依然是不复存在。

5.2 寓意的空间

"埃克絮佩里的故事也是我们周围的空间改变的路线,是文本在想象的大树上萌芽或产生的形象,而他的故事从来都不是静止和即定的。"②埃克絮佩里作品中的空间绝不仅仅是充当"背景",它与人物紧密相连、寓意深刻,体现了文学、哲学、艺术的巧妙结合。

5.2.1 作品中的空间和寓意

以《夜航》为例,这是一本有关"黑夜"的书,这里的"黑夜"既是时间也是空间。黑夜是飞行员与大自然搏斗的战场,一夜之间,飞行员的命运就可能彻底改变。在整个故事当中,时间和空间的变化都是根据夜航来安排的,这本书的第一类空间是三条航线,也是故事发生的主要背景,由平原、大海、夜空等自然元素构成;第二类空间是李维埃的办公室,这是整个夜航的控制中心,指挥官李维埃是夜航机组的灵魂人物,他在办公室负责安排飞行任务和管理所有的机组成员;第三类空间在故事中处于插

---

① Antoine de Saint-Exupéry, *Œuvres Complètes*, Tome I, *Terre des Hommes*, 1994: 213.
② 作者译自:Sully Bernadie, *L'Imagination de l'espace dans l'œuvre de Saint-Exupéry*, Thèse pour le Doctorat d'État, Université Paris VII, 1971: 11.

曲的一个位置——飞行员法比安的家，相对于家庭一贯意味的稳定和温暖，《夜航》中的家反而像是临时的驿站，是飞行员一旦接到命令就可以随时离开的地方。整个"夜航"的故事就是讲述在这三类空间里主人公的命运。作者通过空间的跳跃和并置控制着叙事的节奏：一开始，法比安在平原上空飞行，他感到疲劳，渴望回到地面过普通的生活。在平静的气氛中，他思考着自己的职责和前途；接下来，危险不知不觉地临近，暴风雨即将开始，气氛变得紧张。这时，空间切换到了李维埃的办公室，他在思考和等待中冷静地观察事态的发展。随后，作者描写了另一个空间里的人物命运，在飞行员的家里，他的妻子正在焦急地等待着丈夫；接下来，故事发展到了高潮，飞行员在夜空中正面迎战暴风雨，他努力寻找光明，驾驶飞机穿过闪电雷鸣的夜空。地面上，李维埃和全体机组成员想尽一切办法和飞行员联系，然而此时所有人都无能为力。李维埃甚至遭到飞行员妻子的质问，但他仍然坚定了要将夜航继续下去的决心。在这个部分，三类空间随着情节的愈演愈烈快速变换，造成了扣人心弦的效果；最后，夜空中奋战的飞行员穿过云层寻找光明的出口，却被雷电击中，这时的气氛反而变得平静，人物的内心甚至感受到了和平和安详，激战之后的飞行员在云层之上看到了一个新的世界。地面上，所有人都已经意识到了飞行员的命运，但是新的夜航即将开始。在李维埃的注视之下，飞行员准备出发。故事在三类空间之外的空白处结束，预示着飞行员未知的旅途和新的希望。

在《南方邮件》中，作家根据自己的亲身经历讲述了发生在属于两个不同空间的人物——贝尼斯和热娜芙之间的爱情故事。作为邮政飞行员，贝尼斯的生活受飞机的起飞和降落控制。一方面，从职业的角度来看，飞行使他实现了一个男人寻找更广阔空间的理想。另一方面，他和地面上简陋的宿舍之间有一种临时的关系，只不过这种关系一直处于动荡和变化之中。所以相对来说，地面的空间对他而言更加陌生，倒是几千米的高空使他觉得熟悉和自在。而热娜芙则正好相反，她了解并已经习惯地面上的各种享受，渐渐地依赖上了奢侈、舒适、讲究的生活环境。她不能接受飞行员简陋窄小的临时房间，对飞行员的职业了解甚少，在心理上和情感上也对贝尼斯所属的空间表现漠然。出于对温暖家庭的需要，贝尼斯试图回到地面，回到城市，找回代表着家庭生活的热娜芙；而被自己早已熟悉的生活所桎梏的热娜芙也想尝试一种新的生活，寻找一个新的空间。他们都想摆脱自己熟悉的生活，熟悉的不满足，熟悉的空缺，熟悉的痛苦，但是最后他们都选择放弃"逃离之旅"，因为他们都认识到飞行员的职业和家庭生活之间的矛盾是不可调和的。对于两个人来说，这次旅行都是"逃离"各自生活空间的一次尝试，但是，贝尼斯最终回到了属于他的"天空"，热娜芙回到了自己的"家"。故事开始于沙漠中群星闪烁的天空；中间的旅行经过一系列相对封闭狭小的空间，例如：家、房间、旅馆；最后，故事结束于贝尼斯执行任务的途中，仍然是一片开阔的沙漠。这种空间的前后对应，也许是现实，但更可能是作者有意的安排，故事的背景又回到了开始，但是主人公的命运却发生了不可逆转的变化：贝尼斯继续飞行，寻找人生旅途上的珍宝；热娜芙却再也找不回往日的生活，直至绝望。文本中，所有情节的发展都和空间的转换紧密相关，"家"、"房间"、"天空"等多组空间在跳跃的记忆中通过并置和重组，构成了一个亦虚亦实的世界，既有真实生活和地理概念上的现实空间，又是充满矛盾和各种欲望的心理和情感空间。

　　作者的另一部写实性作品《战争飞行员》的背景是一个完全真实的空间，飞行员在几千米高空的飞机上看到了地面上的悲剧，但因为距离遥远而显得格外冷漠和残酷。书中主要有两组空间的对比：真实的空间和远离真实的空间，后者因为它的断裂和荒谬的印象更加震撼人心。其实这就是对一个空间的两种印象。在高空的飞机和地面也是一组对比：飞机是一个封闭狭小的空间，飞行员在里面无力地看着地面上的人间悲剧，心中燃起拯救人类的希望之火；大地上的一切都在战火中毁灭，背井离乡的人群徒劳地躲避着灾难，人类花了几百年甚至上千年建造的城市会因为一个借口而在顷刻间被毁于一旦。在一个战争的环境中，人类的存在似乎失去了意义。飞行员尝试用客观的眼光从远处观察这场毁灭自然、毁灭人类的灾难。拥塞的道路、火灾、烧毁的村庄，这些悲剧在几千米之外让人感觉到荒诞和陌生。混乱的场面被比作"凝结在琥珀上的淡灰色的奶斑"①；人成了"显微镜玻片上的纤毛虫"②；撤退的人群看起来像"流动着的糖浆"③。所有的这些印象与地面上的感受是完全不同的，但这只是同一场悲剧的另一种表现方式，而且丝毫不逊于人们惯常对于悲剧的感受。

　　在《人类大地》中，埃克絮佩里在创作上开始了从形式到内容的创新，他所描写的空间再也不是完全真实的写照，而是亦真亦幻，充满了寓意。通过这部作品，我们可以发现埃克絮佩里更

---

① Antoine de Saint-Exupéry, *Œuvres Complètes*, Tome II, *Pilote de Guerre*, 1994: 153.
② Antoine de Saint-Exupéry, *Œuvres Complètes*, Tome II, *Pilote de Guerre*, 1994: 157.
③ Antoine de Saint-Exupéry, *Œuvres Complètes*, Tome II, *Pilote de Guerre*, 1994: 162.

广阔的空间视角。作者在证明人类力量的同时,也歌颂了自然的伟大。在几千米的高空,飞行员超越了现实的边界,进入了一个无限的、神秘的、让人浮想联翩的宇宙空间,甚至超越了时间。比如:平原上的岩石层让人想到了远古的时代,这让他觉得自己好像也参与创造这个地球。空间在埃克絮佩里的作品中不仅有多重的维度,还有深刻的思想内涵,比如在《人类大地》中,作者提到了开往机场的老式班车,它不仅仅是一种交通工具,更是让飞行员脱胎换骨的一个过渡性空间。飞行员乘着这种破旧的班车去机场,也是对即将到来的危险和挑战的一种准备。飞行员从此离开家庭,开始了职业的行程。几个小时之后,这些平凡的人将在天空中面对风雨雷电,俯瞰高山大海,他们会成为向大自然挑战的英雄。通过老式班车,飞行员实现了空间的转换,同时挣脱了日常生活的束缚投身到了广阔的职业领域中。班车连接了人与天空、大地和宇宙、平庸与超越、现实与理想,被作者比喻为"蝶蛹",人便从其中"破茧而出"。这本书的背景是沙漠,在作者的心中,沙漠在贫瘠的表面之下蕴藏着无穷的生命力和珍贵的"宝藏"。在这里,一方面,极端的自然条件加剧了人与自然的对抗;另一方面,人与自然从身体和精神上都无限靠近。对于沙漠,作家寄托了很深的个人情感,不仅仅是因为他在沙漠中的经历,更是因为,在这片土地上,他找到了内心的平静和心灵的安慰,让他可以在城市的喧嚣之外认识到生命的本质。对于这片神奇的土地,作家有太多复杂的印象和矛盾的感受。"人可以抓起一把干净的沙粒,让它们在手指间流动,由此感到一种单纯得近乎幼稚的快乐,而这种快乐却比你第一次看到沙漠时的感觉要复杂得多。"[1]

在埃克絮佩里创作的后期，想象力成了空间构建的原动力。他通过创造一系列虚拟的空间和其中充满象征意味的形象，生动地阐明了自己的哲学思想。在《小王子》中，空间的转换轨迹就是小王子旅行的路线：小王子从居住的B612星球开始，经过宇宙中的六个行星来到地球，最后又回到自己的星球。所有的空间中只有地球是真实的存在，其他都是作者通过想象构建的虚拟空间，但是它们都充满了寓意。即使是在地球，作者也将故事的背景安排在了沙漠。这些独具匠心的设计与埃克絮佩里所要表达的思想是相辅相成的。首先，小王子离开家表达了他渴望改变生活的愿望；随后，小王子经过的六个行星影射了现代文明背景下的人类社会；接下来，故事的空间停留在了地球上的一片沙漠，与现代文明距离遥远的沙漠被看作是作家的精神家园，而小王子和飞行员在沙漠中一起寻找"井"的经历，象征着人类寻找生命意义的历程；最后，小王子选择通过死亡的方式回到自己的星球。这是"责任感"驱使的回归，是"爱"的回归，更是人性升华后的回归。虽然空间又回到了原点，但是空间转换深化了"回归"的含义。因此，在地理空间改变的同时，人物的心理空间也有本质的变化，形成了"外在空间"和"内心空间"之间的互动联系。正如作者所说："心灵没有空间的人是很容易填满的"[2]，内在的空间就是一个人的精神世界，也是"人化自然"中的核心部分。小王子最终回到自己的小星球也是因为他发现地理上的距

---

[1] 作者译自：Micheline Tison-Braun, *Poétique du paysage: Essai sur le genre descriptif*, 1980: 147.

[2] Antoine de Saint-Exupéry, *Œuvres Complètes*, Tome II, *Citadelle*, 1994: 430.

离并不是两类空间的界限，而是人内心对生命的认识。埃克絮佩里的思想事实上一直都是一种超越性的哲学，超越人类社会，超越物质，直指人的内心，触及人生存的本真。在《小王子》中，作者通过空间的转换来展示荒诞的现实和美好的理想之间的矛盾。作者在书中反复提到的"成人的世界"和"孩子的世界"并没有明显的地域界限，而是完全由不同的文化观和价值观所定义的抽象的概念空间。前者象征功利的、以金钱为量度的物质文明社会；后者象征着单纯的、充满人类美好情感的理想社会。

作者死后出版的《城堡》是一部对其哲学思想进行总结的著作。作品的背景是沙漠和柏柏尔族的城堡。沙漠、绿洲、城堡在书中重重叠叠，亦真亦幻的空间象征着人类的精神世界。作品中的沙漠首先是真实的存在。在一个个故事中，先后出现了盐场、荆棘、狂风、砂砾这些符合沙漠环境的元素。但是作品中有繁华的城市、富饶的绿洲，还有树、高山、泉水这些似乎并不属于沙漠的形象，更重要的是各种人物：士兵、囚徒、女人、老人、孩子、水手，让沙漠一贯的荒凉寂寥的面貌发生了根本的改变。因此，作品中的沙漠、城堡、绿洲，与其说是实景，不如说是作者精神理念的一种外化，每一个空间在这里都是有寓意的。这个虚拟的空间看似广袤，实则封闭，因为没有人知道沙漠之外是怎样。这个广阔的空间内部也是没有界限的，诸多的元素汇合在一起所构建的这个空间早已经超出了物质层面的现实世界。事实上，《城堡》中的空间就是作家心中"人化自然"的一个侧面，就像作者所说："我发现了一个伟大的真理，即人定居下来，事物的意义对他们而言就随着家庭的意义有所变化。"[①]从本质上来说，"人化自然"就是人改造过的自然，而埃克絮佩里的改造更多的是存在意义上的改变。通过创造性的劳动，人们在无限的空间当中建立起了自己的家园，由此也使空间的意义有所改变。他们有责任来保护这个空间，所以在城堡周围筑起城墙。他们有责任来保护人类的精神家园，所以他们要"在人的内心建立起城堡"[②]。

5.2.2　三类空间

埃克絮佩里的作品中有三类空间：封闭的空间、开放的空间和过渡的空间。在他的小说中，如：《夜航》和《南方邮件》，作者一再强调前两种空间的对立，作家本人也承认："我不能不把这两个宇宙对立起来：飞机的宇宙和地面的宇宙。"[③]对埃克絮佩里而言，飞行是生命无可争议的主题，但是飞行员也像普通人一样向往家庭。这种矛盾在他的作品中也体现在两种空间的交替：开放的空间意味着职业生活和冒险经历；封闭的空间象征着日常生活和稳定的家庭。事实上，飞行员们的生活就是游弋在这两种空间，充满着矛盾。

埃克絮佩里作品中空间的多次转换表现了主人公本身隐藏的矛盾性，也体现了真实的人性。一方面，飞行员作为一个现实中的人，也会留恋物质享受，向往家庭幸福。飞行途中的孤独和危险使他渴望家庭的舒适和情感的慰藉。不管在书中还是在作者本

---

① Antoine de Saint-Exupéry, *Œuvres Complètes*, Tome II, *Citadelle*, 1994: 375.
② Antoine de Saint-Exupéry, *Œuvres Complètes*, Tome II, *Citadelle*, 1994: 374.
③ Antoine de Saint-Exupéry, *Œuvres Complètes*, Tome II, *Pilote de Guerre,* 1994: 204.

人的现实生活中,埃克絮佩里都表达了兼顾职业和家庭生活的愿望:"建立人与大地之间,工作与家庭之间的密切联系。"① 《夜航》中的法比安,在准备降落的时候感到疲倦,"地面的生活显得如此地吸引他,……他很想在这个地方做一个普通人,通过窗户来张望不再活动的景物。"② 对埃克絮佩里本人来说,圣莫里斯的庄园,那里的树林、老房子、花园、阁楼,"这些让人安心的画面有一种强大的精神引力,让飞行员在途中时常回想。尤其在战争中,埃克絮佩里有时候会想起这些场面来对抗绝望"③。另一方面,作者总是不能满足于安定的生活,有一种类似"居安思危"的心理。他急于摆脱日常的琐碎投身于广阔的天空,一次又一次向大自然提出挑战。对作家来说,在奔向广阔的宇宙空间的同时就必须摆脱了地面上的一切世俗羁绊,开始一段"在新的空间进行的旅程"④。在他和封闭的空间当中存在的脆弱的、不稳定的联系就这样中断了。桌布、房间、书架、灯光等等,这些平常生活的不被注意的元素都成为了封闭空间的组成部分,象征着家庭的温暖,同时意味着平凡生活的常规惯例。当出发的命令一下达,地面上的一切都被主动或是被动地放弃了,因为这些远不能与为了造福他人向大自然挑战所产生的作为人的骄傲相比。

根据列斐伏尔对文学空间的社会性的阐述,"空间是一种社会产物"⑤。因此,空间可以产生社会,也可以反应一定社会的价值观。在埃克絮佩里的作品中构建的空间对立代表着不同的人

---

① Réal Ouellet, *Les Relations humaines dans l'œuvre de Saint-Exupéry*, 1971: 57.
② Antoine de Saint-Exupéry, *Œuvres Complètes,* Tome I, *Vol de Nuit*, 1994: 114.
③ Geneviève Le Hir, *Saint-Exupéry ou la force des images*, 2002: 28.
④ Rodolphe Christin, *L'Imaginaire voyageur ou l'expérience exotique*, 2000: 139.
⑤ Henri Lefebvre, translated by Danold Nicholson-Smith, 1992: 26.

生观、价值观，甚至是两种不同的文明。飞行员的人生观和价值观是超越物质利益的追求，是牺牲自我服务他人的精神。封闭的空间产生了一种相对闭塞的文明，"在这种文明里，走路有走路的讲究，事物有事物的意义，这种讲究和意义在其他任何文明里都是不存在的。"①人的生活营营役役就如同白蚁，成规陋习组成了他们的文明，作者用了"窒息的"、"谦卑的"②来形容这种处境。这是真正的人类文明的煞费苦心的遗忘，是对危险的不自知，是对责任的回避和对生存的怯弱。因此，为了寻求另一种生存方式，人们才会去探寻另一个空间和其代表的另一种文明。在米塞尔·艾利阿德（Mircéa Eliade）看来，开放的空间就是职业的空间、神圣的空间，因为"这种神圣空间的经验让世界的建立成为可能"③，从这一点来说，他与埃克絮佩里是不谋而合的，米塞尔要建立的"世界"就是埃克絮佩里所追求的"人类帝国"。

毫无疑问，在这两种对立的空间当中，作者选择的是开放的空间。在这里飞行员承担的是对人类的责任；同时他也怀着遗憾放弃了封闭的空间，放弃了本可以享受的家庭幸福。在埃克絮佩里的作品中，"任务"、"职责"、"职业"、"整体利益"等词都会和"伟大"、"广阔"、"无限"、"开放"这类词相关联，因为它们就是一个开放的、职业的空间的内涵。在这个空间之中，隐含的是以行动改变人类处境的信念，为他人承担责任、牺牲自我的人生观，一种超越于物质之上、个人之外的真正的文明；相对立

---

① Antoine de Saint-Exupéry, *Œuvres Complètes*, Tome I, *Terre des Hommes*, 1994: 236.
② Antoine de Saint-Exupéry, *Œuvres Complètes*, Tome I, *Terre des Hommes*, 1994: 180.
③ 作者译自：Mircéa Eliade, *Le Sacré et le Profane*, 1965: 60.

的另一些词比如："爱情"、"幸福"等概念就和"小"、"封闭"、"局限"等词联系在一起，因为这些词反映的是像白蚁一样庸碌无为的生活状态。人在这个空间里体验的幸福、爱情、友谊都是有局限的，人所看到的只是事物的表面，所以无法真正了解这个世界。在这个封闭的空间，人局限在自己的生活圈子之内，不会去关注他人，孤独和精神世界的贫乏让人最终陷入茫然和焦虑。这种肤浅的、功利的文明就是当今社会的弊病的源头。

在埃克絮佩里的作品中，开放的空间和封闭的空间并不是绝对不相容的，它们通过某些过渡的空间联系起来，并且实现了空间的转换。

首先，飞机作为飞行员的工具，同时也是联系地面和宇宙的过渡型空间。在封闭而狭小的机舱里，飞行员操纵着各种仪器，驾驶着飞机在无边无际的宇宙中航行。在狭窄的驾驶舱中，大部分的时候，人是看不到地面的风景的。在平静的旅途，飞行员忍受着孤独；在危险发生的时候，他又必须与强大的自然力较量。所以在这个过渡的空间里，飞行员体验到了空间的重叠，这是一般人难有的经历。通过飞行，原先广袤无垠的大地成了有边界的的空间，飞行员投身到了更广阔的无边无垠的宇宙，所以说飞机见证了人类生存空间的扩大和人类本身的发展，而且是实现空间转换的重要工具。

其次，在埃克絮佩里的作品中反复出现了一个特殊的交通工具：开往机场的老式班车。飞行员乘着这种破旧的班车去机场，几个小时之后，他就要驾驶飞机面对大自然的风雨雷电。老式班车本身是一个封闭的、单调的，甚至让人窒息的狭窄的空间，就像"一个灰色的蝉蛹，人却在其中脱胎换骨，成为了'大写人'"①。因此，通过老式班车，飞行员实现了空间的转换，同时挣脱了日常生活的束缚投身到了职业的广阔空间中，更重要的是实现了自我的改造。作为过渡空间，班车连接着相对立的空间。班车开向机场，人将对自己的"蜕变"做好准备，从日常生活的封闭空间驶向代表职业的开放的空间；班车开回飞行员宿舍，在天空之搏击长空的英雄回归平淡琐碎的现实生活，因此，班车体现了飞行员作为一个普通人和一个职业人的矛盾，揭示了人类自身人性与神性的统一。

另外，还有一个过渡的空间：火车。在作品中，行动通常发生在一个开放的、广阔的空间，而思考则是在一个相对封闭的地方，火车就是主人公进行思考的地方。埃克絮佩里在《莫斯科》的报告中讲述了这样一段回忆：一辆夜车上载满了逃亡的波兰矿工，其中，一个有着天使般面容的小孩熟睡在父母的身边。在作者看来，孩子是"生命的美好许诺，和童话中的小王子没有什区别"②；而成人"竟然变成了两堆泥"③在这节挤满了几百个矿工的火车上，作者一直在思考人到底是什么。"我们忘了人到底是什么，他成了一个功能性的符号。"④事实上，埃克絮佩里所写的所有故事都是人的故事，是人与自然抗争的故事。而此时，他却对人的堕落无可奈何。在他的作品中，经常会在叙述中穿插着思考。这样，在故事中会让人感到时间的停顿，在这个间隙的空间往往是一个封闭的空间，就像在这列火车上，作者看到人类的

---

① Antoine de Saint-Exupéry, *Œuvres Complètes*, Tome I, *Terre des Hommes*, 1994: 178.
② Antoine de Saint-Exupéry, *Œuvres Complètes*, Tome I, *Reportages*, 1994: 371.
③ Antoine de Saint-Exupéry, *Œuvres Complètes*, Tome I, *Reportages*, 1994: 371.
④ Antoine de Saint-Exupéry, *Œuvres Complètes*, Tome I, *Reportages*, 1994: 372.

悲剧命运，深深地感到作为一个人的责任。正因为这种意识，作者才会从一个封闭的空间投身到另一个开放的空间。

总而言之，对于埃克絮佩里，家庭和职业是永远不可调和的矛盾，这种矛盾也相对应地体现在空间的对立上。在飞行员动荡不安的生活中，个人幸福和对他人的责任则是隐藏在这两种空间背后的目的或者说动机。飞行员在两种空间之间的转换，更多地还是体现了他生活和心理上的矛盾状态，也表达了作家在清楚地认识了现实之后的无奈和遗憾。

5.3 《小王子》中的寓意世界

1940年，埃克絮佩里来到纽约，渴望利用美国人的帮助来拯救大战中被法西斯占领的祖国。在他流亡美国期间，作家渡过了一段艰难的时期。为了忘却离乡背井又一无所获的苦恼，埃克絮佩里沉迷于酒精，甚至放浪形骸，同时也陷入了一种深深的绝望当中，变得愈来愈沉默寡言。他想创作一部巨著、一部史诗性的作品，但是出版社只是催促着他写一些读者喜欢看的飞行经历，因此，他难以再提起兴趣写作。他承受着焦虑、紧张、厌倦等各种负面情绪。他和龚旭罗日益紧张的关系更加剧了这些不良的心理感受。在这种局面下，渴望解脱困扰的作家开始创作《小王子》，出人意料的是，他创作的是一部童话，一方面是为了逃避现实，另一方面，作家试图在想象中追求一个理想的世界。

在《小王子》的题词中，作者揭示了他的创作意图。首先，这是写给他最好的朋友的书，一本关于友谊的书；其次，他最好的朋友是一个能够洞悉一切的人，这个人充当了成人世界和孩子世界之间的"桥梁";接下来,作者提到法国,也就是这位朋友所居住的国家,正遭受着一切苦难;最后,作者选择从孩子的视角来阐述他关于理性、友谊、爱、死亡、战争、自由、责任等等一切问题的观点。事实上,《小王子》是一本写给成年人的寓言,只是借用了一个"孩子的故事"①。

在书的开头,作者回忆了童年学画的经历。那幅大人们看不明白的画揭示了孩子的世界和大人的世界之间的矛盾,这也是全书的思想基线。整个故事的情节可分为三个部分:出走、旅行和归来。这种安排看似是一般童话的寻常套路,但是《小王子》并不仅仅是一部童话,更是一本写给成年人的寓言。其中充满寓意的各种形象不仅反映了真实的人类社会,也引起了读者对人生的思索。

5.3.1 各种形象的寓意

在《小王子》中,作者塑造了许多有象征意义的形象和一个仙境般美妙的童话世界。我们可以将这些形象分为三个系列:第一是人物、动物和植物,第二是地点,第三是故事场景。

主人公小王子是一个让人无比怜爱的角色,他从一个宇宙中不知名的小星球来到地球,单纯善良、不谙世事,但又坚定勇敢,对外面的世界充满了好奇心。他在读者心中就是真善美的化身,没有占有欲、没有仇恨、没有偏见,只有对玫瑰的恋恋深情和对家园的赤子之心。小王子就是作者理想的人性的化身,但是

---

① 作者译自:Alban Cerisier, *Il était une fois …Le Petit Prince*, 2006: 16,原文为:«*Le Petit Prince* est une parabole pour les adultes sous couvert d'une banale histoire pour enfants.»

他的价值观和世界观和现代社会中的"大人们"背道而驰，这和作者在现实中的处境十分相似。因此，从某种意义上来说，他也是作者理想中的"我"的化身。关于小王子和玫瑰的故事也恰恰契合了埃克絮佩里和龚旭罗的爱情经历。在作家执行最后一次任务的前夕，他给妻子写下了最后的一封信，似乎已然预料到他们之间悲剧结局："你将不再是带刺的玫瑰，而是永远等待着王子的公主。"[1]作家是多么希望再次和心爱的妻子重逢，忘却以往两人之间的争执，但是一切都在1944年7月的那一天定格了，"玫瑰"永远地等候着她的"小王子"，并写下了《玫瑰的回忆》。鉴于所有的这些"巧合"，我们没有理由反对作者就是小王子的原型，正如埃克絮佩里的传记作家皮埃尔·舍傅里耶（Pierre Chevrier）所说："圣·埃克絮佩里留给我们的最真实的写照就是他称之为小王子的形象。"[2]

在现实生活中，埃克絮佩里是一名杰出的邮政飞行员。他一生中经历了各种冒险和奇遇，并且在沙漠中驻守了三年。因此，我们也有理由相信《小王子》中的飞行员也是以作家本人为原型的。在埃克絮佩里的记忆当中，每每让他魂牵梦绕的是童年的生活和圣·莫里斯的城堡。他被第一任未婚妻称为"神秘的孩

---

[1] 作者译自：Consuelo de Saint-Exupéry, *Mémoires de la rose*, 2000: 272，原文为：«Tu ne seras plus jamais une rose avec des épines, tu seras la princesses de rêve qui attend toujours son petit prince.»

[2] 作者译自：Pierre Chevrier, *Saint-Exupéry,* 1958: 73，原文为：«le plus fidèle portrait que Saint-Exupéry nous ait laissé de lui-même est le portrait de cet enfant qu'il nomme le petit prince.»

子"①,在他高大冷峻的表象下隐藏着一颗和小王子一样敏感和温柔的心。而他在现实中的形象恰恰契合了书中那个虽属于成人的世界,心中却觉得孩子的世界无限美好的飞行员。这样,一个人的两种形象被分别塑造成了两个人物。发生在小王子和飞行员之间的对话被认为是作者内心矛盾的体现,一个是理想中永远不会长大的"我",一个是现实世界中迷惑困顿的"我"。

对于小王子来说,他生命的意义存在于对玫瑰的责任当中,因此,在这本书中,玫瑰是一个关键的形象。她脆弱、敏感又任性。正因为玫瑰的这种性格,小王子在情感上无所适从,想到外面的世界去寻求解脱。在故事的结尾,小王子即使以死亡为代价也要回到玫瑰的身边,这样的选择让人不胜唏嘘,也让人不得不联想到现实中埃克絮佩里和龚旭罗的爱情经历。他们在一起总是争执不断,无法忍受对方,但是一旦分开,又刻骨铭心、海誓山盟。正如玫瑰被风偶然带到了小王子的星球上,龚旭罗在埃克絮佩里失意时进入到了他的生活中,从此再也没有离开。龚旭罗机敏外向、个性独立,泼辣的性格中也带有几分玫瑰的任性,她可以在几个小时之内就收拾完所有家当搬到另一个地方重新安家,她甚至比她的飞行员丈夫更加像四处流浪的吉普赛人。但是,她的聪颖、活泼、幽默和不时表露的脆弱无助深深地吸引了铁汉柔情的埃克絮佩里。这对夫妻就像是现实中的小王子和玫瑰,无法相处又彼此难以分离。他们的情感纠葛并没有因为1944年埃克絮佩里的失踪而停止,龚旭罗之后写成了《玫瑰的回忆》,对这段感情进行了细致的描写和回顾。很多评论家都肯定地认为龚旭

---

① 作者译自:Louise Vilmorin, «Antoine de Saint-Exupéry», *Carrefour*, 26, août, 1944: 4,原文为:«un enfant de mystère»

罗无疑就是埃克絮佩里笔下的"玫瑰",就像让·菲利普·哈弗(Jean-Philippe Ravoux)写道:玫瑰"当然就是这个聪明、活泼、有趣、让人怜爱,同时又脆弱,有时候甚至是难以忍受的女人的写照,这个女人让圣·埃克絮佩里既吃惊又着迷,让他无比热爱"[①]。让人难以捉摸的玫瑰让一往情深的小王子感到无所适从,于是他决定离开自己的星球。事实上,当埃克絮佩里感到不可能和龚旭罗像他所希望的平静厮守时,他同样选择了离开。当然,他的离开并非主要是为了回避,他有自己的事业要忙碌,而不能一味沉溺于儿女私情。作者笔下的小王子纯真而忧伤,玫瑰就是他的整个世界。但是埃克絮佩里有更大的天空,龚旭罗只能和所有的飞行员妻子一样,整天提心吊胆地等待着自己的丈夫归来。当小王子明白了责任的真正含义想找回玫瑰的时候,作者并没有给出明确的故事的结局,或许这种醒悟对于玫瑰来说已经太晚了。就如在埃克絮佩里失踪前,他在给龚旭罗的信中写下了自己的恋恋不舍和渴望重逢的心情,但是龚旭罗再也没有等到丈夫的归来。埃克絮佩里的传奇很大程度来自于他的亲身经历,而他的命运居然在他生前写下的《小王子》中就有了明确的预示,让人百思而不解。他就像《城堡》中的酋长一样,早已经成为了通晓未来的智者。作为英雄的妻子,龚旭罗在公众的注视下拥有让人艳羡的美好爱情,而在现实生活中她也付出了巨大的代价。在《小王子》的写作过程中,两人的关系得到了改善,在传记作家

[①] 作者译自:Jean-Philippe Ravoux, *Donner un sens à l'existence,* 2008: 54,原文为:«c'est bien le portrait de cette femme intelligente, vive, amusante, attendrissante et fragile, parfois insupportable, qui surprenait et fascinait Saint-Exupéry et qu'il adorait.»

勒内·保罗·纪约（Renée-Paule Guillot）的笔下，这对夫妻似乎重新找到了属于他们的甜蜜回忆："龚旭罗，常常俯身靠在丈夫的肩膀上，凝视着小王子的草图，她是否意识到了这是他对自己的一种致敬呢？几个月后，在她给埃德蒙·博迪（研究埃克絮佩里的一位专家）看的一封信中写着这样的话：玫瑰，就是你。龚旭罗，我生命中的芬芳，我的妻子。"[1] 彼此深爱的两人虽然不得不经常忍受分离，但是他们之间的爱情却没有消减。正如小王子对玫瑰所背负的责任，埃克絮佩里也常常为远方的妻子担心。在战争期间，他曾经写信给母亲，请求她照顾龚旭罗。在最后的一次飞行的前一天，埃克絮佩里写信请龚旭罗等他，并许诺自己一定会回来。就如小王子怀着坚定的决心要回到玫瑰的身边，此时身心俱疲的飞行员也感到是回到妻子身边的时候了。但是，埃克絮佩里和小王子都没有再回来。

在地球上，除了飞行员之外，小王子也遇到了其他人，比如：扳道工、旅行者，还有孩子。其中，旅行者象征着现代社会中的人类，互相漠不关心，没有生活的目标，与他们相比，孩子们至少还会对他们的娃娃和外面的世界感兴趣。因此，冷眼旁观的扳道工会觉得孩子们是幸运的。而旅行者的人生就像他们匆忙的行程，只是"走马观花"，没有意义。除了这些人物之外，作者还塑造了一个寓意深刻的角色——卖药丸的人，他卖的解渴药

---

[1] 作者译自：Renée-Paule Guillot, *Saint-Exupéry l'homme du silence*, 2002: 151，原文为：«Consuelo, si souvent penchée sur l'épaule de son mari pour contempler les croquis du Petit Prince, a-t-elle conscience de l'hommage qu'il lui rend? Dans quelques mois, et dans une lettre qu'elle fera lire à Edmond Petit spécialiste de l'histoire de l'aviateur-il lui rappellera: la rose c'est toi. Consuelo, le parfum de ma vie, ma femme.»

能够让人很长时间都不需要喝水,这样就能将喝水的时间节约下来。这个角色隐射了现代人盲目重视科学,却忽视了发展科学的最终目的。在作家看来,如果科学技术没有让人类感到更加幸福便失去了价值,有时候甚至会误导人类。

在这个故事中,除了玫瑰,还有一些其他的花儿。在小王子的B612星球上,生长着一些非常简单的花,它们只有一层花瓣,占的地方可以忽略不计,它们朝开夕落,这种存在是如此微不足道,让它们不会打扰到任何人,也不会引起任何的注意。如果说这些花太简单,那么小王子在地球上偶然发现的花园中则有着几千朵和玫瑰一样娇艳的花,但是前者和后者对于小王子的意义却是同样的,它们都是空的,不管简单或娇艳,都是没有意义的存在,没有被驯化的对象。另外,在小王子穿越沙漠的时候,他看到了一种三瓣花,它长在路边,就如擦肩而过的行人,让人感到这个世界的孤独冷漠。它们没有根,就像人类找不到自己存在的意义,因此它们都是存在着的"不存在",它们和前面所提到的简单花和花园里的玫瑰一样,都和小王子星球上的玫瑰形成了鲜明的对比,它们与玫瑰之间本质的不同并不是表面上的形态差别,而是存在的意义不同。

书中提到的另一种重要的植物就是猴面包树。这种树象征着一种邪恶的力量,充满着巨大的危险。它在土里的时候是看不见的,很快它就发芽、抽枝,如果这时候不将它除掉,它就会蔓延开来,直至毁灭整个星球。正如充满巨大破坏力的猴面包树,当时的法西斯势力发展迅速,如果不能迅速遏制就会让这个世界分崩离析。作者在书中郑重的指出:如果不赶紧除掉猴面包树的幼苗,就会面临巨大的威胁。因此,猴面包树的存在也唤起了人们心中对于家园的责任感。

蛇是全书中一个贯穿始终的角色。在《圣经》中，蛇是一种邪恶、狡诈、具有双重性格的动物。它也是和死亡经常联系在一起的一个形象。蛇是小王子到了地球之后第一个遇到的动物，它一出场就给人一种神秘和充满强大力量的印象。在故事的结尾，蛇提出它可以帮助小王子回到自己的星球，代价就是死亡。但是死亡在小王子看来并不可怕，就像是褪去一层旧皮，这个比喻也与蛇的形象不谋而合。死亡在这里带来的不再是悲剧性的结果，而是一种未知前途的归去，这改变了蛇一贯给人的印象，而始终让人无法了解其真面目。也许，这个时候的埃克絮佩里虽然早已经做好了死亡的准备，虽然他信念坚定，深信脱离肉体之后的精神可以永存，但是，于他，死亡仍然是未知的经历。

在故事中，羊的形象一直是隐藏着的，因为它一直都在一个盒子里。这是一个推动故事情节发展的至关重要的角色。一开始，小王子要求飞行员给他画一只羊，因为他牵挂着自己的星球，那里需要羊来吃掉猴面包树的幼苗。他要的是一只绵羊，而不是一只长着角的公羊，说明他希望找到一种温和的力量而不是暴力来实现目的。对于他来说，这只绵羊就是救世主的象征，可以使他的星球免遭猴面包树的危害。而当时的埃克絮佩里远赴美国寻找可以帮助法国对抗法西斯的力量。而美国就像这只羊一样，在可能带来帮助的同时也可能带来意想不到的损失，就像小王子的另一层担心——羊也会吃掉玫瑰。出于这种担心，他要求飞行员给羊画上一个嘴套。作者在画这只羊的时候，始终没有给出具体的样子，因为，他对于美国的期待是矛盾的。在当时的西方世界中，美国无疑代表着最强大的经济实力，美国人一直都崇尚英雄主义，所以埃克絮佩里之前以亲身经历为素材的几本小说在美国大受欢迎。但同时，美国日益兴盛的现实也让同为西方发达国家的法国感到威胁。因此，在小王子要求飞行员给他画一只羊的时候，一再要求给羊带上嘴套，这些几乎幼稚的情节也隐含着作家对美国的希望和担忧。

书中另一个灵魂角色是狐狸，通过这个形象，作家深入浅出地表达了自己的哲学思想。这个角色是"沙漠中深奥的一种精神力量"[①]。它就像一位智者，解开了小王子心中所有的疑惑。在狐狸的启发下，小王子终于明白了玫瑰对他的意义，决定要回到自己的星球。作者通过狐狸和小王子的对话，表达了自己对友谊和爱情的理解。因此，狐狸在这里是智慧的象征。同时，它对于小王子来说亦师亦友，这样的角色在埃克絮佩里的现实生活中也确有其人，比如：迪迪耶·多哈、纪尧姆、梅尔莫斯等等。

在《小王子》中，不仅人物、动物、植物有象征意义，还有其他的自然元素或自然现象也有各自的寓意，比如：井、回声、星星、日落等等。

埃克絮佩里曾经这样赞美水："水啊！你既没有滋味，又没有颜色，也没有芳香；人们无法给你下定义，大家都品尝你，却不认识你。你不是生命之必需，你就是生命。你渗透了我们全身，使我们获得一种无法用感官表达的感受。有了你，我们身上早已经消失了的所有能力又回到了我们的体内，由于你的恩泽，

---

① 作者译自：Jean Perrot, *Jeux et enjeux du livre d'enfance et de jeunesse*, 1999: 187，原文为：«la haute trajectoire des étoiles, les dialogues abstraits d'un texte allégorique, austère, et la morale difficile du désert»

我们内心所有干涸的源泉又都源源畅通。"[①] 在沙漠中最珍贵的就是水，小王子和飞行员经过长途跋涉终于找到了井，也找回了生命的希望。在一望无际的沙漠中，水就代表着生命。水不仅解渴，也滋润着万物。沙漠因为有深藏其中的井而显得神秘而美丽。在埃克絮佩里的研究者加斯东·巴什那（Gaston Bachelard）看来，"井就是一个范型，是人类灵魂中最深刻的形象之一"[②]。而作家认为，井不仅象征着生命，还意味着幸福，他觉得人们并没有认识到幸福和物质并没有必然的联系，只有生命才是幸福的必要条件。在这个故事中，两位主人公在经过了几天艰苦的旅程之后，终于在清晨发现了井，作者写下这个过程的意图很明显，他想告诉人们幸福既难得也不难得：寻找幸福的旅程并不轻松，甚至是艰辛的，是需要付出努力的，而幸福有时候就是一点点水，而无须占有太多的物质。在《人类大地》中，作家还讲过这样一段亲身经历：两位飞行员因为飞机故障迫降在沙漠中，他们忍受着干渴和饥饿、白天的酷暑高温和夜晚的寒冷孤寂，他们想尽一切办法在这个异常艰苦的环境中生存下来，但一次次的徒劳让他们绝望，最后是偶然遇到的贝都因人将他们拯救。这段经历让飞行员终于明白了生命的真谛，生命就是这一点点的水，水就是生命的奇迹。而在精神世界如同荒漠的现代人看来，物质才是他们不惜一切追求的目标，而忽视了幸福的真正内涵和生命的意义。

回声表现了小王子初到地球时的孤独心情。他爬上了一座高

[①] Antoine de Saint-Exupéry, *Œuvres Complètes*, Tome I, *Terre des Hommes*, 1994: 268.
[②] 作者译自：Gaston Bachelard, *Poétique de la Rêverie*, 1998: 98，原文为：«le puits est un archétype, une des images les plus graves de l'âme humaine.»

山，想象会看到很多的人，但是他失望了，他只看到了一些高耸的山峰，他想和其他人交流，回答他的却只有回声。另一个表达孤独的意象是日落。日落是小王子对家乡的重要记忆，也表达了他的思乡之情。在写《小王子》期间，作者正偏居美国，一方面是为了寻求帮助，使祖国从法西斯势力当中摆脱出来，另一方面，也是为了躲避当时评论界的纷扰和误解。他在远离欧洲的大洋彼岸，虽然生活放荡不羁，心中却始终不免感到孤独忧郁。远在大洋彼岸的祖国正在战火之中，他无时无刻不在想念着自己的国家和战友。

在离开地球之前，小王子为了安慰飞行员告诉他："夜晚，你会看到星星。我的星星太小，我无法指给你看我的星星的位置。这样更好，我的星星对你来说只是繁星中的一颗。那么，所有的星星，你都会爱看……它们就都会是你的朋友。"[①]对于普通人来说，星星只不过是一些寻常的亮光，每天都出现在夜空中，但是，对于飞行员来说，星星是指路的明灯，是生还的希望，是小王子居住的地方。和星星一样，自然中的各种元素对于不同的人，意义是不一样的，而这种区别来自于经过"驯化"而建立起来的联系。

第二，地点随着情节的发展而变化，不同的地点也被赋予了不同的意义。小王子旅行的轨迹从B612星球开始，经过宇宙中的六个行星，然后来到了地球，最后，又回到了他自己的小星球。这当中，除了地球是真实的存在，其他的地点都是作家想象出来的。而对于唯一存在的地球，作家也并没有呈现出一个完全

---

① Antoine de Saint-Exupéry, *Œuvres Complètes*, Tome II, *Le Petit Prince*, 1994: 313.

现实的面貌，而是把故事的背景安排在了一望无际的沙漠，这是被现代人所遗忘的地球一隅，所以作家这样的安排是有深刻含义的。

首先，小王子居住的B612星球，是一个没有人会注意到的非常小的星球。那里只有三座火山、一些植物和唯一的居民——小王子。这里的生活是平静的、有序的：每天，小王子都做着同样的事情，照顾着这个简单星球上的一切。但是有一天，一朵偶然出现的玫瑰打破了这种平静。尽管小王子尽心尽力地照料着骄傲任性的玫瑰，她仍然不满足，这让小王子万分苦闷，于是他决定出门去寻找解开困惑的答案。一路上，小王子经过了宇宙中奇奇怪怪的六个星球，最后他来到了地球上。在这段旅途上，小王子无法忘记玫瑰和自己的小星球，因此，他会向飞行员描述他的B612星球，他会担心猴面包树破坏他的家园，他会要求飞行员给他画一只羊来吃掉猴面包树的幼苗……这个让人难以发现的小星球对于小王子来说就是理想的家园，是有爱的地方，也是他承担责任的地方，哪怕只是对于一朵花的责任。虽然这个地方即使用天文望远镜也难以发现（曾经被一个形容古怪的土耳其天文家发现并命名），或者说谁也不确定它是否存在，它却对小王子意义重大，不仅仅是地理意义上的家，更是他的精神家园。这小小的、偏隅一角的地方简单、美好、宁静，人与自然和谐共处，这种情景是完全符合作家的审美观和人生理想的，因此，这也可以说是作家心中的一个"乌托邦"，或者说是"在别处"的人类乐园。

其次，小王子离开B612星球之后，先后到过六个形形色色的星球，每一个星球都是封闭的，虽然地处不同的轨道，但是却惊人的相似，它们在小王子看来都"很奇怪"，因为它们都隐射着现代文明社会的方方面面。"这些星球上的居民都扮演着各自独角戏中的角色，他们与友谊无关……这些星球反映了人与人之间的绝对的疏离，而这些人被认为就是生活在同一片土地上的人们。"① 第一个星球上住着一位孤独的国王，他醉心权利，没有臣民听他的号令，他只好去命令一只老鼠；第二个星球上住着一个虚荣的人，他自认为最美丽、最富有、最聪明，渴望被所有的人崇拜，但是却没有人欣赏他；第三个星球上住着一个醉鬼，他完全沉迷于所好，放弃了自己生存的意义；第四个星球上住着一个商人，他整天埋头于计算数目，却并不知道这样做的目的是什么；第五个星球最小，只能容下一个路灯和一个点灯人，虽然点灯人并不了解自己为什么要一次又一次地重复着点灯的动作，但是他始终恪尽职守。他是唯一一个让小王子感到不那么荒唐的人，因为和之前的人相比，他是唯一一个关注自己以外的世界的人；第六个星球上住着一位地理学家，虽然他的星球比其他的星球要大得多，但是他宁可闭门不出，在书桌前钻研纸上的记录，也不愿意走出去看看他的星球到底是什么样的。他安于现状，没有好奇心，只是固守着书本，而不愿意面对现实。对于这些形形色色的人，小王子只用了一组意义相近的词来形容，那就是"奇怪"(bizarre)，"陌生"(étrange)、"荒谬"(absurde)。而这些奇怪的人正是作家眼中人类文明社会的众生相，他们的生存处境

---

① 作者译自：Pierre Aubray,《A propos du Petit Prince》, *Paroles nouvelles françaises*, 14 mai, 1946, 原文为：«jouent leurs jeux divers dans un monologue étranger à l'amitié... ainsi celles-ci reflètent l'éloignement absolu des hommes qui croient vivre sur la même terre.»

也正像文中所描述的：荒诞、孤独、彼此之间没有联系。所有这些让人感觉奇怪的形象，虽然不乏夸张，但是让人感到十分的熟悉，而小王子和所有这些人都格格不入的体会，则正是作家真实的心境。埃克絮佩里写作《小王子》的时间正是第二次世界大战期间，人和人之间的关系遭到了毁灭性的打击，且不说人类的互相杀戮，即使是普通人也经历了人性的考验和精神上的危机。在这种环境下，人变得冷漠、缺乏信任、自私，正如埃克絮佩里在自己的一篇报道中感叹人被战争的机器碾压之后成了野兽。而小王子的这趟心灵之旅不仅仅让人们看到了自己的真实形象，也启发人们和小王子一样去寻求改变的方法。

接下来，小王子到达了地球。在开始他的探险之前，作家简要地介绍了一下地球。尽管这里地域广袤，但是在作家的笔下地球和之前小王子到过的星球并没有什么本质上的区别，只不过这里有更多的商人、更多的地理学家、更多奇怪的人。这也进一步证实了作家对前面六个星球上的居民的描写事实上也就是对现代人的隐射，更加加深了读者对于人类存在的荒诞感。小王子在地球上的经历是整个故事的重点，而在所有情节的发展过程中，始终带有一种挥之不去的忧伤气氛，这不仅和沙漠的背景相呼应，也与作家的心情相映衬，表达了作家对人类处境的忧虑和困惑。

当然，小王子对于地球的第一印象随着情节的发展发生了改变，这也是作家对于人类的希望不曾泯灭的表现，所有的失望最后都转化为了无尽的期待，不论是小王子和飞行员的友谊，还是他与玫瑰的爱情，作家都给出了开放性的结局。书中对于沙漠背景的描写也让读者对沙漠的印象发生了彻底的改变，从荒凉、孤独，到神秘而美丽，反映了作家面对困境却乐观积极的精神。也正是在这片远离现代文明的荒芜之地，人类摆脱了物质的桎梏，发现了生命的真正意义。飞行员和小王子寻找井的经历不仅意味着人类寻找生命真谛的旅途艰难却最终会有所得，也揭示了人与大自然在生命的本质上不可分离的真理。

另外，作家根据传统童话的基本情节构思了这个故事：主人公的出走——寻找奇迹——大团圆，但是，小王子的逃离——旅行——回归却从意义上完全超越了一般的童话。因此，作家在前言中也注明了这本书是写给成人的童话，是提醒大人们不要忘记自己曾经是孩子的事实，更是对美好人性的回忆和对现代人的警示：现代文明下的人类已经离原本的幸福之路太远，而纠正这一切错误的机会就是"回归"。

首先，小王子因为感到对爱情的困惑而决定出走。虽然他感受到的痛苦在读者看来是简单且并非不能解决的，但是他的心情也恰恰体现了现代人的心理，无论是什么样的痛苦，他们都无法自己解决，那么"逃离"就势在必行了。事实上，也正是这种渴望逃离现实和摆脱困境的愿望让作家在矛盾的心情中写下了这本书。然后，小王子离开家园去浩瀚的宇宙中寻找答案，但是最初的探寻却让他失望，因为他看到的是更为荒谬却不可解决的状况，之所以不能解决是因为其中的人没有意识到他们的处境。这样的发现不仅让他失望，也让他逐渐地看清楚了现实：离开了理想的家园，现实是残酷的：权利、欲望、虚荣、堕落充斥着这个世界，他的旅程将会遇到重重困难，这一切都预示着真理并不是那么容易找到的。随后，小王子来到了地球，在地球上他遇到了飞行员和狐狸，他和飞行员一起寻找井，明白了生命的价值和幸福的真正含义；他和狐狸成为了朋友，认识到了友谊和爱情的本质。当一切的疑惑解开时,他决心要回到自己的星球,承担起对玫瑰的责任。最后,在蛇的帮助下,小王子以死亡为代价实现了回归。和一般童话的"大团圆"结局不同的是,作家在故事的结尾是开放式的,小王子的死表达了他对现代文明社会的拒绝,在这样的处境中,死亡似乎是唯一合理的结局。但是作者对这个结局也做了不同寻常的设想,这种设想的关键是重新定义了"死亡":一方面,作家淡化了死亡给人一贯的恐怖印象,而将其解释为"褪去一层旧皮"[1],这样,作家对精神和肉体进行了分离;另一方面,作家把"死亡"等同于"回归",死亡的目的地从未知替换成家园,这样死亡就成了肉体消亡之后的另一种存在方式,这样的回归是通过"一种并不是意味着后退,而是象征着胜利的牺牲"[2]来实现的。

全书的结尾是飞行员一直在寻找小王子的踪迹,这也是留给大家一个希望。他期待着小王子的出现。当他终于能够听到星星像小铃铛般的笑声时,小王子永远地留在了他的心中。这样的结局让人不胜唏嘘,但是如果是小孩子,或许并不会觉得悲伤,因为他们能够看到星星的笑容,他们相信小王子还会出现。但是,对于大人们来说,这样的结局却是无限悲凉,因为他们始终也无法相信发生过的一切,包括小王子的存在。大家都在期待小王子的再次出现,因为只有他的出现才能证明这一切都真实地发生过,才能证明孩子眼中的美好是一个事实。

---

[1] Antoine de Saint-Exupéry, *Œuvres Complètes*, Tome II, *Le Petit Prince*, 1994: 315.
[2] 作者译自:Carl-Gustav Jung, *Métamorphoses de l'âme et ses symboles*, traduit de l'allemand par Yves Le Lay, 1953: 441,原文为:«un sacrifice qui n'est pas du tout signe de régression, mais d'une réussite.»

5.3.2 两个对立的世界

《小王子》中的各个角色之间都存在着各种各样的联系，比如：大人和孩子，小王子和飞行员，小王子和狐狸，小王子和玫瑰等等。其中大人的世界和孩子的世界之间存在着的对立关系是理解作家哲学思想的关键，这两个世界分别代表着现实的世界和作家的理想社会，体现了作家对现代文明价值观的否定。

这一组对立的关系主要是通过三组人物之间的对立来表现的：小王子和开始相遇时的飞行员；童年的"我"和大人们；小王子和旅途中遇到的奇怪的居民。首先，小王子和飞行员之间的关系是十分特殊的，事实上，他们的原型都是作家本人，一个是现实中的"我"，一个是理想中的"我"。前者在与小王子相遇时已经被归入了大人的世界，后者是属于孩子的世界，两者之间的差别一开始就显露无疑：小王子想要一只羊，于是请求飞行员给他画一只，而降落在沙漠中的飞行员最关心的是赶紧修好飞机，他无法想象一只羊对于小王子的重要性。孩子和成人相比是弱小的，因此，小王子的形象在作家笔下也是让人怜惜的；在成人的世界中，他不被理解，因此感到困惑，他的表情是忧伤的。但是书中的飞行员并不完全地属于成人的世界，因为他也时常感到矛盾，在他童年的记忆中也充满着不被大人理解的痛苦。因此，飞行员可以被看做是成人世界和孩子世界之间的一个桥梁，是属于没有忘记自己曾经也是孩子的大人。

第二组是大人和孩子之间的关系。在故事的一开始，作者就回忆了童年时期的第一幅画，那是关于一只吞掉了大象的蟒蛇，但是大人们却无一例外地看到了一顶普通的帽子，这种反差巨大的印象让童年的"我"感到沮丧，久而久之，也就认同了大人们的观点不去争辩，也成为了成年人当中的一员。孩子们看世界的眼光之所以和大人们完全不同，是因为他们的注意力完全就不在事物的表面，衡量价值的标准也没有功利的成分，他们看到的就是世界最直接也最朴素的一面，可以说是他们看到的才是真正的现实。他们衡量一切价值的标准是兴趣，他们对这个世界充满好奇心，对事物的颜色、形状、气味，一个人的爱好、性格都感兴趣；而大人们看到的世界是被物质文明所遮盖的表面，是浮华掠影下的世界的倒影，但是他们却认为自己看到了真相。他们衡量价值的标准远没有孩子们那么丰富，他们的标准很简单，那就是数字，而这些数字只有一个共同点，那就是和利益相关。因此，大人们只对一样东西有兴趣，那就是金钱。他们看不到这个世界的色彩，闻不到这个世界的气味，更加不会去关心一个人的性格和品德，他们的世界表面上五光十色，实际上却像沙漠一般单调荒凉，这和孩子眼中五彩缤纷的世界形成了鲜明的对比。正因为孩子们关心外面的世界，所以他们和其他的人与物之间建立起了真正的联系，而大人们却不自觉地生活在一个冷漠和孤独的世界，相形之下，孩子的世界才是作家理想中的人类社会，而大人的世界则是现实中人类的处境。

第三组是小王子和旅途中经过的六个星球上的居民之间的关系。他们分别是：爱发号施令的国王、贪慕虚荣的人、醉鬼、商人、点灯人和地理学家。在小王子眼中，他们都是些古怪的人。而这些形形色色的人正是现代文明社会中的众生相。他们自私、贪婪、功利、自负。那位孤独的国王一心向往权力，他所谓的理性只是他一厢情愿的想法，或者说是一个借口。作家创作这本书的背景是第二次世界大战期间，当时的人们推崇理性，但是战争摧毁了人们的所有信仰，让理性成为了空谈。正如这位国王，他认为"权威首先是建立在理性上"，所有的人都应该服从于他，因为他的命令都是合理的。而事实上，这种建立在所谓理性上的权威是荒唐而且没有任何效力的，因为他的理性不足以说服任何人，所以连一只老鼠都对他的权威视若罔闻。另一个人物醉鬼，他对自己的行为感到羞愧，但是他无法自拔，没有勇气和力量改变自己，这个角色让人类看到自身的软弱。还有商人，整天忙于计数，却忽略了生活本身，忘记了生命的目的。他强烈的占有欲超越了其他一切的愿望，这个形象正是现代人盲目追求金钱的写照，表现了人性的贪婪和生命的虚妄。在对这些人物的描写中，作家运用了夸张的手法，使这些形象显得荒唐、可笑，小王子反复地用"奇怪"，"古怪"，"不同寻常"等近义词来形容这些人物，也表现了两者之间的不可调和的矛盾。

从故事的一开始，作家就使用了讽刺的语气来描述大人们的种种表现，在他看来，与其说成人是现实、理性的，不如说他们是功利和肤浅的。大人们自认为他们看清楚了世界的本质，但实际上，他们只看到了表面，因为本质是要用心去看的。他们以为自己拥有了财富，而事实上，他们却一无所有，因为真正的财富是人与人之间的关系。大人们自认为自己很聪明，用自己所谓的理性来认识这个世界、衡量一切价值，但他们只关注自己，忽略了其他的人和事，因此他们并不能够真正地了解这个世界，他们的理性往往表现为偏见或误解。大人们的世界如同黑白的影像，单调而忧伤，冷漠而遥远。而小王子眼中的世界有花有草，有羊有星星，有狐狸和飞行员作为朋友，有玫瑰作为爱人，他的世界虽然简单，却是彩色的、丰富的、温暖的。在作为成年人的埃克絮佩里看来，他在现实中看到的世界就如在书中描述的"大人的世界"，而他在回忆中的童年的老房子，则是他一生都魂牵梦萦的家园。现实中的冷漠让作家无限留恋孩童时代的幸福，他的一生就是这样在梦想和现实中挣扎，却从不曾放弃希望。

5.3.3 《小王子》中的存在主义

在以小王子为主人公的童话中，埃克絮佩里表达了自己的存在主义思想。在这本看似简单的书中，作家提出了人生的一系列重大的命题，并且阐述了自己的观点。而其中揭示的荒谬意识、人类精神世界的孤独、存在的虚无和人们对自身处境的困惑都表现出了作家明显的存在主义思想倾向。

萨特曾经做出了著名的论断：存在先于本质。他认为人类出现在这个世界上，然后是存在，接下来才是通过行动来定义自我的存在。换句话说，人的存在是需要通过行动来定义的。以小王子来说，在玫瑰出现之前，他独自一人生活，他每天都重复着同样的事情：打扫火山，清理猴面包树的幼苗，看日落。没有人知道在宇宙中到底有多少和他一样的小男孩，有多少个像B612一样的小星球。直到有一天，一朵玫瑰随风出现在他的星球上，他真心地爱上了玫瑰，精心地照顾她：浇水、捉虫、挡风……可以说，玫瑰体现了小王子的存在，因为没有他，玫瑰就可能会渴死，会被风吹倒，染上虫害，会面临危险。但是玫瑰的任性让小王子对自身的这种存在的状态产生了疑惑，于是他离开了自己的星球。当他来到地球上发现了几千多玫瑰的时候，他更加感到了存在的虚无，不仅仅是对自身的存在，更是对玫瑰的存在产生了疑惑。既然宇宙中有可能存在着几千个像他这样的小男孩，地球上生长着几千朵玫瑰，那么他的存在，亦或是玫瑰的存在又有什么意义呢？在狐狸的教导下，他终于认识到了存在的本质在于对他人的责任当中，正因为对某个人负有的责任，人作为个体的存在才具有意义，而不是这个世界上可有可无的虚妄。

萨特认为人的存在是通过自由的选择来定义的，而不是"由某些理论、哲学或是道德的教条和学说来预先确定的"①。他强调每个人都是行动和命运的主人，因此，人必须对自己的选择负责任。存在主义反对任何的决定论，倡导自由。而这种自由的选择具体表现在《小王子》中，即自觉自愿地承担对驯化的对象的责任，因此，狐狸告诫小王子："你要对你的玫瑰负责任。"②当人们明了了自己的意愿，并将其付诸行动，他们也就做出了自由的选择。自从遇到了玫瑰，小王子就心甘情愿地承担起照顾她的责任，这也是他的自由选择。当他感到对玫瑰无所适从的时候，他怀疑自己对于玫瑰的意义亦或是玫瑰对于自己的意义，所以他做出了第二个自由的选择，那就是出走，去寻找答案。当他意识到了和玫瑰之间的联系是双方存在的意义而决定要返回B612星球时，他做出了第三个自由的决定。所以说，自由的定义正如萨特所说是主动地承担责任，是自觉自愿地做出选择，责任和自由并非是不相容的。埃克絮佩里认为，责任的产生是"驯化"的结果，通过行动来体现，正如狐狸所说："要永远对驯化的东西负

---

① 作者译自：http://fr.wikipedia.org/wiki/Existentialisme，原文为：«être prédéterminé par quelconques doctrines théoriques, philosophiques ou morales»
② Antoine de Saint-Exupéry, *Œuvres Complètes*, Tome II, *Le Petit Prince*, 1994: 300.

责"①，责任由此而生。在萨特看来，行动代表着人的选择。当人选择某种行动，就必须为自己的选择负责任。同样，埃克絮佩里认为行动和责任是不可分离的，责任需要行动来体现。从某种意义上来说，小王子最后的回归也是一种行动，是为了实现他对玫瑰的责任。

第三，存在主义者十分关注人类关系。萨特曾下断言：他人即是地狱。②哲学家马丁·布伯（Martin Buber）提出了个人与他者的两种关系："我——你"，"我——它"。前者是把"我"和他人之间看成是平等、依存的关系，后者是把"我"和他人之间定义为利用和被利用，主体和客体之间的关系。布伯分析了当时世界的危机。指出在近代哲学思想的指引下，人们信奉征服——进步的原则，片面依靠技术，不断脱离自然，已走向了孤立、崩溃的边缘。在现代社会中，个体沦为"集体"机器的齿轮，人与人相分离，责任感丧失；在信仰领域，人们已与教义相背离，无力承担信仰；在物质的掩蔽之下，世界的意义只存在于表象之中。③显然，到底人是把对方看成是"你"，还是"它"，全凭自己的判断，这也就是萨特所说的"眼光"。在每个人以不同的眼光来注视他人、观察这个世界的时候，矛盾和分歧就产生了，这也正是孩子和大人之间的矛盾产生的原因。

在《小王子》中，大人们缺乏想象力和好奇心，将自己的价值观强加给孩子，把孩子看成是他们实施作用的客体，当孩子被迫放弃了自己的梦想，就是放弃了自由选择的机会。小王子是一

---

① Antoine de Saint-Exupéry, *Œuvres Complètes*, Tome II, *Le Petit Prince*, 1994: 300.
② http://en.wikipedia.org./wiki/Jean-Paul_Sartre
③ http://fr.wikipedia.org/wiki/Martin_Buber

个不属于这个世界的人物,他来自一个遥远的未知的星球,那里只有他和一朵玫瑰花,他从来没有被注视和评判过,也没有被其他人强加过任何的影响。因此,他对事情的重要性的判断完全是按照自己的想法。他虽然脆弱、简单,却独立于现代文明之外,保持着自己的天性,让人感受到了人性之初的美好。而他的弱小也恰恰体现了他在现代文明社会中存在的艰难处境,他从一开始就注定要离开这个世界。

第四,加缪认为这个世界是不合理的,他理解的存在是荒谬的。在现代社会,人类所处的是一个机械的生存环境,每天都要按照一个节奏和生活模式来生存,而且偏偏就不能以其他方式生活。埃克絮佩里眼中的大人们似乎也就生活在这样的别无选择中,或者说他们没有意识到还有别的选择。但是,小王子的存在向大家证明人可以有其他的选择,可以不这样做,可以那样做。因此,那只一直都没有露过面的盒子中的羊,在小王子看来是真实存在的,因为他可以想象到。而成年人只相信眼前可以看到的表面,无法用心灵来感受这个世界。羊的形象恰恰印证了大人和孩子对于存在认知的不同。显然,荒谬感是来自于对现实的无法认知,在这种不确定的状态中,人类不可避免地会感到焦虑。在海德格尔看来,在人类世界中,焦虑是无法摆脱的。小王子在旅途中看到的形形色色的奇怪的人也让他感到了焦虑,这种情绪让他无法久留,只想赶快离开去下一个地方。当他来到了地球,焦虑并没有消失。从爬上高山却无人回应,到发现满园的玫瑰,让他无法肯定自己存在的意义,焦虑一直困扰着他,一直到他遇到狐狸。之后,他在沙漠中经历了千辛万苦寻找井,终于消除了这种情绪。可见,人必须通过行动来摆脱焦虑。从这一点来说,一贯主张用行动来解救人类的埃克絮佩里与存在主义者不谋而合。无怪乎，萨特在评价他的另一部写于《小王子》之前的作品——《人类大地》时肯定了埃克絮佩里先于存在主义这个名称提出的存在主义观点。

圣·埃克絮佩里因为《小王子》闻名世界，这本书也是他留给世人的一个美好的童年之梦。其中的情节和作家的真实经历有着无法解释的关联。虽然小王子是一个虚构的人物，但是他体现着人性最真实、最美好的一面。一贯以亲身经历为素材、擅长平铺直述的作家之所以要把自己所有的价值观、世界观都写在这样一篇充满了隐喻的童话里，或许是因为对现代文明的距离感和对现实社会的失望，但是他一定对人类是充满了期待的，因为孩子的世界永远是欢笑多于忧伤。和书中的飞行员一样，所有被小王子感动的人们都在等待着他的再次出现，全书开放式的结尾也正是这种期待使然。

5.4 其他具有寓意的形象

圣·埃克絮佩里擅长塑造有寓意的形象和空间来表达自己的哲学思想。除了前面分析过的寓意空间和《小王子》中的各种形象，在其他作品中也随处可以发现作者独具匠心的构思和充满寓意的形象。我们可以将其分为四类：和人有关，和地点有关，和童年有关，和故事情节有关。

在《城堡》中，作家用"城堡"和"树"来比喻人，他写道："我觉得人正像是城堡，想确认自己的自由，却只留下一堆曝露于星空下的断壁残垣。"① 如果没有责任的束缚，人将会无法生存。除此之外，书中的"庙宇"、"城市"、"帐篷"等象征着人类社会。"树"也是象征人的另一个形象，在书中出现了"橡树"、"橘子树"、"松树"、"雪松"等，各种树事实上都是在比喻人。从形态上来说，树扎根土地，却向着太阳的方向生长；人生于大地，却满怀理想飞向天空；树的枝叶繁茂，相互交缠，人类不断繁衍，彼此依靠。如果我们深入分析作家的个人经历，会发现他选择树来喻人并不是偶然。树经常出现在他有关童年的记忆中："在圣·埃克絮佩里和树之间也存在着一种私人的空间，这个情感的空间，来自于一种和莫尔城堡的家庭花园，以及圣·莫里斯城堡的花园之间的自发的默契，因此也巩固了作者对童年的眷恋之情。"② "就像是人要生活在空气中，鲤鱼要生活在水中，树的枝叶伸向星辰，树就是星星和我们的交流之路。"③ 书中的人物具有各自的职业，有"农民"、"园丁"、"山民"、"水手"、"工匠"等等。其中，"农民"是最常出现在埃克絮佩里作品中的人物形象之一。事实上，在作家眼中，各种职业的人本质上都是一样的，都是大地的"开垦者"，因此，"飞机"对于飞行员，就如"犁"对于农民、"锄头"对于园丁、"船舶"对于水手，是各行各业的人用来改造自然的工具。在《人类大地》

---

① Antoine de Saint-Exupéry, *Œuvres Complètes*, Tome II, *Citadelle*, 1994: 374.

② 作者译自：Geneviève Le Hir, *Saint-Exupéry ou la force des images,* 2002: 134, 原文为：«Entre Saint-Exupéry et les arbres un lieu personnel aussi, de nature affective, était né d'une connivence spontanée avec le parc familial du château de la Môle, puis de celui de Saint-Maurice-de-Rémens, et c'était fortifié de la fidélité de l'auteur à son enfance.»

③ Antoine de Saint-Exupéry, *Œuvres Complètes*, Tome II, *Citadelle*, 1994: 401.

中，作者描述了一位农民的母亲死去的面容，在死亡面前，作者并没有感到恐惧，反而感到"死亡是非常甜蜜的。……每个生命都会像一颗豆荚那样，总会轮到它爆裂开来，留下种子的"①。显然，在作者看来，死亡并不是终止，而是另一种意义的延续。不仅仅是农民，每个人的生命都像是"豆荚"留下种子一样，传承着人类的遗产、风俗、文化，所有在这片土地上孕育的生命都继承了"开垦者"的文明。

当我们回到对作家本人的分析，我们会发现他书中的主人公多多少少都有着他自己的影子，或者有着和他相似的经历，如：《夜航》中的法比安、《南方邮件》中的贝尼斯、《战争飞行员》中的杜泰尔特，还有《人类大地》中的贝勒汗、纪尧姆和梅尔莫斯等等。不仅如此，《夜航》中的李维埃和《战争飞行员》的大队长身上有明显的迪迪耶·多哈的影子。所有的这些角色事实上都在诠释着作家所塑造的"大写人"的形象，揭示了埃克絮佩里对于现实人性的理想。

圣·埃克絮佩里在沙漠中度过了他职业生涯中最重要的一段时期，因此，对于这片表面看似贫瘠的土地作家倾注了不少个人情感，对于沙漠中的各种景物作家都赋予了深刻的寓意，让人对这个黄沙漫漫的单调世界充满了想象和期待，而其中生活着的贝都因人也被看作是生命的拯救者。作家甚至把这片土地当成了自己的家园。他努力地融入当地的生活，他时常拜访他那些住在帐篷里的朋友，他教当地的小孩子英文，和他们一起游戏，摩尔人

---

① Antoine de Saint-Exupéry, *Œuvres Complètes*, Tome I, *Terre des Hommes*, 1994: 281.

称他为"白皮肤的隐士"①。当纪尧姆来沙漠看他时，看到的是一个穿着阿拉伯长衫的人来迎接他，嘴里一边说着："我这是在自己家里，今晚，你是我的客人。"②事实上，飞行员和沙漠里的原住民也有一个共同点，那就是他们都过着"游牧"生活，他们都会辨识大自然的各种信号。随着时间的推移，埃克絮佩里并没有因为艰苦的生活条件而退却，反而对这片土地感到十分的亲切，就像他所说："面对着这片发生了改变的沙漠，我想起了童年的游戏……"③

第二类具有寓意的形象是关于作家的童年。这些形象经常地出现在作家的记忆当中，并且早已经超出了现实中的意义，成为了关于家庭和幸福的象征。

首先，老房子是童年生活的场所，也是作家一生难得的稳定生活的承载空间。这个形象几乎出现在作家每一部作品当中，可见童年的生活对作家精神产生了巨大的影响。圣·莫里斯城堡就是老房子在现实中的原型。还有就是和老房子相关的物品，比如：桌布、灯、橱柜、炉子上热气腾腾的锅等等，所有的这些普通生活中使用的物品都被寄托了一种挥之不去的乡愁，同时，也被罩上了一层淡淡的温馨的色彩，代表着作家内心深处对家庭生活的向往。所有和童年有关的记忆并没有随着时间的推移而淡化，反而牢牢地占据了作家心中最隐蔽的角落，通过埃克絮佩里的作品，我们可以隐约地窥见这个温暖而遥远的空间。它不

---

① 作者译自：Didier Daurat, *Saint-Exupéry tel que je l'ai connu*, 1954: 11，原文为：«grand marabout blanc».
② 作者译自：Marcel Migeo, *Henri Guillaumet*, 1949: 99，原文为：«Je suis ici chez moi, et ce soir tu est mon invité.»
③ Antoine de Saint-Exupéry, *Œuvres Complètes*, Tome I, *Terre des Hommes*, 1994: 236.

断地出现在读者的想象中,也时常"改头换面",但是,它就像沙漠深处的那口井,珍藏在作家的内心,象征着美好的生活和生命的源泉。这个场景不断地出现在埃克絮佩里的作品中,不断地变幻着地点甚至面貌,但是众多的印象重叠在一起,都让人似曾相识,而当读者想再看清楚它,又只能通过些许片面的印象来回忆,始终无法看得真切。

其次,在家庭日常所用的物品中,"灯"是一个典型的形象,象征着人与人之间的友谊和关爱。在年轻的飞行员出发前的地理课上,温暖的灯光如同同志的关怀,在沙漠中遇险的七个机组乘务员点燃蜡烛安然度过了危险,和灯相似的意象,如:星星、太阳、蜡烛,都象征着光明和希望、友谊和博爱,给人带来温暖和安宁。

最后,作为家庭不可或缺的成员——女人,不仅是作家小说中的重要角色,更是家庭生活的主要象征。在《南方邮件》中,贝尼斯把心中的理想的女性形象——热娜芙比作"泉水"。对于他,女人所具有的温柔是飞行员心中永远温润的回忆。在《夜航》中,法比安的妻子是把丈夫拉向地面的温柔的锁链。女人,在作家心中,向来具有矛盾的两面,既代表着飞行员所需要的家庭,又处于飞行事业的对立面。作为被迫放弃的对象,女性对于飞行员来说,一方面是永远不能完全拥有的向往,另一方面又如同地球的引力,是他们必须挣脱的束缚。

第三类形象是关于地点和场景的形象。首先,在《人类大地》和一篇名为《飞行的束缚与伟大》的杂文中,作者都提到了一种通往机场的老式班车。它是飞行员的家和天空之间的过渡空间。虽然这种老式的交通工具外表简陋,却是让一个普通人发生

"蜕变"的神奇的空间。当飞行员在车上与一群浑浑噩噩生活的普通人坐在一起的时候,他就已经开始了这场"蜕变"。因为其他的人在这辆车上只是重复着每天的常规旧历,他们的生活不过是从一个点到另一个点,而这两点之间并没有本质的区别,他们的生活也没有改变。但是,飞行员乘坐着班车到达机场之后,将要驾驶飞机飞向广阔的宇宙去完成肩负的使命。他们从此时开始要摆脱地面上的一切束缚,包括地心引力,去到另一个空间。他们将从普通人变成可以和大自然较量的英雄。"他们感到在他们身上诞生了另一个人,一个更加伟大的人。"①

其次,城市,作为现代文明的成果之一反映了人类文明的发展和生产力的进步,但是埃克絮佩里却始终与之保持着距离,冷眼旁观着现代文明的发展,保留了对城市的特殊的感受和视觉印象。"城市,是复杂社会的载体"②,在大家对现代文明一致称赞的时候,埃克絮佩里冷静地表明了自己的观点。他宁愿选择在荒漠忍受极端的物质条件和苦闷孤独,也不愿在城市享受现代文明的便利。在《南方邮件》中,他甚至用"墙"和"监狱"来形容城市,这和萨特对人类社会的表述十分相似。在他穿透表象的视觉印象中,表面熙熙攘攘的城市就是钢筋水泥的"监狱",将人桎梏在狭小而隔绝的空间之内,彼此之间没有真正的关爱和联系。他在《小王子》中对于现代社会的隐喻淋漓尽致地揭示了现代人的生存状况。

最后,在埃克絮佩里的作品中经常出现一些地点和场景的名

---

① Antoine de Saint-Exupéry, *Œuvres Complètes*, Tome I, *Articles*, 1994: 326.
② 作者译自:Edgar Morin, *Le paradigme perdu: la nature humaine*, 1973: 196, 原文为:«le foyer de la complexité sociale»

称，比如：图卢兹、卡萨布兰卡、撒哈拉、贝比昂、安第斯山脉等等。不管是大城市，还是人迹罕至的角落，在作家的独特视野中都具有了不一样的意义。他作品中的地点和作家一贯塑造的形象一样，既是真实的存在，又是他思维活动的外延，充满寓意，反映了作家丰富的精神世界。因此，对于读者而言，这些地方叫什么名字并不重要，也无须追究。在描述飞行员与大自然抗争的情节时，背景是天空、沙漠、高山、大海，在讲述飞行员家庭生活的时候，场景则是灯光、桌上的鲜花、墙上的小饰品、桌布等等。前者代表职业生涯，后者象征日常生活。因此，在既定的寓意下，每个场景的地理名称其实并不重要。

最后一类形象和故事的情节密切相关。埃克絮佩里的故事往往有着相似的情节，首先，往往是因为突然的天气变化或者是飞机事故使原本平静的旅途变得紧张；其次是情节的主体部分，即主人公与大自然的斗争；最后，飞行员牺牲。作家书中的主人公几乎都是飞行员，他们勇敢、坚定、冷静、有理想和充满激情，但又往往与现实世界格格不入。从整个情节脉络来看，作者想要展现的人生尽管充实、精彩、充满意义，但在读者看来也不免觉得遗憾和无奈。虽然对于飞行员来说，选择事业而放弃家庭是他们做出的自由的选择，但是这并不是一个最佳的选择，而是不得不做出的牺牲。而与大自然的抗争更是在个人生命和对于人类的职责之间所做出的选择。当危险到来的时候，飞行员只能选择应对，只有战胜困难才有生还的机会。当然，所有这些不得已而做出的选择都是源于当初他们对飞行员这个职业的热爱，所以埃克絮佩里所传递给读者的并不仅仅是"舍身成仁"的信念，更是乐观面对、勇敢承担的精神。在埃克絮佩里的时代，制造飞机的技术远远没有达到完善的程度，飞行员往往无法预见前面的危险，因此，每一次的出发都有可能是生命的终结。从某种意义上来说，人是无法选择自己的处境的。而所有的这些不得已的选择，归根结底都来源于他们对于飞行事业的自由选择和对于人类使命的自愿承担。埃克絮佩里书中的主人公们和大自然英勇对抗，他们以自己的方式来挣脱既定的命运，这种抗争的理念就是"行动哲学"。作家塑造的飞行员形象大部分都是冷峻、刚毅、果敢，他们在现实生活中少言寡语，但是用行动体现着自己对生命的认知和对理想的追求。因此，作家的风格一度被认为是单调而直白的。其实，作家对于每一个场景的描写和对人物的刻画是细致入微且意味深长的。比如，在描写纪尧姆雪山脱困的一段中，作者使用了一系列不同的动词来描述飞行员为了摆脱险境而做出的努力："……你仍然在那里行走，没有爬山用的冰镐，没有绳索，没有干粮，你在那里爬越四千五百米高的山坳，攀登陡峭的悬崖，在零下四十度的严寒气温下，手脚和膝盖都在流血，你体内的血液在慢慢减少，你的精力在逐渐衰竭，你的神智越来越模糊，可你像一只蚂蚁似的仍然在顽强地朝前爬。碰到障碍时便折回来，绕过障碍继续爬，跌倒了又爬起来，滑到坡底再往坡上爬，绝对不能让自己停下来歇息一会儿，因为你知道，只要一歇下来，你便再也不能从雪地里站起身来了。"[①] 另外，当埃克絮佩里描写他和普雷沃在沙漠中迷路，寻求各种方法自救时，就十分具体地描述了当时的各种细节，其中反复用到了动词"寻找"（chercher），和一系列的动词，如："建立"（bâtir）、"借用"

---

① Antoine de Saint-Exupéry, *Œuvres Complètes*, Tome I, *Terre des Hommes*, 1994: 194.

(emprunter)、"准备"(préparer)、"收集"(recueillir)、"擦拭"(esssuyer)……[1] 总而言之，他们在面对危险甚至是死亡的时候没有放弃或者胆怯，而是通过行动积极地进行抗争。从这个意义上来说，埃克絮佩里作品的文本便是其"行动哲学"思想的具体实施，就如他所说："向着白天飞行"[2]，人类总在以自己的方式对抗既定的命运。关于故事的结局无外乎两种：一是飞行员牺牲、邮件完好无损；二是飞行员获救、战胜了大自然。《南方邮件》和《夜航》中的主人公属于第一种结局；《人类大地》中的纪尧姆和普雷沃属于第二种结局。而归根到底，所有的人都会是第一种结局，就像梅尔莫斯，在无数次的脱险之后终于长眠在了自己曾经"耕耘"过的土地上；而埃克絮佩里，在经历了大大小小的事故，多次与死神擦肩而过之后，终于消失在大洋上空。这种看似必然的结局对于作家来说并不是结束，而是重生，是人类在经历抗争之后自身价值的体现和生命意义的实现。从这个层面上来说，故事情节的发展就是人类自我改造的过程，意义就是产生在这个过程中。在这场以生命为代价的抗争中，不管飞行员们最终是否在和大自然的搏斗中获胜，他用自己的行动证明了自身存在的意义和价值。正是出于这种信念，埃克絮佩里和他书中的主人公们能够看淡死亡，笑面人生。

作为一名作家，埃克絮佩里在他的作品中塑造了许多富有寓意的形象，表达了自己的世界观和价值观，给读者留下了无尽的精神财富。他在以自身经历创作的故事中建构了一个现实世界之上的精神帝国。正如小王子因为感到迷茫而出走，他笔下的飞行

---

[1] Antoine de Saint-Exupéry, *Œuvres Complètes*, Tome I, *Terre des Hommes*, 1994: 250.
[2] Antoine de Saint-Exupéry, *Lettre à l'inconnue,* 2008: 25.

员也在对现实的不满和无所适从中感到困惑和焦虑。但是幸运的是，他们用行动重新定义了人生，在和大自然的抗争中，他们找到了生命的意义。每一个他笔下的飞行员，不论结局如何，在经历了这种抗争之后，都"脱胎换骨"，成为了"大写人"，这就是作者要建立的"人的范型"，也是他塑造所有形象最终的目的。通过他的人生，他向世人展示了一个有使命感的人所应当具有的人文主义精神。在他的作品中，我们感受到了他对人类状况的忧虑，看到了对人类既定命运的反抗。而埃克絮佩里所构建的文学世界就像是一扇"大门"，开启了作家丰富的精神世界。这个世界既隐蔽又生动，亦真亦幻，将有限的现实和无限的想象力相结合，构成了一个细腻逼真、充满生命力和寓意的空间。

第六章　埃克絮佩里自然观的核心——"大写人"

埃克絮佩里的自然观始终是以"人"为核心，人不仅是改造的主体，也是改造的客体。在埃克絮佩里看来，人的改造才是世界变化的源动力。作为人内在最本质的特点——人性，又是人类自我改造的核心。他所倡导的人性并不是卢梭所定义的"人之天性"，而是"大写人"的人性，是基于现实的、被改造的人性。和马克思的观点不同，埃克絮佩里认为人的改造不仅是发生在体力和智力方面，更多的是一种精神世界的改变，更确切地说是道德层面的提升。关于大自然最本质层面的改造，人通过投入职业、奉献自我而实现了自我完善，一切的努力最终还是为了"人"，只不过是为了"他人"。作家经历了两次世界大战，他所生活和创作的时代正是人类经历物质匮乏和精神危机的时期。在艰难的处境中，埃克絮佩里提出基于现实的对人和对自然的改造，并且指出人的改造是改变世界的根本，让人们将对上帝的期望转变为自己的信心，主张人类通过完善精神世界最终进行自救、摆脱困境。

埃克絮佩里在作品中将人性分为三个层次：天性、改造后的人性和神性。在他所塑造的人物身上，我们可以发现这三重人性的融合，因此，他所提出的关于人性的定义，既反映了他对于现实中的人的深刻认识，也表达了他对于理想的不懈追求。但是，埃克絮佩里式的"大写人"并不是完美的，更不是天生的，他所具有的优秀品质是通过长时间的"锤炼"形成的，这种对于人性的塑造，必须经历一个艰苦的历程，在这个过程当中，人从平庸变得伟大，从胆怯变得勇敢，从虚妄中摆脱出来，成为了现实中的"理想人"。

6.1 关于人性的讨论

很长一段时间以来，中西方的哲学家们都围绕着"人性"这个主题对人类自身本质进行探讨。在古代中国，思想家荀子认为人性就是人天生的本能；孟子将人性定义为美德。在西方国家，古希腊的大思想家亚里士多德认为人性即理性；18世纪不少英国和法国哲学家认为人性即人的天性，与生俱来。弗洛伊德认为，人性就是人的欲望。马克思强调人的社会属性，将人性分为三个层面：劳动、社会关系和需求。总之，关于"人性"的讨论历史悠久，也一直没有定论。

埃克絮佩里首先认为人性不是单一的，而是复杂的、多样化的。基于对人性的理性认识，他所塑造的人物从来就不是完美的，而是在不断的自我完善中达到尽可能接近神性的境界，成为"现实中的人"和"理想中的人"相结合的"人的范型"——"大写人"。

第六章 埃克絮佩里自然观的核心——"大写人"

在现代社会，尤其在西方国家，法国哲学家让·雅克·卢梭（Jean-Jacques Rousseau）提出的"回归自然"思想对人类的生活方式产生了巨大的影响。他关于"自然"的理论体系中对"人性"进行了明确的定义，他认为人性即人的天性，是"与生俱来的、自发的，而不是后天通过习俗、社会生活和文明获得的"①。卢梭的"回归自然"也包括了"回归人性自然"。他主张把孩子就当成孩子，而不是当成成人。埃克絮佩里也表达过类似的思想，他在《小王子》中批判了成人世界的价值观。书中的主人公是作者理想的"人类范型"，这个人物被塑造成一个孩子的形象：天真、忧伤、脆弱，他在情感困惑的影响下选择逃避，去外面的世界寻找解决的办法。在旅途中，小王子经过的六个星球正是对现代人类生存状态的隐射。最后，在地球上，小王子遇到了真正的朋友——飞行员和狐狸，经历了在沙漠中寻找水源，看到了有着几千朵玫瑰的花园，他的所见所闻让他最终揭开了心中的疑惑，决定回归自己的星球。这个形象从一开始就显得与周围的环境格格不入，他的言行和思维方式与现代人大相径庭。对卢梭来说，"逃离"是为了远离人类社会，回到大自然。但是埃克絮佩里认为"逃离"的最终目的是为了回到现实中，就像他写道："蹩脚的文学作品告诉我们需要逃逸。当然，人们通过旅行去寻找境界。但境界是寻不到的，它是自建的，而逃逸是永远不能引向某地的。"② 在他看来，人性并不仅仅是"天真无辜"。他

---

① 原文译自：Josette Rey-Debove, Alain, Rey, *Le Nouveau Petit Robert*, 2000: 1653，原文为：«ce qui est inné, spontané, par opposition à ce qui est acquis par la coutume, la vie en société et la civilisation.»

② Antoine de Saint-Exupéry, *Œuvres Complètes*, Tome II, *Pilote de Guerre,* 1994: 160.

理想中的人性是经过自我改造的人性，是普通人所具有的现实人性经过升华而体现的神性。如果称卢梭为"孤独的漫步者"（卢梭的一部作品名为《孤独漫步者随想》），埃克絮佩里就是"大写人"（埃克絮佩里在作品中反复提到的Homme）。埃克絮佩里定义的"大写人"属于某个团体，其中所有的成员都相互联系，"他曾经在其中辛勤工作，这是一个人的团体，成员之间不论是好的时候，还是坏的时候都相互友爱。"① 通过行动，人们之间建立起了联系。因此，他所定义的人性首先是人的社会性。

埃克絮佩里主张控制个人的情感，他对"自由"的定义并不是无拘无束，相反，他认为"自由"是有限的，因此，他主张人应该对自己的情感有所约束。他的这种观点和卢梭所鼓吹的情感自由是截然相反的。"在众多的理论家中，卢梭当然不是第一个将爱情作为分歧的一种可能的原因。"② 在《新爱洛绮丝》中，他颂扬激情，赞美这种让人几乎无法抑制的激烈情感，并且将人类的情感作为美德。在朱莉和圣普乐的爱情故事中，虽然他们之间的情感是不被社会所接受的，但无疑是美好的。从根本上来说，卢梭认为人生来自由，其中包括情感的自由。但是在社会习俗的束缚下，天性中的自由被遏制住了。在卢梭生活的年代，他提出这样的观点是因为在当时沉重的封建专制势力压迫下，人们的情感受到了来自宗教、习俗等既定思想的束缚。在西方，卢梭

---

① 作者译自：Michel Renard, *Essai sur la démocratie,* AUBIN Editeur, 1999: 39，原文为：«Cette communauté des hommes qui, pour être fraternelle-il y a tant travaillé-, est l'affaire de tous dans les bons comme dans les mauvais moments.»

② 作者译自：Victor Goldschmidt, *Anthropologie et politique*, 1983: 357，原文为：«Rousseau n'est certes pas le premier, parmi les théoriciens, à considérer l'amour comme une cause possible de dissensions»

的哲学思想对现代人的生活方式和思维情感产生了深刻的潜移默化的影响。显然，卢梭和埃克絮佩里对于理想人性的初衷是背道而驰的。前者追求的个人的感受，自由的情感释放，因此，和他人的冲突似乎不可避免，人最终只能选择远离社会、逃避现实、回归大自然；后者宣扬团结、博爱、克己、奉献，积极地投身职业，承担对他人、对社会的责任。卢梭主张避世，埃克絮佩里主张入世。不管是"回归"，还是"改造"，都是思想家们对完善人性的尝试。

6.2 多层次的人性

对于人性和神性的结合可以追溯到古代。希腊神话中的众神具有人类的面貌特征，也有着人类的缺点和优点，他们并不是完美无缺的，而且他们之间也存在着类似人类社会中的关系：夫妻、父子、母子等。同时，神和自然万物也是紧密联系在一起的，比如：太阳神、月亮神，还有风雨雷电都是神的化身。在神话中，人、神、大自然是融合在一起的。在古代，人屈服于神，因为人类对大自然了解太少，对自然力充满了敬畏。在文艺复兴以前，神是凌驾于人之上的。随着科技的发展，人类开始和自然力较量并表现出超过其他自然生灵的力量和才智。在这个过程中，神的地位逐步下降，人对自身的能力变得更有信心，直至理性的权威凌驾于自然之上。卢梭在讴歌自然和天性的同时，认为人本身就具有神性。因此，在他的自然哲学中，自然、神灵和人类是融合在一起的，从这一点来说，埃克絮佩里也并不是完全与其相对立的。在他看来，自然是万物之源，拥有让人敬畏的神力；而人类作为其中最具创造力的生灵，通过实践来改造自然，并使自身得到发展。在这个改造的过程中，人逐渐地成为了一个更加完善的"大写人"，可以和神无限地靠近。在他的作品中，自然的神力和人的力量发生较量，这本身就是对人的一种肯定，也是人与自然相交融的见证。

6.2.1 普通人的人性

人性是指"人与生俱来的特征的总和，包括性格、特质、脾气等"[①]。很多哲学家认为人的天性就是人性，但是具体的观点有时候会有很大的差别，比如弗洛伊德和卢梭："弗洛伊德相信人性本恶，并认为人应该改变才能获得幸福。卢梭从他的立场解释人生来善良无辜，但是所处的社会腐蚀和扭曲了人性，使其变成了坏人。"[②]另外有的思想家对天性和人性进行了区分，就像马克思，他认为，天性主要是指生理和智力方面的特征；而人性则是由人的社会性和人类关系来确定的。

对于埃克絮佩里来说，他的战友、他在书中塑造的主人公以及他本人，首先都是存在于现实社会中的普通人。他们都有普通人的七情六欲，有优点也有缺点。而对于卢梭歌颂的激情，作者

---

① 作者译自：Josette Rey-Debove, Alain, Rey, *Le Nouveau Petit Robert*, 2000: 1653，原文为：«Ensemble des caractères innés d'un individu, il s'agit des caractères, des idiosyncrasies, des tempéraments.»

② 作者译自：http://www.dissertationsgratuites.com/dissertations/La-Nature-Humaine-Freud-Rousseau/99989.html，原文为：«Freud croit à une nature humaine inévitablement mauvaise et admet que c'est l'homme que nous devons changer pour obtenir le bonheur. Rousseau, pour sa part, explique que l'homme est fondamentalement bon et innocent, mais que c'est la société dans laquelle il est placée qui le corrompt et le dénature, faisant ainsi de lui quelqu'un de méchant.»

也表明了自己的观点。《城堡》中描述了一个女人爱上了骑士，她在等待情人的时候，怀着复杂的情绪：孤独、温柔、激动等等。作家在谈到这样的情感时，认为这是人性中合理的存在，因此他说道："我当然理解她的渴望，情人的出现对她来说是多重要。"① 在《城堡》中，埃克絮佩里阐明了他对人性的复杂和多样化的认识。一开始，老酋长教导年轻的继承人怎样揣测人心，也揭开了人性中丑陋的一面，他举了这样一个例子：乞丐不断地在身体上制造溃疡，用触目惊心的伤口来博取同情。另一个例子是：当一向高高在上的公主沦为洗衣妇，她被曾经羡慕她的同伴欺凌。老酋长在故事的末尾用一句话评判了人的劣根性："贬低别人的人是因为他低下。"② 书的十一章讲到一群流浪汉被收容到军营，在这里他们吃穿不愁，感到从未有过的安宁与幸福。而在老酋长看来，普通人所追求的只是物质上的满足，如果人只是因为物质上的满足就感到幸福，那便与牲畜无异了。从精神层面来说，这样的生命只是在毫无意义地慢慢腐朽。同样，书中提到的舞女、歌手、交际花，她们坐着银制的轿子，接受周围人的吹捧，享受着牛奶沐浴，总之物质上应有尽有，奉承之声不绝于耳，那么这样的生活显然要比受到安置的流浪汉要更加舒适，她们天性中的虚荣心得到了极大的满足。因此，作者认为人对物质的需求和虚荣也是天性使然，但是这些事实上都毫无意义。

卢梭对于人之"天性"明确表达了自己的观点。他认为人性本善，是现代文明腐蚀了它。因此，要让孩子们回到大自然，远离人类社会，以避免有害的影响。他主张大自然是最好的老师，

---

① Antoine de Saint-Exupéry, *Œuvres Complètes*, Tome II, *Citadelle*, 1994: 373.
② Antoine de Saint-Exupéry, *Œuvres Complètes*, Tome II, *Citadelle*, 1994: 398.

孩子的教育就是要回到自然当中，无拘无束。显然，卢梭的避世只是一厢情愿。事实上，人是不可能和社会及他人完全分离开的，只与大自然作伴可以说是一个空想。卢梭的思想对西方人的精神世界影响至深。他所提出的"回归自然"，既是一种生活方式，更是一种思维定向。具体到人性的问题，他赞美人天生的秉性，排斥社会的影响。和卢梭一样，埃克絮佩里在现实生活中也是一个孤独且不合时宜的人，但难能可贵的是他仍然保持着乐观的精神。他对"驯化"的解释简单明了，即：建立联系。从始至终，他都没有摈弃人类社会。与卢梭的厌世和感性不同，他表现出了积极而理性的入世态度。在对待人性的问题上，他同样保持了一贯的理性。他希望保持天性中好的部分，但是不仅于此，他主张人应该不断地进行自我改造，使人性得到完善。他对人性并没有一个确切的定义，他只是构建了一个人的"范型"——"大写人"。"大写人"的人性对于作者来说是一个开放性的定义，它基于人的天性，但是永远在不断地完善当中，同时无限地接近神性。

对于真实的人性，埃克絮佩里从不讳言其美好。在他笔下，每个人心中都有一个莫扎特[①]，每个人身上都具有诗性。作者使用这样的比喻，用音乐给人的具体感受解释人性的抽象特质。尤其是在《小王子》中，作者更加表达出了对于人性之美的肯定。他塑造的小王子，纯真、忠诚、无私、善良，在人们的记忆中永远都是孩子的形象。虽然，在现实中孩子无可避免地要成为大人，但是埃克絮佩里强调"初始之心"便是人性真善美的体现，

---

① Antoine de Saint-Exupéry, *Œuvres Complètes*, Tome I, *Reportages*, 1994: 370.

这种"初始之心"便是他所认为的"人之天性"。在形形色色的人物身上，我们可以发现不同的人性，固然有美好，也不可避免有缺点甚至有丑恶的一面。作者拨开表面上的浮华，想要给读者呈现的不仅是人的"初始之心"，更是想讨论什么样的人性才是"去芜存菁"的，什么样的人生才是有意义的。《城堡》描述了一群妓女，士兵把她们安置在舒适的房子里，给她们穿上新的衣服，教她们刺绣。但是她们却不能适应新的生活，一个个逃走了，重新回到藏污纳垢的小屋。通过这个故事，老酋长想告诉年轻的王子一个亘古不变的道理：本性难移，就像书中写道："富人要富有，水手要航海，盗贼要在星光下窥伺。"[①]因此，改造人性绝非是"一日而蹴"的功夫，而是要不断地"锻造"人性，就像创造一件真正凝聚心血的艺术品。这就是所谓的"神奇的处方"[②]：人必须受到束缚，经历痛苦，才能让人性得到完善。

在《城堡》中，老酋长、王子和诗人都充当了"通灵人"的角色，在他们的眼中，工匠、战士、水手及所有通过劳动改变和创造世界的人都是改造人性的代表；而流浪汉、妓女、乞丐等人物的身上则体现了普通人人性中的弱点和缺陷。因此，人性虽然是天性使然，但也能够进行后天改造；人性有普遍性，也存在着个体差异；人性并不是统一的，更不是单一的；人性的改造既是可能的，也不是轻易可以实现的。

6.2.2 经过改造的人性

"大写人"的人性是一种经过改造后的升华的人性，"大写

[①] Antoine de Saint-Exupéry, *Œuvres Complètes*, Tome II, *Citadelle*, 1994: 522.

[②] Antoine de Saint-Exupéry, *Œuvres Complètes*, Tome II, *Citadelle*, 1994: 524.

人"连接着现实中的普通人和理想中的神灵。"大写人"位于整个埃克絮佩里"人化自然观"的核心,体现了作家改造自然的同时实现自我改造的基本哲学思想。

在埃克絮佩里看来,"大写人"首先是一个真实的人,但是远远不止于此。"大写人"被赋予了一些重要的品德,例如:责任感、牺牲精神和博爱的胸怀。作家塑造的众多人物都是"大写人"的代表,比如:梅尔莫斯、纪尧姆、法比安、贝勒汗、贝尼斯、李维埃等等。在《人类大地》中,纪尧姆历经千辛万苦从雪山生还,从他的身上,我们可以看到"大写人"的优秀品质:勇敢、坚定、有责任心等等。梅尔莫斯牺牲后,作家曾经专门写过几篇文章来纪念昔日的战友,记忆中的梅尔莫斯在危险面前从不退却,用非凡的勇气征服了高山荒漠,直至牺牲在了自己"耕耘"的大地上。《夜航》中的法比安,在面临家庭和夜航的矛盾时毅然放弃了个人幸福,在面临危险时勇敢接受挑战直至最后一刻,他的牺牲精神铸就了夜航团队的成功。还有《南方邮件》中的贝尼斯,书中详细地描述了主人公的心路历程,塑造了一个更加贴近生活的人物形象。从对家庭和爱情的向往到希望破灭,从对飞行的放弃到回归,飞行员的人生充满了矛盾和痛苦,但也因此而更加丰富和有意义。还有作为老飞行员的贝勒汗,无数次在与大自然的较量中得胜而归,但是最终还是消失在了雪山。当年轻的飞行员向他询问历险的经过时,他只是寥寥数语,没有渲染,甚至没有过多的表情动作,这样的镇定、平实、不骄不躁给人留下了深刻的印象。无论在天空,还是在地面,这些人物似乎与我们是如此地相似:相似的渴求、相似的烦恼,但又是那么地出尘不俗:非凡的勇气、自我牺牲的精神、镇定潇洒的气质和对家人、对集体、对事业的责任感……他们与常人最大的不同可能就在于他们对物质的超脱和对理想的追求。在作者看来，精神才是本质，因为："只有让智慧吹拂泥胎，才能创造大写的人。"①

"大写人"不是天使，他有自己的个性、情感、弱点、烦恼。梅尔莫斯勇敢、充满探索精神，从不懈怠。在年轻的飞行员心中，梅尔莫斯、纪尧姆、贝勒汗……这些名字都代表着光辉和荣耀。但从作家对梅尔莫斯的回忆中，我们也可以了解到他性如烈火、暴躁易怒。这种天生的脾气秉性并不会损害他作为飞行员的形象，但是他并不是一个十全十美的天使，就像埃克絮佩里所评价的："你不是天使，你是一个人。一个脾气火爆又不失温柔、会冲动、会失落的人。你是属于优秀的种类。"②罗比诺，《夜航》中的检察员，刻板、木讷、其貌不扬，甚至因为湿疹还有些自卑。李维埃，《夜航》中的指挥官，独断专行、不近人情。还有优柔寡断的贝尼斯，还有不善言辞的贝勒汗……总而言之，这些现实中的英雄无不是凡夫俗子，不仅有七情六欲，也有英雄气短，但是最终有一股力量支持他们超越了平庸成为传奇，这股力量就是来自职业的信念。

埃克絮佩里本人一向是沉默寡言、不合时宜的。他有着自己的个性，在别人眼中他是一个不折不扣的冒险家，一个不能以常理来判断的人。"这是一个享受高空惊心动魄的经历，但同时又如此依恋大地的人"③，这种印象看似有些矛盾。正如他所塑造

---

① Antoine de Saint-Exupéry, *Œuvres Complètes*, Tome I, *Terre des Hommes*, 1994: 285.
② Antoine de Saint-Exupéry, *Oeures Complètes*, Tome I, *Articles*, 1994: 338.
③ 作者译自：Luc Boisgontier, «Cinq minutes avec M. Antoine de Saint-Exupéry, lauréat du grand prix du Roman»; *Le Figaro littéraire*, 27, mai, 1939, 原文为：«C'est quelqu'un qui «aime les risques du plein ciel et cependant qui touche si fortement terre.»

的"大写人",是一个"理想的现实主义者"①,埃克絮佩里的一生经济宽裕的时候少,手头拮据的时候多。在生活中,他是一个慷慨大方的人,时常请朋友吃饭,事实上却常常囊中羞涩。在他写给母亲的私人信件中,不止一次地提到了财务困难带给他的烦恼。1924年,他要和当时的未婚妻结婚,他写信给母亲抱怨他的困窘:"我的处境是那么糟糕。"②在和龚旭罗结婚后,埃克絮佩里参加了几次飞行竞赛,一方面是兴趣使然,更有另一层原因是为了缓解经济压力。1931年,他写信给好友伊万娜·勒斯坦,承认自己参加飞行比赛是因为经济问题,为了"弥补延长休假而未得到薪金的经济损失"③。作家从来都没有把这些搏击长空的英雄们刻画成十全十美的完人,而是完整地展露了作为一个真实的人的全貌。他描述的是现实中的人,就如同他本人。他和龚旭罗的爱情故事让人不胜唏嘘,但是两人相处的细节在其身后出版的传记中也有一些不和谐的证据。埃克絮佩里生性风流,虽然他深爱龚旭罗,但也难以和她长期和平相处,因此两人总是断断续续地生活在一起。而他同时和许多女性保持着或远或近的暧昧关系。龚旭罗虽然也深爱自己的丈夫,但是她就像"玫瑰"一样任性善变,可以一时兴起就收拾行李四处旅行。同样个性强烈的两人,虽然相爱至深却又龃龉不断,当中自然有龚旭罗的性格问题,但是责任的大部分应该还是在埃克絮佩里身上。他经常离家执行任务,他所需要的女人是召之即来,挥之即去,极尽忠诚,完全地从属于他,显然,这种不对等是夫妻关系不和谐的重要原

---

① 作者译自:Max Gelée, dans *Icare*, N.96, P.82, 原文为:«idéal réaliste»
② Antoine de Saint-Exupéry, *Œuvres Complètes*, Tome I, *Lettres à sa mère*, 1994: 736.
③ Antoine de Saint-Exupéry, *Œuvres Complètes*, Tome I, *Lettres à sa famille*, 1994: 901.

因。他显得"对一切都忠诚,但又对一切幸福却并不在意……四处受羁绊,但又从不停留……"①。在一切以飞行为重的生活中,很难有女人能够和他保持一致的节奏。作为飞行员的妻子,龚旭罗的痛苦并不难理解,她并不总是那个英雄丈夫身边小鸟依人的光彩角色。在平凡的生活中,更多的时候,她要忍受着经济拮据、独守空房、担惊受怕,还有丈夫的到处留情。因此,从龚旭罗的角度来审视埃克絮佩里,他显然不是一个称职的丈夫。

飞行员时常面对危险,稍不小心,就会濒临死亡。同时,他们身如浮萍,居无定所。他们并非铁石心肠,也不是入定高僧,所以他们也会经历孤独、悲伤、恐惧、迷惑各种常人有的情绪和困扰。埃克絮佩里在驻守撒哈拉时,就强烈地感受到了孤独和思乡之苦,他曾经写下了这样的文字来回忆当时的感受:"当我们这些撒哈拉航线的飞行员,长年累月,年复一年地作为沙漠的俘虏。从一个堡垒飞向另一个堡垒而不折回的时候,那些乐趣就跟我们绝缘了。这些沙漠里根本没有类似的绿洲,没有花园,也没有姑娘,那都是一些神话。"②即使是翱翔云端的英雄,也难免会恐惧死亡。有一个T军士,当接到参战命令时脸色顿变,明显地变现出恐惧。但他仍然接受了任务,并拒绝让其他人替代。当人感到危险时,恐惧是一种再自然不过的情绪反应,可以说这也是天性使然。但是,埃克絮佩里笔下的主人公们不管是面临怎样的危险,终究战胜了恐惧,因为职业的使命是最重要的。

---

① 作者译自:Léon Werth, *Saint-Exupéry, tel que je l'ai connu*, 1994: 109,原文为:«fidèle à tout mais infidèle à tout bonheur...partout emprisonné et jamais en repos...»

② Antoine de Saint-Exupéry, *Œuvres Complètes*, Tome I, *Terre des Hommes*, 1994: 214.

埃克絮佩里在生活和作品中都无法回避职业和家庭之间的矛盾。对于普通人来说，家庭、爱情都是人生必不可少的部分，也是一个人的正常需求。但正是这样的正常的需求，在飞行员的生活中却成了苛求。《夜航》中法比安的妻子理想中的家庭生活在李维埃看来就是飞行员必须要放弃的"苛求"。她希望丈夫能够和自己享受难得的休息时光，但是刚刚还百般温存的丈夫一接到出发的命令就毫不留恋地斩断了"温柔的锁链"；她希望法比安能够安全地呆在自己身边，就像其他成千上万的男人一样，但恰恰是他的丈夫要去冒险牺牲。她对飞行员的职业并不了解，她关注的只是自己的家庭，她的愿望是如此简单和平凡，但是，所有的飞行员的妻子注定要经历不平凡的痛苦，这其中有孤独、恐惧、愤懑和无尽的思念。西蒙娜、热娜芙、龚旭罗……飞行员妻子们不自觉地成为了丈夫飞行事业的对立面，哪怕她们再争取，也无法用"温柔的锁链"将自己的丈夫栓在身边。另一方面，飞行员也渴望享受爱情的幸福和家庭的温暖。《夜航》一开始是黄昏时分的平原，法比安心生倦意，对舷窗外的风景无比向往，哪怕是一条平常的街道，或是星星点点的民屋里透出的灯光都让他对平凡生活的眷恋一发不可收拾。《南方邮件》中，离开城市已久的贝尼斯，因为对年轻时代的爱情不能忘怀而回头来寻找过去的爱人，热娜芙的影子让他魂牵梦绕，不仅仅是因为女性的温柔，而是这个影子所代表的过往的尘世中的岁月。《人类大地》中讲述作者和同伴在历险之后侥幸脱险，在一个不知名的饭馆享受着一顿平常的早饭，这一刻，他们感到大地上的日常生活是如此温馨和让人难以割舍，因为他们差一点就不能回到这里。然而地面上村庄的灯光也提醒着飞行员对大地上的居民所负有的责

第六章 埃克絮佩里自然观的核心——"大写人"

任,他们有责任保护其他人的平凡的幸福,而这种责任让他们放弃了自己的需求,来成全这片大地上的宁静祥和。

"大写人"与普通人的区别首先在于意识,前者对于自身的处境有一种清醒的意识。在埃克絮佩里看来,普通人的生命是没有意义的,他们的生活庸庸碌碌、毫无创造性,他们生活在拥挤的人群中,彼此之间却漠不关心、没有联系。在开往机场的老式班车上,飞行员就坐在这样一群人当中,他们满足于自己蝼蚁般的生活,自我封闭、对外界毫无兴趣。他们并不是这个星球真正的居民,他们的生命只会在循规蹈矩中慢慢腐败。"大写人"则是真正居住在这片土地上的主人,他们对周围的世界感到好奇,努力寻找着生命的意义。熙熙攘攘的浮华世界在作者眼中只是假象,其中的人也并没有真正存在过。而"大写人"能够看到繁华之下贫瘠如沙漠般的真相,并用行动改变这个世界。

"大写人"的人性并不是单一的,而是个性化和多样化的。埃克絮佩里笔下的人物各有各的优点和缺点,但是他们都具有责任心、奉献精神和博爱的胸怀,这些标志性的品质就是"大写人"人性的重要组成部分。这些品质反映了"大写人"的一个本质性的特征,即:社会性。

"人是有别于众人的。"[1] 总之,对于埃克絮佩里来说,"要存在,首先要负责任,这很重要。"[2] 在《人类大地》中,作家讲述了纪尧姆雪山脱险的故事。纪尧姆获救后的第一句话就是:"我敢发誓,我所做的事,是任何别的动物绝对做不到的。"[3] 他

---

[1] Antoine de Saint-Exupéry, *Œuvres Complètes*, Tome II, *Pilote de Guerre*, 1994: 220.
[2] Antoine de Saint-Exupéry, *Œuvres Complètes*, Tome II, *Pilote de Guerre*, 1994: 212.
[3] Antoine de Saint-Exupéry, *Œuvres Complètes*, Tome I, *Terre des Hommes*, 1994: 196.

创造了只有"大写人"才能够创造的奇迹，因为对家人、对战友、对事业的责任让他在不可能生存的环境下徒步寻找生机，最终获救。正因为责任，人才会牺牲自我、成就他人。责任，几乎是所有埃克絮佩里作品中的主人公统一的动机、唯一的理由，在这样的动机驱使下，他们放弃了家庭和个人幸福投入到了飞行事业中，直至牺牲。即使是童话中的小王子，也是出于责任，以死亡为代价回到玫瑰的身边。正因为责任，人们团结在一起，分工合作，共同建立起了"人类帝国"。就像是航船上的水手，从各个方向牵拉缆绳使船朝着一个方向前进，又像是工匠们各显其能、各司其职建立起辉煌的圣庙。"大写人"的文明就是以责任为核心，使每一个人都承担对他人的责任。也正因为人不仅对他人也对自己承担的责任，人才会努力让自己成为一个更好的人。如果要改造一个人，首先就是要让他承担起责任。《城堡》中的老酋长把流浪的女人安置在一座房子里，在她的周围放上炉子、水壶、铜盘等器皿。女人每天必须早起打扫房子、准备早饭。渐渐地，她把照料家务当成了每天必须要完成的工作。她不再是一个居无定所的女人，而是成为了这座房子的女主人。这样，一个人因为承担了责任而变成了一个更好的人。

对于埃克絮佩里来说，人的价值永远不是用物质来衡量的，看不见的财富才是真正的财富，才能证明人存在的意义。"人类最高的价值，是比个人的存在更长久的东西，是让人永恒存在的，是对人类文明作出的贡献，这种文明一代传一代，通过建设性的行动，通过集体的作品，通过英雄主义的创造来实现，符合时代的要求，因为，事实上，在埃克絮佩里的思想中，最重要的就是个人的升华,这种升华将重新证明人类存在的价值。"[1] 牺牲,就是用个人的、暂时的利益去交换整体的、永恒的利益。在埃克絮佩里看来,生命的意义就在于这种交换。他在《夜航》中举了一个颇有争议的例子:一位工程师在一座正在修建的桥边问一个脸部受伤的人:"这座桥能够值得毁坏一张脸吗?"[2] 当然,人的生命是无价的,但是还有某些东西,比生命更加宝贵,那就是集体的利益,大多数人的利益。同样在《夜航》中,指挥官李维埃毫不留情地处罚了犯了错误的老工人,因为疏忽造成的故障会损害整个团队的利益。在他看来,夜航才是最重要的,所有的人都要为这个根本利益服务,如果妨碍了集体事业,任何人都理所应当受到处罚。李维埃虽然犹豫,但最终还是下定决心辞退了这名工作多年的员工。李维埃是一个很有争议的人物,因为他太理性、太冷漠、太不近人情。也许从另一个方面来说,整体利益是由个人利益构成的,人应该首先保护自己的个人利益而不是损害或者是放弃它。当有一天,青春逝去、死亡来临,一切的个人利益便会随着时间的流逝成为泡影。因此,人应该寻找更长久存在的东西,那便是集体或是人类整体的利益。在埃克絮佩里看来,幸福有两类:普通的幸福和真正的幸福。他认为人通过用行

---

[1] 作者译自:Xu zhenhua, Huang Jianhua, *Raison et déraison*, 2000: 192, 原文为:«...la valeur suprême de l'homme: ce qui dure plus que l'individu, ce qui projette son existence dans l'éternel, c'est la contribution apportée à la civilisation humaine qui sera transmise de génération en génération, contribution réalisée à travers la morale de l'action constructive, à travers l'ouvrage collectif, à travers la création d'un héroïsme conforme aux exigences de l'époque, parce qu'en vérité, rien ne paraît plus important dans la pensée exupérienne, que cette sublimation de l'individu qui justifiera à nouveau l'existence humaine.»

[2] Antoine de Saint-Exupéry, *Œuvres Complètes*, Tome I, *Vol de Nuit*, 1994: 151.

动服务他人来追求真正的幸福，飞行员和小王子在长途跋涉之后终于在一点点水中找到了幸福，这就证明幸福和物质并没有必要的联系，而世俗中的幸福总是和金钱脱不了干系。较之个人幸福，更大的牺牲是生命。梅尔莫斯消失在大西洋上空，法比安在暴风雨中丧生，贝勒汗坠落在安第斯山脉……就像对于李维埃来说，一座桥当然值得去毁灭一个人的脸，对于每一个飞行员来说，职责总是比生命更重要，因为职责牵涉到了更多人的利益。对于埃克絮佩里来说，生命从来就不是一道简单算数题，不是对个人成功和财富的斤斤计较。他认为当一个人在拯救他人的时候，也在拯救自己，将自己从无意义的存在状态中拯救出来，他在拯救的不仅仅是一个人的生命，而是在"拯救一种意识，一个帝国，其重要性是无法衡量的"[1]。因此，牺牲并不是放弃，也绝不是人间悲剧，相反，牺牲是自救，是通往真正幸福的跋涉。飞行员不顾生命危险运送邮件，医生深入疫区挽救病人，骑兵进入沙漠的中心解救迷路的人……所有的这些行为都是赋予生命意义的自救。他们遇到的危险、经受的痛苦，甚至面对的死亡，都奠定了人性中高尚的基调，使一个普通人走向了通往神的道路，带给人类真正的幸福，就像埃克絮佩里所说："牺牲也许会带来痛苦，但也让人感到无比的快乐。"[2]

"大写人"的另一个特质是博爱的胸怀，他的牺牲往往是为了素不相识的陌生人。他的爱是大爱，既不同于世俗中以占有为目的的情欲之爱，也不仅局限于两个人的家庭，他所追求的真爱是扩展到对他人的责任，对集体事业的全身心投入和对整个人类

---

[1] Antoine de Saint-Exupéry, *Œuvres Complètes*, Tome I, *Reportages*, 1994: 405.

[2] Antoine de Saint-Exupéry, *Œuvres Complètes*, Tome I, *Vol de Nuit*, 1994: 124.

社会的奉献。博爱的胸怀能够包容个体的差异。在《城堡》中，作者把人类帝国比作一座圣庙，由许多不同的柱子支撑起来。博爱的胸怀能够让人抛弃矛盾、偏见、社会等级和各种表面上的差异团结在一起，实现共同的理想。总而言之，博爱的胸怀涵括了许多人类的优秀品质，如：慷慨、包容、助人为乐等等。这种特质有时候表现为人类天性中对同类的怜悯体恤。在《莫斯科》中，作者描述了一列满载着波兰劳工的火车上，有一对夫妇和一个孩子，孩子的面孔如同天使，而那对夫妇在作者眼中已经被磨砺得形同"野兽"[①]。这群劳工背井离乡、筋疲力尽，麻木得似乎并不对自己的处境感到痛苦，他们就像那对夫妇一样变成了"野兽"，失去了人本来的情感。如果人类不自救，那也只能沉沦下去，变成"野兽"。作家对于人类命运的深深的忧虑就是源于这种悲悯之心，也是博爱之心。

总之，"大写人"首先是真实的人，但是他们能够意识到人类的处境，并且试图去改变。因为他们将他人的利益置于个体利益之前，他们努力地承担起对他人的责任，并且能够在必要的时候牺牲自我；正因为他们抛却了占有欲和世俗偏见，他们才能够以更加包容的心关爱他人，珍惜生命。

6.2.3 "大写人"的神性

"在笼罩着整个饭店的阴郁气氛下，在那些白天忙碌了一整天，现在到饭店里来消愁解乏的小职员中间，这位肩膀宽厚的同志使我感到异常高贵。透过他粗狂的外表，显现出他那战胜了巨

---

① Antoine de Saint-Exupéry, *Œuvres Complètes*, Tome I, *Reportages,* 1994: 371.

龙的天使的面目。"①外表粗犷的飞行员贝勒汗在作者的眼中宛如天神,因为他有敢于和大自然较量的神力和勇气,让作者看到了一个"大写人"的身上所隐藏的神性。在几乎所有埃克絮佩里作品中的主人公身上,读者都会发现惊人的勇气、坚定的信念、百折不挠的精神和坚强的意志,这些品质形成了一种神力,让人可以和大自然较量。以梅尔莫斯为例,我们从作者的回忆中仿佛看到了一个性如烈火、坦率真诚的硬汉,"不是神也不是天使,而是一个人"②,他平常得就像是我们身边的一个朋友,但在与大自然的较量中他称得上是一个"常胜将军"。作为一个"大写人"的具体的代表,梅尔莫斯的形象体现了埃克絮佩里对于人性的一种现实的理想。他并没有把神置于人所不可及的高度,而是让人性和神性无限接近。不仅如此,他将人、神和大自然融合在一起,让大自然的神性和人的神性相通,构建了一个人与自然交融的理想世界。就像他在《城堡》中所表达的思想:对于水手,上帝就是大海;对于夫妇,上帝就是爱情。而在遥远荒僻的撒哈拉沙漠,对于一个孤零零守卫城堡的中士来说,上帝就是这片沙漠,是他思念的家人,还有那位金发的表妹。"此时,我才明白那个认出雕像的微笑、田野的美景或圣殿的静默的人,他发现的是上帝。他超越了物质得到精髓,超越了词语聆听到赞歌,超越了黑夜星辰感受到了永恒。"③此时,人终于超越了现实,靠近了神灵。

"上帝在人类思想中是无时不在的。长久以来,上帝对于人

---

① Antoine de Saint-Exupéry, *Œuvres Complètes*, Tome I, *Terre des Hommes*, 1994: 174.
② Antoine de Saint-Exupéry, *Œuvres Complètes*, Tome I, *Articles*, 1994: 337.
③ Antoine de Saint-Exupéry, *Œuvres Complètes*, Tome II, *Citadelle*, 1994: 553.

类一直都扮演着'救世主'的角色。但是在文艺复兴以后，上帝逐渐隐身，直至19世纪，当人们再次对自己的处境感到无能为力时，这位'拯救者'又重新出现了"①，只是此时的上帝已经不再是中世纪扮演的"绝对主宰"，埃克絮佩里的上帝更是进入了现实世界，成为了普遍定律和高尚道德的代言人，为人类指出了自我完善的方向。他甚至认为，事实上，人的"救世主"就是自己，人只有通过行动才能走上神圣之路，就像《城堡》中所写："只有（迈出）步伐才是重要的。"②埃克絮佩里没有把神供奉在高高的祭坛上，而是给人指明了一条通过努力走向神坛的道路，虽然这条路上充满艰险。人有时候不得不做出牺牲，就像最虔诚的祈祷，虽是肝脑涂地却是一如既往，甚至不要求上帝的回应。也正是这种不计回报的付出使人性发生了质的改变，升华到与神无限接近的高度。"一切奉献自己去演变成的行动都是祈祷……像铸陶的人用对陶罐的爱铸陶，也就是用爱、用祈祷在铸陶。"③既然人、神、大自然是相融相通的，那么总有一种语言是三者交流之渠道。既然上帝代表着普遍而完美的真理，那么为了明了真理，也需要一种超越所有分歧和矛盾的语言。事实上，埃克絮佩里并不是一个能言善辩之人，相反，他总是沉默冷静。因此，在他的精神世界，交流的方式从来不是口头上的言语，而是行动。行动便是他与神交流的唯一方式，正如他在《城堡》中写道："上帝首先是你语言的意义，而你的语言有了意义

---

① 肖四新：《西方文学的精神突围》，北京：中央编译出版社，2003：274.
② Antoine de Saint-Exupéry, *Œuvres Complètes*, Tome II, *Citadelle*, 1994: 490.
③ Antoine de Saint-Exupéry, *Œuvres Complètes*, Tome II, *Citadelle*, 1994: 519.

才向你显示上帝。"①大自然是神的栖居之地，也是人类生活的家园。对于埃克絮佩里来说，上帝和人是十分接近的，而对于卢梭而言，上帝和大自然更加亲近。卢梭主张人回归自然寻找神性，而埃克絮佩里认为要通过自我改造在人类自身发现神性。宗教意义上的上帝永远是人类寻求庇护的"救世主"，而埃克絮佩里基于对人的信心将自身作为一切力量的来源，通过行动改造人性，以达到拯救自我的目的。这种看似与宗教相反的观点充分表现了他的人文主义思想，而这种思想显然是以人为一切价值的核心。对他而言，神寓于人，人寓于自然，三者是相互交融、不可分离的。

埃克絮佩里所塑造的人类范型不仅仅具有现实当中人的复杂性，还因为具有某些杰出的品质而获得了神性。"大写人"是连接普通人与上帝之间的桥梁，他是现实中不甘于平凡的人，他是自省并不断完善的人。作者通过维护"一种以'大写人'为拱顶石的文明"②塑造了理想人性的典范。

6.3 人性改造的必要性

20世纪初，在知识界和艺术界，出现了许多创造性的成果：胡塞尔的现象学、爱因斯坦的相对论、弗洛伊德的无意识学说、毕加索的立体派、泰勒的科学管理原则等等，所有的这些成果都让20世纪初的西方社会呈现出一片百花齐放的景象。同时，文学界和评论界也是百家争鸣：第一次世界大战后，作家们纷纷侧

---

① Antoine de Saint-Exupéry, *Œuvres Complètes*, Tome II, *Citadelle*, 1994: 553.
② Pierre-Henri Simon, *L'Homme en Procès,* 1968: 143.

第六章 埃克絮佩里自然观的核心——"大写人"

重揭露社会现实，比如：马尔罗、纪德、普鲁斯特、克罗戴尔、莫里亚克等等。在文学作品丰盛的同时，文学创作理论也是推陈出新，比如：普鲁斯特的意识流手法、安德烈·布勒东的超现实主义等等。在这样群星闪烁的背景下，埃克絮佩里也深受感染，尤其是受到了作家安德烈·纪德的影响。他的代表作《人类大地》很明显地有纪德的《人间粮食》的影子。这个时代的作家对社会表现出的强烈不满并渴望摆脱现实处境的愿望也是埃克絮佩里作品中重要的思想内容。在观察、认识和反抗的道路上，埃克絮佩里和其他作家一样都进行着自己的创造和思考。显然，"他们都在试图发现和建立全部生命的秘密……因此，小说的基本精神，并且决定形式的基本精神，就像小说的主人公表现的那样，即：他们总是在寻寻觅觅。"[①]

文明的发展和科技的进步给人类的生活提供了丰富的物质和便利的生活。但同时，人类也走向了个人主义和功利主义的死胡同，存在的虚无感让精神危机遍及整个人类社会。经济危机的爆发和战争的愈演愈烈让情势雪上加霜。人类迫切地需要寻求一种精神上的引导和安慰，因此，上帝的再次出现成为了众望所归。事实上，人却无法摆脱既定的生存条件，因此，有一些作家开始把希望寄托在人类自身，上帝再次隐身，但是宗教上的长期影响让西方作家无法完全地脱离上帝的影子。埃克絮佩里生于1900年，1944年在执行任务途中失踪。他所生活的年代正是科技发

---

① 作者译自：Georges Lukacs, *La Théorie du Roman*, 1963: 54，原文为：«ils cherchent à découvrir et à édifier la totalité secrète de la vie...Ainsi, l'esprit fondamental du roman, celui qui en détermine la forme, s'objective comme psychologie des héros romanesques: ces héros sont toujours en quête.»

展、社会动荡的年代，他是邮政航空的先驱，曾经负责开辟图卢兹、卡萨布兰卡到达喀尔的新航线，他亲身经历了两次世界大战，目睹了人间悲剧，困惑于人性堕落、信仰崩塌。他作为记者报道了西班牙内战和莫斯科动乱。面对人类惨淡的处境，上帝似乎也隐遁了行踪保持缄默。人类无法期待外来的帮助，必须通过自己的力量来自救。在这种情势下，埃克絮佩里提出了通过职业性的行动来赋予生命新的意义，把人类从悲剧性的虚无状态中拯救出来，表现出莫大的勇气和难得的乐观精神。

当时，除了两次世界大战之外，整个欧洲都处在动荡之中，到处都是战火冲突：日俄战争、巴尔干战争、意大利和土耳其的战争，还有西班牙内战和俄罗斯内战。另外，法国人和摩尔人也处于休战和重新开战的反复之中。战争对埃克絮佩里影响至深，让他对人性的理解更加深刻。他亲身经历了两次世界大战，并现场目睹了西班牙内战和1935年5月的莫斯科动乱。在沙漠服役期间，埃克絮佩里和他的战友们也经常受到摩尔人的威胁。除了《战争飞行员》，他还写下了不少《战争随笔》。在作家青少年时期，夜空中刺耳的轰炸警报让他一生都难以忘怀。1921年，刚刚获得飞行员资格的埃克絮佩里第一次执行的任务就是军事侦察。第二次世界大战期间，他入伍空军，亲眼目睹了战争对人的毁灭性打击。随后，他在停战期间远走美国希望当时的美国政府能够介入战争，挽救一再战败的法国。1943年4月，他重新回到法国，并且担任飞行大队教官，1944年7月在执行任务时牺牲。可以说，埃克絮佩里的一生都笼罩在战争的阴影之下，因此，对战争的思考是其哲学思想的重要组成部分。他在文章中所描写的战争场景，并且身临其境地描写了战争给人类带来的痛苦和遗留的后果，因为观察的角度不同，所以给人更加震撼和残酷的印象。

正是作为战争的见证人，埃克絮佩里坚决地表达了反战的立场。他认为，战争不管是以何种原因开始都是不正当的。他从来都避免被划入任何一个政治团体，拒绝任何的党派之争。如果说他信奉某种学说的话，那么只有一种，那就是关于人的学说。从这个立场出发，他反对独裁、专政和法西斯主义。他认为"各人捍卫的主义各有不同，这也没什么大不了的。只要这些主义可以促成新人的诞生，他们可以对主义一笑置之。"[1] 在埃克絮佩里眼中，战争首先是荒唐而残酷的，他不止一次地描述在战争中亲眼看到的情景："我看见一位家庭主妇被开膛破肚，我看见一个小孩的脸被打得扭曲，我看见一位年老的地摊女商贩正用海绵拭去飞溅在货物上的脑浆……"[2] 战争中，他遇到了许多荒唐事，比如一件"草菅人命"的案例：有一个男孩揭发另一个人是法西斯，于是这个人被枪毙了，之后，那个人被证明不是法西斯，于是，男孩也被打死了。这种对生命随意处置的做法让人的存在显得荒诞和不确定，这便是在战争环境下人类的处境。在莫斯科期间，埃克絮佩里遇到了一位女士，她这样评价人的存在："在一只灰色老鼠的眼中，革命是什么样的？当它周围的一切崩溃的时候，它又怎样继续生存呢？"[3] 因为战争是荒唐的，人的牺牲也就显得荒唐，所谓的职责也同样不可理喻。千百万人在战争中死去却毫无意义。哪怕是以献身某种事业为借口，也不能使人的牺

---

[1] Antoine de Saint-Exupéry, *Œuvres Complètes*, Tome I, *Articles*, 1994: 326.
[2] Antoine de Saint-Exupéry, *Œuvres Complètes*, Tome I, *Reportages*, 1994: 411.
[3] Antoine de Saint-Exupéry, *Œuvres Complètes*, Tome I, *Reportages*, 1994: 386.

性变得有价值。在战争环境下，死亡被认为是一种合情合理的牺牲、一件再正常不过的事情。"就像节日中的乱伦，战争中的谋杀是一种有着宗教意义的行为。可以说，谋杀就是人类的牺牲，并且没有什么立竿见影的作用。但就是从这一点来说，让公众的意识把它和平常意义上的谋杀具体地区分开来。"[①] 战争就像是一场失去控制的游戏，使人类陷入虚无和荒诞之中，再也找不到自己生存的价值和意义。这场荒诞的游戏由人发起，规则由人制定，但是战争终归不由人控制，一旦发起很快就像火一样四处蔓延，直至毁灭人类。

其次，战争是具有欺骗性的，并且让人道德沦丧。战争以某种理由让人聚集起来，或者以某种事业为借口让人全力以赴甚至付出生命。战争带给人类的只有仇恨和悲剧。事实上，所有让人互生仇孽的理由都是不存在的，人们认为他们在为尊严而战，而他们恰恰毁灭了对生命最基本的尊重；人们认为他们在为保护土地而战，其实所有的人拥有的是同一片土地，而战争只会在这片土地上制造悲剧。因此，人并不是在与敌人作战，而是在毁灭自身。在复兴日耳曼帝国的口号中，多少年轻人满怀热情牺牲在前线，他们为之奋斗的所谓"帝国"从来就不曾存在，只是狂热呐喊声中自我沉溺的幻影，他们年轻的生命被利用的真正目的在于扩张和侵略，他们到死都不知道自己的牺牲与理想完全是背道而驰的，所有的一切只是一场不真实的骗局。在文章《道德的斜

---

① 作者译自：Roger Gaillois, *L'homme et le sacré*, 1950: 226，原文为：«Comme l'inceste dans la fête, le meurtre dans la guerre est un acte de résonance religieuse. Il tient, dit-on, du sacrifice humain et n'a pas d'utilité immédiate. C'est par là, précisément que la conscience populaire le distingue de l'assassinat.»

坡》中，埃克絮佩里讲述了德国人利用被俘的飞行员，收集他们在受伤或是神志不清的时候所说的只言片语并用广播进行宣传。这样的骗局在整场战争中只是冰山一角，在作者眼中，战争本身就是一个大骗局。

最后，埃克絮佩里将战争比作一场"斑疹伤寒"[①]，因为战争和致命的疾病一样夺人性命。更甚者，战争会让人们自相残杀，这样的结局是人性完全崩塌的证明。战争和疾病一样给人带来痛苦和绝望。战火烧毁了无数人的家园，即使能够侥幸生存，人们也变得一无所有。有的人背井离乡，就像作者描述的莫斯科火车上的波兰劳工一样，不得不丢弃了自己熟悉的一切，流离失所，不知道前方的路会到哪里。战争比疾病更加可怕，不仅是人的生命，和人息息相关的一切都可以顷刻间被毁于一旦，所有人世间的一切都失去了原有的意义。一个村庄在士兵眼中成了一个"耗子窝"[②]；一片三百年历史的树林在射击手看来就是一个目标，十分钟就可以毁掉，"三百年的耐性和阳光"[③]瞬间灰飞烟灭。

埃克絮佩里在他的文章中曾经回忆了他在阿根廷度过的一个夜晚。在漆黑寂寥的夜空，每一颗星星都像是一盏明灯，照亮了作者的心灵。怀着对人类的希望，他思索着将人类从战争的悲剧中解救出来的办法。他意识到为了治愈这场"斑疹伤寒"，人类只能够靠精神的力量。面对战争的废墟，人们不仅仅需要重建物质意义上的人类社会，更重要的是重新唤起人类对生命的尊重和

---

① Antoine de Saint-Exupéry, *Œuvres Complètes*, Tome II, *Pilote de Guerre*, 1994: 146.
② Antoine de Saint-Exupéry, *Œuvres Complètes*, Tome II, *Pilote de Guerre*, 1994: 153.
③ Antoine de Saint-Exupéry, *Œuvres Complètes*, Tome II, *Pilote de Guerre*, 1994: 153.

对人性的美好记忆。

6.4 改造人性的方式

在充满了哲理的《城堡》中，埃克絮佩里总结了他对于人的看法。书在一开始，老酋长对王子说："你是这个正在自我完善的人。"① 从一开始，作家就表明了自己对于人的定义，即不断自我完善的人。出于天性，因为环境，每个人首先都有"自己固有的秉性"②。因此，人性改造并不是一件容易实现的事，人从平庸到神圣的过程需要付出艰辛的努力，就像李维埃所说："人就是一团需要加以揉捏的生蜡。必须赋予这种物质一个灵魂，给它创造一种意志。"③

6.4.1 行动

海德格尔说过："人道主义，从普遍意义上来说，就是为了人类获得自由和尊严而付出努力。"④ 埃克絮佩里认为，关于行动，无所谓正确与错误，因为，即使是错误也能成为成功的经验。因为行动，人类才能发现无所不在的上帝，才能发现自身存在的神性；行动是所有人共同的尺度，衡量着人的价值；行动是神圣的阶梯，引导人们走向圣庙；行动是所有人都能理解的一种

---

① Antoine de Saint-Exupéry, *Œuvres Complètes*, Tome II, *Citadelle*, 1994: 371.
② Antoine de Saint-Exupéry, *Œuvres Complètes*, Tome II, *Citadelle*, 1994: 523.
③ Antoine de Saint-Exupéry, *Œuvres Complètes*, Tome I, *Vol de Nuit*, 1994: 123.
④ 作者译自：Bruno Pinchard, *Heidegger et la question de l'humanisme*, 2005: 290，原文为：«l'humanisme est général, est l'effort visant à rendre l'humain libre et à lui faire découvrir sa dignité.»

语言，让人类团结起来；行动也是人类必经的过程，让虚无的存在获得新的生命。埃克絮佩里所定义的行动绝不是庸庸碌碌的重复陈规旧律；也不是一时头脑发热的冲动冒险，他所谓的行动，首先是一种集体的创造行为。各种职业的人聚集在一个团体中，为了相同的目标而奋斗，创造出真正的"人类帝国"。《城堡》中的老酋长想建造一座城市，他把盗贼、流氓都聚集起来，用他们的双手共同完成一项伟大的工程。在辛苦的劳动中，这群人往日的傲慢和残忍被磨砺成了勇气和热情。耸立的城墙见证了他们人性的改造。在日复一日的苦役中，他们不得不互相帮助才能熬过艰难的日子，彼此之间建立了友谊。就这样，一座城市在他们的手中创造了出来，他们也从之前的"破坏者"变成了现在的"缔造者"。《城堡》的最后一章中讲到一位老园丁和他久未谋面的朋友通信，千言万语落在纸上就是一句看似简单的话："今天早晨，我修剪了我的玫瑰。"① 但正是这句话揭示了人生的意义：在工作中，人实现了充实无憾的一生。事实上，作家和他书中所有的主人公都是这样的人生的实践者。较之"行动"，埃克絮佩里给出了一个更加具体的词"职业"。可以说，他是一个"将职业溶于血液的人"②。

显然，埃克絮佩里对行动的定义更为明确，他将人类改造大自然的行动按照职业来划分，所以，他的行动，更确切来说是指"职业性的行动"。对于飞行员来说，正是极具危险性的职业让他们成为了人们敬仰的英雄。在《飞行员》中，贝尼斯给年轻

---

① Antoine de Saint-Exupéry, *Œuvres Complètes*, Tome II, *Citadelle*, 1994: 834.
② 作者译自：Joseph Kessel, «Saint-Exupéry», *Paris-Soir*, 27 mai, 1939，原文为：«qui a mis le métier dans le sang»

的学员进行培训。有一天,他吃饭的时候听到一群下级军官在聊天,聊到泥泞的跑道给飞行带来的不便,执行运输任务拿到的津贴,还有他们所经历的冒险等等。贝尼斯喜欢听这样的谈话,因为他喜欢这种像报告般简单平实的故事,喜欢这群实实在在、全身心投入到职业当中的人。飞行员的职业看似浪漫,却充满着实实在在的危险,需要飞行员彻彻底底地奉献,甚至是牺牲自己的生命。

为什么作家会用"职业"来诠释"行动"呢?因为职业性的行动更加有秩序、更加理性。几乎和埃克絮佩里同时代的另一位法国作家安德烈·马尔罗也主张用"行动"来对抗人类的悲剧命运,改变人的生存处境,平息精神上的焦虑,改变荒诞的现实世界和摆脱存在的虚无。但是,两人对于行动的理解却大相径庭:马尔罗主张的是冒险性的行动,是激情爆发下的全然不顾后果的行动;埃克絮佩里将行动定义在职业的范畴,就显得更加理性和冷静。所有的飞行员都遵守着严格的纪律,在生活和情感上表现得十分自制,他们明确自己行动的目的,也明了行动的结果。因此,马尔罗作品中的主人公们最终沉溺在了深深的绝望当中,而埃克絮佩里所塑造的人物却因为时刻谨记的责任而更加警醒和坚定。

对于职业,埃克絮佩里充满了激情,一直到他超过了服役年龄,并且满身伤病,他仍然坚持着这份对飞行的执着。在他的年代,飞机的制造技术远不如今天这样发达,因此,飞行员绝对是一个高风险的职业。并且,由于当时飞行事业还处于起步阶段,邮政航空运输并不普遍,许多航线要靠飞行员驾驶着飞机去开辟探索,因此,飞行员在当时并不是一个高薪行业,而且充满着很多的不稳定因素。就在这样一种条件下,飞行员们仍然能够从日常的繁琐中解脱出来,放下家庭和爱情,投入到危险的职业生活中,而且常常居无定所、风餐露宿。除了他们对于飞行的热爱之外,更多的是出于他们的信念:他们相信这样紧张、充实、为他人服务的生活能够让生命更有意义。随时面临的危险和与死神擦肩而过的经历让他们更加热爱生命,更加懂得生命的价值。他曾经给朋友德古尔(Lucie-Marie Decour)写信讲述他在撒哈拉中心的一座西班牙城堡中的生活,那里的孤独和匮乏让他不禁自问对这份职业坚持的理由,但是他最终说服了自己,因为:"我选择了最艰苦最冒险的生活,因为我认为其他的方式一无是处。"[1]

职业和一般的行动最大的不同在于,前者是在一个集体中的行为,而后者更多的是个人化的行为。"职业的伟大之处或许首先在于把人们团结起来。"[2] 飞行员就是属于一个超越了语言和政党分歧的团体,这个团体以行动为交流的方式,以飞行事业为共同的职责。在这个团体内部有严格的纪律和明确的分工,甚至有森严的等级,所有的机组乘务员要无条件地服从指挥官的安排,而指挥官所有的指示都以飞行事业为首要的考量。这样的情形就像《夜航》中所描写的那样,李维埃作为指挥者负责整个夜航的安排和调度,具体的执行者是检察员罗比诺,而所有的飞行员和机械师,以及维修飞机的工人还有地面工作人员都必须遵守严格的规章制度。在以飞行为唯一利益的这个团队,没有人可以凌驾于规则之上,没有人情能够超越纪律。现实中,埃克絮佩里

---

[1] Antoine de Saint-Exupéry, *Œuvres Complètes*, Tome II, *Lettres intimes*, 1994: 912.
[2] Antoine de Saint-Exupéry, *Œuvres Complètes*, Tome I, *Terre des Hommes*, 1994: 189.

也曾经对这个团体的严格纪律感受深刻。当他进入拉特哥尔航空公司时,他才明白"任何一次迟到,不管是什么理由,都是耻辱"[①]。几年之后,当他参加邮政航空公司时,他用了"修道院"[②]这个词来形容那里的气氛。飞行员们虽然经常分散在各地,在飞行途中偶尔擦肩而过,但是同属于一个团队的他们却被一根看不见而坚实的纽带紧密联系着,这根纽带就是对于职业的忠诚,对于理想的坚持和对于事业的热爱。

人投入到一种职业中,以更为专业的方式来改造这个世界,并且在这个过程中摆脱了日常生活中的忧虑,与这个世界建立起了更为广泛和深入的联系。而这些联系可以让人成为"美丽的种族"[③]。就像飞行员在浩瀚的宇宙中,忘却了现实中的烦恼,心灵得到了净化,因为,"只有当他们将生命作为抵押投身其中的时候,他们才会相信那些关于美德的字眼"[④]。当他们接近天空和星辰,翱翔在白云之上,他们似乎更接近了上帝。飞行员驾驶飞机开辟航线,运送邮件,让不同地方的人之间建立起联系,他们对这个世界的改变或许不如建造一座城市那样显眼,却比这种表面上的改造要更为深入,因为联系才是存在意义的决定因素。他们在投入飞行事业的同时,就选择了孤独和痛苦。在风霜的磨砺下,他们也变得更加勇敢和坚强,也更加坚定了对事业的使命感。正是这些优点让人性变得更加美好,就像作家所说:"你是

---

① 作者译自:*Marianne*, 26 octobre, 1932, 原文为:«un retard, quel qu'il fût, était en soi déshonorant.»

② *Marianne*, 26 octobre, 1932: 2.

③ Antoine de Saint-Exupéry, *Œuvres Complètes*, Tome I, *Articles*, 1994: 338.

④ 作者译自:Jules Roy, *Saint-Exupéry*, 1990: 41, 原文为:«ne croient à la vertu des mots que s'ils y engagent leur vie en otage.»

一个职业人，正因如此，你会更美丽。"①

6.4.2 教育

《城堡》中，老酋长教导王子："我铸造人。"② 对于埃克絮佩里来说，教育首先是一种现实的体验。《小王子》中的地理学家就反映了一种相反的教育观点，即：以教条和经验为先。在《人类大地》中，作家讲述年轻的飞行员的成长经历，描述了一堂让他难以忘怀的地理课。作为老飞行员的纪尧姆耐心细致地给年轻的后辈详细解释了地图上的每一个标记。对于每一个飞行员，都必须有亲身的经历或是像纪尧姆这样的言传身教才能说是真正地了解自己要飞行的航线，而不能仅仅凭一张地图，记住几个地理名字就自认为能够胜任岗位。因为哪怕是一条不起眼的小溪，或是一小丛灌木都会给飞行员带来很大的麻烦。平常的地图上标明的都是一个个和飞行员并没有太大关系的地理名词，而从来也不会在地图上出现的一个小农场却有可能会是飞行员遇到困难和危险时能够最快找到救援的地方。所有这些不起眼却至关重要的信息都要通过飞行员的实际体验才会标注在专属于他们的地图上。经验丰富的飞行员对于年轻一辈的教育就是从给予他们切实可行的建议开始的，就像他们会提醒新手带上备用的食物和水，因为谁也不能保证每一趟行程都是安全的，也许会出现事故，也许会迷路。一旦遇到意料之外的情况，这些备用的食物和水就能够救人性命，或者让飞行员支撑一段时间等待救援。对于这种亲身体验为基础的教育理念，埃克絮佩里似乎和卢梭不谋而

---

① Antoine de Saint-Exupéry, *Œuvres Complètes*, Tome I, *Articles*, 1994: 337.

② Antoine de Saint-Exupéry, *Œuvres Complètes*, Tome II, *Citadelle*, 1994: 374.

合。卢梭认为孩子不应该封闭在温室中，要去大自然中经历风雨。埃克絮佩里主张的教育方式也是以实践为基础，但是他强调教育的环境就是现实，其中包括了社会现实，因为真正的现实是人类社会无法回避的。卢梭提出的"回归自然"是以人类社会为对立面的，从某种意义上来说也是逃避现实的一种表现。相比之下，埃克絮佩里的教育观更为理性和客观。

其次，埃克絮佩里提出的体验式的教育方式，主要是对痛苦的体验。就像《城堡》中所说："我的人民啊，在这样的旅途中，我让你们吃石头，喝荆棘。我用霜冻你们，我让你们忍受滚烫的风，你们被迫蹲下来贴着地面，用衣服蒙住脑袋，你们的嘴巴嘎嘎地响，你们被日头晒得汗流满面。"[①] 对作家来说，教育是通过考验来实现的，因为"所有的上升都是痛苦的，所有的蜕变都是折磨"[②]。教育从来就不是一件容易的事。为了让孩子了解山，就应该让他被荆棘所伤，从山上跌落，背靠石头浑身大汗，随后登上峰顶一览众山。坐着轿子轻轻松松地到达顶峰的人绝不可能真正了解山峰，因此，教育即考验，痛苦的经历在所难免。同时，在考验中，人的力量得到了增强。就像攀登山峰需要劳动筋骨，但是运动之后，人会变得更加强壮和灵敏。

作家在《城堡》的二十五章系统地阐述了自己的教育思想：第一，不应该遏制孩子的好奇心，不应该按照成年人的要求来培养孩子，也不应该以大人们的价值观来误导孩子，我们应该充分地信任孩子，相信他们知道自己在寻找什么；第二，教育者不应当强迫孩子背诵空洞的理论和死板的教条，应该启发孩子去了解

---

① Antoine de Saint-Exupéry, *Œuvres Complètes*, Tome II, *Citadelle*, 1994: 775.
② Antoine de Saint-Exupéry, *Œuvres Complètes*, Tome II, *Citadelle*, 1994: 465.

文化遗产中真正有价值的东西，因此，人们永远都不能忽视艺术和文学的价值；第三，外表并不重要，因此，要教育孩子不能被现象迷惑，不能轻易做出不正确的判断，而要超越表面深入理解事物的本质；第四，应当对他人、对周围的一切感兴趣，不要局限于自我；第五，不要盲目相信所谓的科学理论和实验结果，直接的认识世界的方式就是去体验、去创造；第六，应该互相尊重，注重和他人的关系，因为批评和讽刺只会让人无法与外界沟通，失去了与世界的联系，也失去了认识它的机会；第七，不要过分沉溺物质享受，因为一味地追求物质只会让人堕落，失去创造性，失去对其他一切的兴趣，也永远无法看清楚事物的本质；第八，要交换、要分享、要合作、要团结，因为交换和分享会让我们摆脱自私和狭隘，合作和团结才能创造伟大的事业；第九，必须有自我完善的愿望，应当鼓励孩子成为更好的自己，努力实现更有意义的人生；第十，重视纪律和规则，学会服从和奉献；第十一，应当努力具备以下品质：有责任心、有合作精神、诚实、慷慨、有同情心、有羞耻心等等。

最后，作家提醒大家应当认识到：教育是一个长时间的过程，需要耐心和一如既往的奉献，就像《城堡》中所举的例子：教育如同给孩子喂奶，需要时间和爱。没有一个孩子是一夜长大的，教育孩子的过程也是漫长的、渐进的、充满辛劳的。另外，作家认为教育的理念是至关重要的，因为，如果把人比作树的话，实行错误的教育观念，就如同把树置于一个没有光线的地方，树的生长会受到很大程度的抑制；应当把树置于一个光线充足、土壤肥沃的地方，这样它才会茁壮成长。因此，教育的引导对于人的成长是十分重要的。

简而言之，面对并不令人满意的处境，人类需要智慧来改变它。如果说行动是人凭借内在的力量自我改造的方式，那么教育就是通过外部的引导来自我完善的途径，两者的目的是完全一致的。

6.4.3 超越自我

"我将为大写的人而战，与其敌人斗，也与自己斗。"[①]

埃克絮佩里认为，要成为大写的人，需要付诸行动，需要正确的教育引导，但是，要实现人性质的提升，还需要超越自我的极限，克服自身的弱点。无疑，作为那个时代的飞行员，对于事业的付出是常人难以想象的，埃克絮佩里的作品正是为读者讲述了英雄们真实的生活：身若浮萍、居无定所、孤独清贫、生死难料。他们必须要看淡名利权情，孤独的时候要耐得住寂寞，危险当前要挺身而出。在他们的生命中总要出现寻常人生无须面对的难题，而解决这些难题都需要有超然的心态和超乎常人的自制力。

作为飞行员，首先要面对的问题就是超越死亡、克服恐惧。死亡对于每一个人来说都是不可避免的宿命，而对于敢和自然力抗衡的飞行员来说，这种宿命注定来得更快。飞行员们潇洒冷静、无所畏惧的风度并非都是伪装，既然注定要面对，那么只能把生死看淡，就像《小王子》中所说：死亡就像是"褪去一层旧皮"[②]。飞行员们的勇气来自于他们对精神永存的信念，因此，肉体上的痛苦就显得不那么重要了。当然，不是每一个人都有如

---

① Antoine de Saint-Exupéry, *Œuvres Complètes*, Tome II, *Pilote de Guerre*, 1994: 227.
② Antoine de Saint-Exupéry, *Œuvres Complètes*, Tome II, *Le Petit Prince*, 1994: 315.

此的见识，淡然面对死亡的勇气也不是天生就有的。埃克絮佩里很小就必须面对死亡，他早逝的父亲让·德·圣·埃克絮佩里在他的记忆中只留下了非常模糊的印象，在《城堡》中他这样谈到父亲对自己的影响："是他在我小的时候就教会我面对死亡。"①随母亲在外祖父家的庄园过了一段平静的生活之后，死亡又一次出现，外祖父的去世让寡居的母亲再度面临着无处安身的困境。他们一家又搬到了姨妈在圣·莫里斯的庄园，在这里渡过的青少年时期也许是埃克絮佩里一生当中最幸福的时光。但是，他的弟弟弗朗索瓦因为风湿病去世，这是少年埃克絮佩里第一次独自面对死亡，他在之后的一段时间变得沉默寡言、郁郁不乐。1926年，他的姐姐玛丽·玛德莱娜因为结核病去世，他再次陷入了长久的沉默中。无人知道他是怎样从恐惧中慢慢挣脱出来，也没有人了解当他与死神擦肩而过的时候，是否也会心生惶恐。死亡，在日常的生活中总是让人痛苦的悲剧，但是作为飞行员，埃克絮佩里对于死亡的态度让人肃然起敬，他对于死亡的定义也发人深思。他身边的战友一个个牺牲，纪尧姆、梅尔莫斯、贝勒汗、奥士德……尤其是梅尔莫斯和纪尧姆相继离世，让作家陷入了深深的孤独中。虽然他和梅尔莫斯在有些方面各执己见，比如两人的政治立场不同，性格也差别很大：埃克絮佩里沉默寡言、冷静执拗，梅尔莫斯热情坦率、脾气暴躁，但是他们一生都保持着牢固的友谊。当梅尔莫斯的飞机在大西洋失事的时候，埃克絮佩里痛心疾首，写下了一系列文章题为《献给梅尔莫斯》，以此纪念这位战友。在《人类大地》中，他再次回忆了这位身经百战的勇

---

① Antoine de Saint-Exupéry, *Œuvres Complètes*, Tome II, *Citadelle*, 1994: 368.

士,并表达了无限的敬意和深沉的怀念之情。对于纪尧姆,作家更是怀有一种亲密的情谊,从他刚刚成为飞行员时纪尧姆给他上的第一堂地理课,到雪山搜救纪尧姆,两人之间有着深厚的情感。直到1940年,纪尧姆驾驶的飞机在地中海上空被击中,埃克絮佩里伤心欲绝,哀叹此生不再有朋友。尽管死亡如此频繁地出现在他的周围,埃克絮佩里不仅没有退缩,反而更加勇敢地继续着飞行事业。他一生当中经历了大大小小无数次事故,多次绝境逢生,他似乎对于人人都心怀恐惧的死亡满不在乎。1944年,因为年龄和伤病已经被多次劝说退役的埃克絮佩里坚持执行了最后一次任务。起飞后不久就与地面失去了联系,过了燃油能够坚持的最后时间,他的飞机仍然没有返航,每个人都拒绝相信他已经牺牲,而是希望他像小王子一样得到了永生。大家都不愿接受这个结局,宁可希望童话在生活中继续,只是人们可能忘记了,小王子之所以能够返回自己的星球,就是以死亡为代价的。在《人类大地》中,他曾经谈到过真正的死亡:一个园丁,得了严重的风湿病,却一直工作到生命的最后一刻。他在翻土的时候,全然没有想到自己的病痛,而是十分享受劳动的快乐。他蹒跚的脚步踩在自己劳作的土地上,他操心的不是自己的身体,而是这片他洒下汗水也带来丰硕成果的大地。工作到生命的最后一刻,承担责任到最后一刻,这就是"大写人"的死,是真正的死亡。这种死亡因为是快乐的,所以并不可怕,这种死亡之后,土地上结出了累累硕果,因此死亡并不是终止,而是生生不息的延续。对于每一个劳动者来说,死亡就像"褪去一层旧皮"[①],个

---

① Antoine de Saint-Exupéry, *Œuvres Complètes*, Tome II, *Le Petit Prince*, 1994: 315.

体的死亡只是肉体的消亡,而精神的永存才是人类本质的延续。埃克絮佩里认为要克服对死亡的恐惧就必须要投入到职业当中,履行自己的职责。对于他那个时代的飞行员来说,死亡就是一种宿命。出于人的天性,人对于死亡一定会有恐惧,飞行员也不例外。《战争飞行员》中的杜泰尔特,接到任务时面色苍白,从表情上就可以发现他的恐惧,但是他坚决地拒绝了由别人替代,因为他觉得这是他的职责。在战争中的飞行员与死亡离得更近,有的时候从一开始接到命令就知道凶多吉少,但是因为职责所在,他们还是接受了任务。在《战争飞行员》中,主人公杜泰尔特接到任务时就知道牺牲整个机组也不过是"如同用一杯水去浇灭森林大火"[①],没有胜算却要赔上性命,但他还是出发了。埃克絮佩里的作品之所以感人,就是因为这种充满英雄气概的担当。故事的结尾总是:人牺牲了,但是事业仍在继续。作家想要传递的一个信念就是:与个人的生命相比,对事业、对他人的责任更为重要。事实上,人总是要死的,不管是平庸的人生,还是充实、有意义的人生,所谓人,结局都是一样的。历史上,人类一直都在寻找各种方法挣脱这个最后的结局。但是,从客观上来说,肉体的湮灭是必然的,这是大自然亘古不变的规律。因此,要超越死亡,只能在精神上来重新看待它,并且接受它。所谓的不朽就是精神世界的追求。人只有经历了毫无遗憾的人生,才有可能淡然对待死亡,而这种人生是需要用行动来实现的,用责任来充实的。

要成为一个"大写人",必须克服散漫、无秩序、虚无的存

---

① Antoine de Saint-Exupéry, *Œuvres Complètes*, Tome II, *Pilote de Guerre*, 1994: 114.

在状态，给生命一个意义。埃克絮佩里在《城堡》中充分表达了对"秩序"的尊重。秩序会束缚人，但是秩序也造就人。书中把人比作树，写道："树就是秩序"[①]，可见，作家认为秩序是人的本质特征。因为有了秩序，人们才能团结在一起完成共同的事业。如果每个人只是做他想做的事情，那么就必定会产生矛盾和冲突。在秩序的约束下，人就像是一块石头被放在了合适的位置上，然后才能建造成神庙。如果每一块石头都随便放置，那么就只是乱七八糟的一堆废物。因此，在飞行团队中存在着严格的等级制度，一切都必须秩序井然：飞机必须按点出发、准时到达，必须无条件地服从指挥官的调遣；而指挥官必须一切以保障飞行为原则，全盘考虑任务的安排；检查员要严格执行各项规章制度，监督团队成员完成任务；地面工作人员要随时关注飞机的起落，负责协调机场的各种支持；工人们要负责检修飞机，排除故障，以保障飞行安全。在所有一切人员都各就各位的这架"机器"中，秩序就是链条，将每个部件联系在一起，并带动各个部分有序运转。

卢梭认为人生来是自由的。但事实上，绝对的自由是不存在的。在沙漠中，没有水，人支撑不过三天。所以生命要存在就会被束缚。除去生理上的、内部的束缚，人类同样会受到外界的限制，因为人不可能独自存在于世界上，人与人类社会从来就是不可分离的。埃克絮佩里在人性问题上的理性首先就表现在他从来没有把人的社会性摈弃在人性之外。他对自由的理解和萨特的存在主义思想有几分相似，他认为自由就是自由的选择，选择自己

[①] Antoine de Saint-Exupéry, *Œuvres Complètes*, Tome II, *Citadelle*, 1994: 441.

承担的责任。在《夜航》中，在以邮件为先的前提下，每个机组成员都遵守着各个岗位的规则以保证邮件运输。作为制定规则的李维埃和监督纪律执行的罗比诺虽然并不是亲自驾驶飞机运送邮件，但他们却是整个夜航任务的中心和枢纽。因此，束缚或者说规则是保障事业顺利进行的必要条件，而人一旦获得无限的自由，就等于是放弃和其他人的联系，没有任何的承担，也就会陷入虚无之中，失去生命的意义。人类世界如果没有规则，那么就像是"暴露在星光下的残垣断壁"[①]。埃克絮佩里认为之所以要制定规则就是为了限制和引导人的行为，"规则就像是宗教的仪式，看似有些荒唐，却能造就一个人"[②]。另外，规则不同于桎梏，规则是人因为某种目的而自愿接受的行为约束，而桎梏则是让人被迫接受的行为或精神上的限制。但是规则并不可能顾全所有人的利益，就像李维埃为了让罗比诺尽可能公正严明地执行规则而命令后者避免与飞行员建立私人友谊；罗布勒，一位航空公司服务多年的老工人，因为一次可能造成事故的疏忽被指挥官毫不留情地辞退了。可以说，他们是规则的牺牲品，但正因为严格遵守规则的气氛，整个飞行团队才能够有秩序地完成飞行运输任务，夜航才能顺利进行。

在《人类大地》中，作家讲述了一个叫帕克的奴隶的故事。一开始帕克并不叫这个名字，他被摩尔人捉住后成了奴隶。他竭力记住自己以前的生活，一直想找回自己的记忆、尊严和与过去的全部联系。有一天，他向驻守在附近的飞行员埃克絮佩里寻求庇护，请求埃克絮佩里把他藏在飞机里送回故乡。经过飞行员的

[①] Antoine de Saint-Exupéry, *Œuvres Complètes*, Tome II, *Citadelle*, 1994: 374.

[②] Antoine de Saint-Exupéry, *Œuvres Complètes*, Tome I, *Vol de Nuit*, 1994: 123.

努力，帕克最终获得了自由，他又可以重新叫回自己的名字——默罕默德。当他享受自己的自由时，他感到与周围的世界已经失去了联系。他真实的姓名显得毫无意义，没有人叫他默罕默德。他在街上闲逛，没有人搭理他，好不容易得到的自由让他感到无所适从。当人不被他人所需要时，他的名字、他的尊严和他的一切都显得没有意义。如果说无限制的自由和与他人的联系是一对矛盾的话，那么人宁肯选择后者，因为责任或许沉重，但却是人和这个世界联系的最坚实的纽带。关于自由的主题在埃克絮佩里的哲学思想中占有重要的地位。他认为，自由是自愿选择遵守规则和主动去承担对于他人的责任。人不应当把所有的束缚都看作是不可忍受的，而是应当把它们当成一种仪式，或者是一场游戏的规则。虽然对他人承担责任会让我们感到沉重和受限制，但正是这些和他人的联系能够让我们避免虚无和绝望。在埃克絮佩里看来，人类之间最本质的联系是责任，责任体现了存在的意义和价值。责任必然会带来束缚和限制，但却是有意义的生命所不可缺少的部分，就像作家在《城堡》中写道："没有神奇的药方让你脱胎换骨，我只能用约束和苦难慢慢迫使你改变。"[①]

在圣·埃克絮佩里看来，自愿地承担意味着无私的爱，体现了一种利他主义精神，这种精神和以占有为目的的爱和个人主义是相对的。《城堡》中写道："应当让爱找到对象。"[②] 这个对象显然不是自我，而是对他人，对家人、对朋友、对同事、对不认识的人。这种爱就是博爱，人有了这样的胸怀，就会甘心被束缚、勇于承担责任。邮政飞行员们都有一个共同的原则：为运送

---

① Antoine de Saint-Exupéry, *Œuvres Complètes*, Tome II, *Citadelle,* 1994: 524.
② Antoine de Saint-Exupéry, *Œuvres Complètes*, Tome II, *Citadelle*, 1994: 373.

邮件而付出一切。在这个原则的前提下，他们自愿遵守各种规则，自愿接受考验，自愿放弃家庭和爱情。他们选择了接受飞行员这个职业所带来的风险和限制，目的显然不是为了自己，而是为了他人。只有当人超脱了自我，才能获得真正的自由。因此，作家笔下的飞行员们所具有的勇气和力量正是他们超越自我获得的奖赏。人自认为是自由的，自由地改变意见、自由地背信弃义、自由地欺骗愚弄他人、自由地做一切事情。但是这样的自由只会制造混乱，导致人性的堕落。真正自由的人是必然受到限制的，但这并不表明他就是懦弱胆小或是惟命是从，他接受规则和秩序是为了投身到一项事业当中，也是为了成就自我。总之，真正的自由在乎选择，是否能够自由地选择人生才是自由与否的真正标准。

一个人要成为"大写人"，要投身到职业当中，还必须超越个人情感，这样才能全身心地追求理想。在埃克絮佩里看来，个人的情感在事业面前永远是被选择放弃的一方。人对于爱情和家庭的向往是真实人性的一部分，飞行员也不例外。尤其是在这个充满危险和考验的雄性世界里，女性的温柔是最被渴望的安慰，家庭的温暖是飞行员心中永远的期待。埃克絮佩里虽然深爱龚旭罗，但是他并不忠实，他向朋友写信吐露自己找不到一个人可以平息心中的痛苦、驱散居无定所的职业生活所带来的焦虑和疲劳。《南方邮件》中的贝尼斯一开始也曾经回到城市去寻找梦中情人热娜芙，因为热娜芙在他心中就是生活的源泉，是危险而艰苦的职业生活之外让他心生向往的港湾。但是当两人决定要一起离开热娜芙所熟悉的环境时，他们都马上意识到了结合的无望，因为飞行员和普通人在意识上存在着本质的分歧。这种分歧在《夜航》中被更加直接地表达了出来。这本书中的指挥官李维埃将两性之爱直接比喻为"死路"[1]。这句断言也在《南方邮件》的贝尼斯和热娜芙身上得到了印证。埃克絮佩里书中的主人公，包括作家本人都是飞行员。一旦选择了这个职业就需要全身心地付出，就必须放弃身为丈夫、父亲、儿子等等日常生活中的其他角色。因此，他们常常会进退维谷，左右为难。但是最终，他们都无一例外地选择了飞行。《夜航》中表现的职业与个人生活之间的尖锐矛盾随着情节的发展愈演愈烈，当西蒙娜来到李维埃的办公室，向他质问丈夫的生死，得到的答复却是她早已经明了却不愿接受的事实：作为飞行员，永远是把职业的需要放在首位，职业和家庭之间的矛盾不可调和。当她黯然身退的时候，法比安的命运也已经昭显，他牺牲在了雷雨交加的夜空。女人，在埃克絮佩里的故事中永远都只能处于从属和次要的地位。这种偏激的观点不仅仅是李维埃的想法，作家也同样是抱着这样的看法，因此，在埃克絮佩里的生活中，女性形象总是穿插其中，却从来得不到一个正面的解读。哪怕他对龚旭罗情有独钟，他也未能对他的"玫瑰"保持忠诚。他死后的几十年中，几位与他有过深交、感情暧昧的女士都接受过传记作家的采访。从这些或充满深情、或不乏幽怨的回忆中，不难找出她们对这位风流倜傥的英雄在情感上的留恋和崇拜。事实上，她们和龚旭罗一样，一旦进入了与飞行员一起的生活，那么也只能是长久地等待和最后所有幻想的破灭。

显然，在作家看来，真正的幸福绝不是停留在日常的琐碎和

---

[1] Antoine de Saint-Exupéry, *Œuvres Complètes*, Tome I, *Vol de Nuit*, 1994: 152.

女性的温柔上，这些平凡人眼中的幸福他只是用"平庸"来形容。他所追求的幸福是一种更为充实的生命，哪怕是伴随着痛苦；他所谓的幸福和物质条件无关，也和爱情距离甚远，而是和职业紧密相连。李维埃认为飞行员是幸福的，虽然他们居无定所、薪资微薄、远离家人、处境危险，但是他认为："这些人是幸福的，因为他们喜欢自己所做的事情，因为他们欣赏我的严厉，或许这一点会让他们受罪，但是也会带给他们巨大的快乐。应该推动他们去追求一种更为强大的生命，与此同时感受快乐和痛苦，但是这种生命才是唯一重要的。"[①] 关于幸福观，作家在《小王子》中给出了明确的定义，他举了这样一个例子：在沙漠中跋涉八天之后，飞行员和小王子终于找到了一口井，他们意识到幸福往往只是需要一点点水。这种认识和现代社会以物质为基础的幸福观是背道而驰的。埃克絮佩里所定义的幸福是创造后的喜悦，艰苦工作后的休憩，拉动井缆时的努力，在星空下和同伴们并肩而坐的快乐，还有每一次邮件送达时的如释重负……然而，追求幸福的道路并不是平坦顺畅的。在《城堡》中，幸福被解释为劳动的奖赏。人必须通过行动才能获得真正的幸福，这当中，疲劳和痛苦是必须的代价，就像人登上山峰之后眺望美景感到的幸福，是在他洒下的汗水、努力攀登之后的奖赏。对于飞行员来说，这种奖赏的代价是伤痛、孤独，甚至是生命。因此，幸福是不易得到的，要经受磨砺，要有所放弃。

埃克絮佩里主张人通过职业的行动来超越自我、重塑高尚的人性。在这个过程中，不可避免地需要忍受辛劳、痛苦和束缚。

---

① Antoine de Saint-Exupéry, *Œuvres Complètes*, Tome I, *Vol de Nuit*, 1994: 124.

这个过程在《城堡》中被比喻成古时候的人们建造太阳神庙的情景：真正的文明建立在人民的肩膀上，通过劳动，人建成了辉煌的"庙宇"。如果说我们不能够完全赞同不计代价的付出，我们至少应该对这样做的人表示尊敬。

6.5 "大写人"和"超人"

"超人"学说是德国哲学家弗雷德里希·尼采提出来的。从青少年时代开始，埃克絮佩里就对尼采充满了崇拜。他和这位伟大的哲学家一样享受孤独，尼采的作品对他的影响持续了一生。从1936年开始到作家失踪，前后八年的时间，他一直断断续续地在写《城堡》。这本充满哲理的散文集几乎完全模仿了尼采的作品《查拉斯图拉如是说》的叙事手法和风格，并被看作是作家哲学思想的总结。

在他的文学创作中，埃克絮佩里非常注重哲学思辨。他的作品一般都是夹叙夹议，到了创作的后期，除了《战争飞行员》之外，他基本上不再写小说，而是以散文来表达自己的思想，或许是因为他的经历已经足够精彩，他讲述的故事几乎不需要任何修饰就已经能够达到引人入胜、扣人心弦的效果。但是他的作品真正的价值并不在于那些不同寻常的故事情节，而是他写下来的对生命的思考，因为从他的职业角度，对生命的本质问题会有更多特别的感悟。总之，埃克絮佩里对人类精神上的启发是不可估量的，但是如果要追溯他的精神源泉，除却他的个人经历，尼采的思想是一个很重要的部分。埃克絮佩里被西方评论界誉为"会飞的康德"和"天空中的海明威"，他的作品

第六章 埃克絮佩里自然观的核心——"大写人"

总是和飞行员的职业息息相关。在他的故事中，出现了许多勇敢、坚定、冷静、有责任心、富有牺牲精神的人，被作家称之为"大写人"。事实上，这个范型集中表现了埃克絮佩里式的英雄主义和人道主义思想。通过"大写人"的形象，作家想要树立人类摆脱困境的榜样，在这个榜样的身上，我们可以发现明显的尼采式的"超人"的影子，但是细细思量，两者也存在着很大的差别。

第一，两位思想家都表达了对于社会现实的不满，并且提出要改造人性。尼采认为人处于危险当中，如他所述："人走过去是危险，停在路上也危险，回头是危险，颤抖也危险，甚而停留在原地都是危险的。"① 为了自救，人必须要超越自我，到达彼岸。他这样来定义人："人一根绳索，系于禽兽和超人之间，悬于深渊之上。"② 在他看来，人的处境危在旦夕，并且人并不是一个不变的存在，他只是两种存在之间的中间状态，是可以发生改变的，一边是堕落，另一边是升华。同样，埃克絮佩里也表现出了对人类生存条件的忧虑。在《人类大地》中，他描述了一个小官僚在开往机场的班车上坐在飞行员的旁边。这是一个循规蹈矩、小心翼翼生活着的人。这样的人为了躲避改变而藏身于"水泥监狱"，这里的"水泥监狱"就是比喻现代文明中的人类社会。和尼采一样，埃克絮佩里认为，一个没有意识到自己存在的生命是没有意义的，就像这个小官僚，或是像《夜航》中每天在酒吧

---

① 作者译自：Friedriche Nietzsche *Ainsi parlait Zarathoustra*, 1971: 26，原文为："Dangereux de passer, dangereux d'être en chemin, dangereux de se retourner, dangereux de trembler et de rester sur place."

② 作者译自：Friedriche Nietzsche *Ainsi parlait Zarathoustra*, 1971: 26，原文为："L'homme est une corde entre bête et surhomme tendue, une corde sur un abîme."

混日子的人。对于这样的处境，有意识要改变的人只能逃离，就像贝尼斯所说："逃离，重要的是逃离。"①

第二，因为埃克絮佩里和尼采都批判人的平庸、粗俗、无意识，他们各自提出了拯救人类的方式。尼采把"超人"作为人的最终目的，而埃克絮佩里塑造了"大写人"作为人类的范型。尼采在《查拉斯图拉如是说》中这样写道："我教你们什么是超人，人就是那个战胜自我的东西。"②这句话中的"战胜自我"，法文版的翻译用了"se surmonter"这个词，而在埃克絮佩里的作品中，经常会出现"超越"（le dépasserment或se dépasser）、"升华"（la transcendance或se transcender）、"尽善尽美"（le perfectionnement或se perfectionner）等等意义相近的表达。两位思想家都塑造了一个人类的典范，尼采提出的是"超人"，埃克絮佩里提出的是"大写人"。在《人类大地》中，作家讲到纪尧姆从安第斯雪山获救后的第一句话是"我敢发誓，我所做的事，是任何别的动物绝对做不到的。"③他同样也用了"bête"这个词，来说明人应该是要超越动物属性的。而尼采在"超越"上走得更远、更坚决。他批判普通人，认为他们低贱、粗俗，和埃克絮佩里一样，他认为普通人的生活是没有意义的。如果说前者还有兴趣品尝大地的果实，在劫后余生时，还庆幸能找回普通生活的快乐，那么尼采对平凡的一切都是不屑一顾的。对他来说，只有通过了重重考验的人类的精英才能到达彼岸，成为超人。他

---

① Antoine de Saint-Exupéry, *Œuvres Complètes*, Tome I, *Courrier Sud,* 1994: 93.
② 作者译自：Friedriche Nietzsche *Ainsi parlait Zarathoustra*, 1971: 24，原文为：«Je vous enseigne le surhomme. L'homme est quelque chose qui se doit surmonter.»
③ Antoine de Saint-Exupéry, *Œuvres Complètes*, Tome I, *Terre des Hommes,* 1994: 192.

的改造是一种放弃、筛选、考验之后的再创造，"超人"是人类的最强大的物种，是全新的人类。而埃克絮佩里主张的"自我超越"是一种真正的脱胎换骨的"改造"，是基于现实又不甘平庸地"改造"。

第三，尼采的"超人"是具有"强力意志"的，这种意志能够让人通过创造来战胜自我，或者说是通过"摧毁"来重塑人性。埃克絮佩里的作品《夜航》中的指挥官李维埃就是一个具有类似"强力意志"的颇受争议的人物。他的"强力意志"主要体现在职业的范围。在夜航中，他扮演的角色是"一种造物主式的首领，能够挑选出最优秀的人去达成他确定的目标"[①]。在"独裁者"李维埃的领导下，所有机组乘务员都必须无条件地服从。而在李维埃的眼中，"人就是一团需要加以揉捏的生蜡。必须赋予这种物质一个灵魂，给它创造一种意志。"[②]在小说的开头，李维埃在等待三架邮政运输飞机返航。前两家相继到达之后，第三架在路上遭遇了雷雨，飞行员法比安遇难。李维埃遭到了飞行员妻子西蒙娜的控诉，西蒙娜认为正是李维埃剥夺了她的家庭幸福，但是李维埃坚持认为事业和家庭本来就是一对不可调和的矛盾，作为飞行员必须选择前者，因此，他毫不犹豫地命令下一班飞机准时起飞，这种为了事业而不惜一切代价的信念正是类似"强力意志"的体现。事实上，家庭和职业的矛盾在作家的其他作品中也有表现，只是没有《夜航》中这样明显。《南方邮

---

① 作者译自：Olivier Odaert, *Saint-Exupéry et le fascisme: pour une poétique de l'idéologie*, RiLUnE, N.1, 2005: 72, 原文为：«une sorte de chef démiurge, capable de tirer le meilleur des hommes vers le but qu'il est fixé.»

② Antoine de Saint-Exupéry, *Œuvres Complètes*, Tome I, *Vol de Nuit,* 1994: 123.

件》中的贝尼斯就比《夜航》中的法比安要"三心二意"。他无法摆脱对爱情和家庭的美好憧憬，回到都市去寻找往昔的恋人热娜芙，但是最终因为两人不属于同一个世界而分道扬镳。之后，当不忘旧情的贝尼斯回去探望重病的热娜芙时，往日的恋人已经容颜不再，而且竟认不出来他，这种结局把李维埃的"死路"一说演绎得淋漓尽致。贝尼斯顿感生之无趣，返回自己工作的岗位，牺牲在寻找人生真正"宝藏"的旅途中。相比贝尼斯的铁汉柔情，法比安显得薄情寡义。当接到出发的命令，法比安不顾妻子的泪水决然而去，书中竟没有描写出一丝不舍，这一幕让人觉得太冷漠，也不合常理。但是整本书的中心就是夜航，其他的人物、情节如果和这个中心无关便一笔带过。这样就形成了一种剑拔弩张的紧张气氛，而这种气氛和夜航本身的危险性是吻合的，和李维埃把职业凌驾于家庭之上的原则也是吻合的，在这种一致的基调之下，法比安的绝情也就情有可原，并且丝毫无损他与雷雨风暴搏斗时表现出的英雄气概。但是，不论是法比安、李维埃还是罗比诺，他们都有软弱的时候。法比安在降落的时候感到疲倦而向往平凡的生活；李维埃在夜深人静的时候感到力不从心，也自问是否要这样严厉；罗比诺为自己的湿疹感到自卑，为了讨好来之不易的飞行员朋友而把自己的生活和盘托出，也因为虚荣心向心爱的女人吹嘘。这些人物在职业中一丝不苟、铁面无情，但是在生活中同样有缺点，也会表现出软弱。因此，相比之下，尼采创造的"超人"形象更为强大、果决，也更加抽象，关键是"超人"的"强力意志"主要体现在对权力的追求上；而埃克絮佩里塑造的"大写人"相对现实而具体，类似的"强力意志"主要表现在对职业的坚持和奉献上。

另外，卢梭认为怜悯是人类的天性，但是尼采对恻隐之心是完全排斥的，甚至认为同情心会毁灭人类。在他看来，如果怜悯和顺从被当作美德，那么强悍、独立的人就被认为是充满威胁，甚至是邪恶的。基督教的教义教导人类要谦逊、顺从，但是尼采要打破一切传统的、宗教的束缚，创造全新的世界。因此，对于具有"强力意志"的"超人"，我们不能用一般的价值观去判断。而之所以我们认为埃克絮佩里在《夜航》中也表现出了明显的类似"强力意志"的思想，是因为李维埃这个人物的种种表现。李维埃将规则看作是宗教的教义一样神圣不可侵犯。在他眼里，爱情是"死路"，家庭是"多余"，日常生活毫无意义，公平与否并不重要。李维埃可能是埃克絮佩里作品中最受争议的人物，虽然他也对是否开除出错的工人有所犹豫，但是他仍然坚持了这个决定，因为一切都是为了保障飞行的安全进行。他的恻隐之心被控制住了，他也经过了内心的挣扎，他联想到古代人建造圣庙的情景，最终他放弃了怜悯："古代人民的领导者是以什么样的铁石心肠或者是以何等奇怪的爱，强迫他的人民把庙堂搬到了高山之巅，因而迫使他们树立起这永恒的丰碑呢？……他们可能并不怜惜人民的痛苦，但却无限怜惜他们的死亡。不是怜惜他们单个的死亡，而是怜惜将被莽莽黄沙吞没的整个人类。"[①]

第四，尼采主张教育人，在法文版的《查拉斯图拉如是说》中，译者用了"enseigner"这个词；埃克絮佩里提出塑造人，他使用了"façonner"这个词。两人都主张人必须经历痛苦的考验达到完善人性的目的。尼采认为弱者就应该被强者用棍棒和鞭子

---

① Antoine de Saint-Exupéry, *Œuvres Complètes*, Tome I, *Vol de Nuit,* 1994: 152.

教训，埃克絮佩里改造人的方式也同样是充满痛苦的，要"吃石头，喝荆棘，忍受霜冻和滚烫的风，被太阳晒得汗流满面。"① 李维埃也说过："人就像一团生蜡，应该不断地揉捏。"② 他就是用一种近似无情的方法来培养他的下属。他坚信"要让生命永远延续，要不断创造，要用自己容易腐朽的躯体去交换"③。

虽然尼采和埃克絮佩里在思想上存在着不少相似点，但是也有着不可忽视的区别，在上面的段落中已经有所涉及。以下，我们将具体地探讨两者在人性问题上的本质差别。

第一，"超人"具有强健的体魄和强大的意志，他的自我完善是为了个人的利益。尼采把强大的力量和美德等同了起来，鼓吹个人英雄主义、独善其身的人生哲学。埃克絮佩里定义的"大写人"为集体的事业牺牲个人幸福甚至是生命，并且"大写人"与普通人的本质区别主要是精神层面上的。李维埃被认为是最接近"超人"的"大写人"。他冷酷无情，除了夜航机组的工作人员，书中没有提及他和其他人的任何联系。但是，他的苛刻并不是为了自己，在他的世界中，所有利益都是围绕着夜航事业。而罗比诺是"大写人"形象中比较另类的一位。他其貌不扬、木讷刻板，并不聪明，还有些自卑，他和"超人"的形象相距甚远。但是他恪尽职守，甚至听从李维埃不近情理的命令，尽量避免和飞行员建立友谊，为了夜航事业几乎没有自己的生活。另外，作家笔下的飞行员也各有各的特点：梅尔莫斯勇敢、充满斗志、脾气火爆、坦率真诚；纪尧姆和蔼可亲、意志坚定，对同志、对家

---

① Antoine de Saint-Exupéry, *Œuvres Complètes*, Tome II, *Citadelle*, 1994: 775.
② Antoine de Saint-Exupéry, *Œuvres Complètes*, Tome I, *Vol de Nuit*, 1994: 123.
③ Antoine de Saint-Exupéry, *Œuvres Complètes*, Tome I, *Vol de Nuit*, 1994: 137.

庭都充满了责任心；贝勒汗不善言辞却勇敢谦逊；法比安勇敢、富有牺牲精神；贝尼斯感性、犹豫，却能够在关键时刻为了完成使命献出自己的生命……他们都不是完美的人，他们都有弱点，但是他们的共同特点是：大公无私，为了集体的事业能够奉献一切，乃至生命。这一个个生动真实的形象与抽象的"超人"概念形成了鲜明的对照。而"大写人"与"超人"的本质区别在于，前者和这个世界有着坚实紧密的联系；后者和现实世界是彻底决裂的。

第二，尼采对于普通人是完全摈弃了同情心的，对于人类世界的一切传统、一切道德标准、一切价值观是完全否定的，他的这种彻底摧毁然后重建一切的态度和埃克絮佩里的理性改造的作法是有本质区别的。后者对于普通人怀有一种大爱的胸怀，即使他们对于自身处境表现麻木、不想做出改变，但埃克絮佩里式的"大写人"为之奉献的正是大多数人的共同利益，也是普通人的利益。并且，他对于人的改造充满信心，他相信哪怕是流氓、盗贼，也能在建造神庙的过程中变成更好的人。另外，李维埃作为埃克絮佩里作品中最接近"超人"的角色，也并不是任何时候都冷酷无情的。事实上，他对于下属怀有一种"家长般的情感"[①]，就如他自己所承认的："就像是一个生了病的孩子的父亲。"[②]他让"孩子们"面对孤独、痛苦和危险，经历生死考验，恰恰是为了拯救他们，让他们不要在庸庸碌碌中了此一生，而是应该拥有一种更加充实而充满意义的生活。就像《旧约》中说道：爱之深，责之切。他要教给"孩子们"的是肉体并不重要，

---

① Antoine de Saint-Exupéry, *Œuvres Complètes*, Tome I, *Vol de Nuit,* 1994: 132.
② Antoine de Saint-Exupéry, *Œuvres Complètes*, Tome I, *Vol de Nuit,* 1994: 132.

精神才是永恒，因为他坚信"有些东西比人的生命更宝贵"①。另外，李维埃时常要面对处罚下属的难题。他的冷酷无情正是为了最大限度地保证飞行的安全，在这个特殊的行业，哪怕是一个小小的疏忽都可能会造成机毁人亡的重大事故。如果从这个意义上来说，他处罚下属正是为了拯救他人。

"李维埃作为圣·埃克絮佩里笔下的有代表性的英雄，致力于拒绝平庸的、昙花一现的存在，否定无价值的人生。因此，李维埃督促他的飞行员面对巨大的危险，（因为）这样的危险才可能带来他们死后能够永存的东西，以此向荒谬和不可避免提出挑战。"②

第三，对于尼采来说，"人类的伟大之处在于他是一座桥梁，而不是目的。"③他主张在普通人中挑选最强大的精英并引导他们走向彼岸。他的目的是在摧毁旧世界的基础上，创造一个全新的世界；在抛弃大多数的普通人之后，只选出最优秀的人，让他们经历重重考验，最终成为"超人"，一种全新的人类。他对现实的完全否定和对理想狂热追求，既让人心生向往，也不免被诟病太疯狂。脱离了大多数人，切断了和这个世界的联系，"超人"的结局或许正如尼采本人，最终将陷入孤独和绝望之中。而

---

① Antoine de Saint-Exupéry, *Œuvres Complètes*, Tome I, *Vol de Nuit*, 1994: 151.

② 作者译自：Xu zhenhua, Huang Jianhua, *Raison et déraison*, 2000: 188，原文为：«Citons l'exemple de Rivière, héros typique sous la plume de Saint-Exupéry. Soucieux de refuser la médiocrité d'une existence éphémère, de nier le néant humain. Rivière pousse ses pilotes vers les péris susceptibles d'amener des choses qui demeureront après leur mort, lançant ainsi le défi à l'absurde et l'inévitable.»

③ 作者译自：Friedriche Nietzsche *Ainsi parlait Zarathoustra*, 1971: 27，原文为：«Ce qui chez l'homme est grand, c'est d'être un pont, et de n'être pas un but»

第六章 埃克絮佩里自然观的核心——"大写人" 235

"圣·埃克絮佩里塑造和尊敬的英雄并不是无懈可击的超人，而是通过作品的创造战胜焦虑、虚无和死亡的普通人，这些作品才是个体死亡之后能够永存的。"[1]因此，"大写人"首先是真实的人，是有弱点的普通人。在为职业而奉献的过程中，这样的普通人逐渐成为了"大写人"。即使如李维埃一般冷静强势的人，他也会表现出疲倦、焦虑、迷茫、犹豫等普通人的情感。他的可贵之处在于他能够坚守自己的信念，而这个信念就是利他主义的原则。他的不近人情、他的孤独和痛苦都是以这个原则为基准的选择。"超人"的"排他"思想被纳粹主义者利用成为了他们宣扬单一人种，屠杀其他种族的借口，而埃克絮佩里的思想以"利他主义"为核心原则，强调人类的联系才是真正的宝贵财富，宣扬团结、博爱、无私奉献，表现了作家高尚的人格，并且埃克絮佩里也表达了明确的反战立场。

第四，事实上，尼采的很多核心概念都没有一个明确的定义，是十分模糊、抽象的，如"超人"、"强力意志"等。而埃克絮佩里对于自己所思索的每一个概念几乎都在作品中给出了明确的定义，尤其是在《城堡》这本书中，作为对他一生哲学思想的总结，其中包含了埃克絮佩里大部分的哲学概念。相对于尼采形而上的"强力意志"，埃克絮佩里对"意志"（la volonté）这个词的诠释十分明确，那就是："为职业而奉献一切"。这种意志是他笔下的每一个主人公都具有的。并且，每一个劳动着、奉

---

[1] 作者译自：Xu zhenhua, Huang Jianhua, *Raison et déraison*, 2000: 193，原文为：«Le héros que Saint-Exupéry crée et vénère n'est pas dans un surhomme invulnérable, mais dans l'homme ordinaire qui sait surmonter l'engoisse, le néant et la mort dans et par la création des oeuvres qui survivraient à l'individu mortel.»

献着的普通人也具有这种意志，他们并不一定都是强大无比或者非常优越的人，恰恰相反，埃克絮佩里的主人公都是"平民英雄"。同时，这种意志也具体地表现在日常的行为上，如：守时、认真、勇于改正错误、有合作精神等等。因此，回到《夜航》中来说，飞行员并不是在顺从于李维埃，而是在遵从这种"强力意志"。只是此意志已非彼意志。尼采的"强力意志"带有强烈的"排他性"，而埃克絮佩里的"强力意志"却是体现了对大多数人的人道主义。

总之，尼采和埃克絮佩里各自提出了一种人类的范型，作为人类修正自我、拯救自我的理想，只是两者的本质相去甚远。就像海德格尔所说：有一些人"有着不一样的存在的命运……"[①]不论是"大写人"还是"超人"都是这样有着不一样命运的人。埃克絮佩里式的"大写人"是大多数人蜕变成的英雄，是真实的人类的楷模；而尼采的"超人"是一个让人可望而不可及的理想，是狂热臆想中的孤独影像。他们都渴望摆脱平庸，只是埃克絮佩里走的是一条坚实的道路，而尼采选的是悬于深渊之上的一根绳索。

现代社会，人类因为迷失在物质的追求中，陷入了虚无和荒诞的处境，承受着精神的焦虑和痛苦。埃克絮佩里塑造的真实的"大写人"形象给迷茫中的现代人树立了理想的人性的范型，同时他通过亲身的经历向世人证明了职业对于人类自我完善的重要性。"大写人"作为埃克絮佩里"人化自然观"的核心，充分体现了他的人文主义精神。埃克絮佩里经常以"树"喻"人"，因

---

① 作者译自：Martin Heidegger, *Les Concepts fondamentaux de la métaphysique*, 1992: 33，原文为：«le singulier destin d'être»

为树扎根于大地，朝向太阳，能够经受风雨，枝叶互相掩映。所有的这些印象都被他诠释为了人的特质。因此，在作家心中，自然与人从来都不曾分离，早已是形神交融。

结　语

　　自然是一个永恒的话题。人类定义自然其实就是在定义人与自然的关系。一方面，自然指的是宇宙万物，自从人类诞生，自然不断地被人类改变。另一方面，"nature"一词也指万物内在的特征，而这些特征是天生的还是后天形成的，是否可以改变，是简单的还是复杂的，人类直到现在也似乎难以给出回答。

　　对于20世纪最具传奇色彩的作家安托万·圣·埃克絮佩里来说，"自然与人"的主题几乎贯穿在他所有的作品当中。在他看来，人类对自然的改造远远超越了物质的层面，他所追求的"人类帝国"正是他对于"人化自然"的理想的诠释。

　　从整体的角度来看，自然并不是一片混乱，它有自身的定律，遵循稳定的规则。虽然有时候有一些意外的事情发生，它总是能再次回到平衡。要了解自然，人类应该认识本质和现象之间的联系，这些联系就是原因。在原始的年代，人类天真地创造了"神人同形说"，人们认为他们看到的所有现象都是神的意志的体现。他们用"万物有灵论"来解释所有的问题，尽管这样的回答显得模糊而牵强。之后，随着科学技术的发展，人类把自然比作一架巨型机器。按这种说法，所有的现象都是由一种机械力量产生的，并且符合某种物理规律。这个年代的学者认为数学和物理可以解开自然现象之谜，并且将研究限定在可测量的范围内，因此，数学成为了人类观察宇宙唯一可行的手段。这个机械化的自然建立于决定论的推测基础之上，人们认为他们可以再现自然现象，条件是了解其原因。但事实上，人类对自然感到从未有过的陌生。自然被放在了人类文明的对立面。人生活在一个幻想破灭的世界，所有的生命都被物化。过去存在于人和自然之间的稳定、和谐的关系变成了理性的、功利的关系。古代的对自然的认识也许是天真的，但充满了美好的诗意，而现在机械自然观将我们限制在了傲慢的偏见中。因此，我们需要一种新的关系范式，一种人与自然的关系范式（paradigme）。当然这不是一个简单的范式，而是一种包含循环因果关系的范式。我们应该放弃对自然的"捕食"性掠夺，建立真正的"人类诗意栖居之所"。这样的理想也同样地出现在埃克絮佩里的作品中，作家用"村庄"这个形象，明确表达了对于理想社会的构想。如果我们仅仅把埃克絮佩里当做是与大自然作斗争的英雄，那么这样的认识显然是不全面也不深入的。事实上，在作者中、后期的作品中，对于自然与人的关系的思考已经明显出现了犹疑和矛盾。尤其是在《城堡》中，作家从现实的职业生活中抽离开来，超越了时空，将读者带到了一片荒漠中的神秘部族的城堡。在这里，自然才是真正永恒的风景，而人是这其中最鲜活的生命。虽然是黄沙漫漫，荒漠孤城，在这里，人们仍然辛勤地耕耘、繁衍着后代，上演着爱恨交织的故事，城堡成为了人类充满诗意的家园。

从个体的角度来说，nature可以翻译为"本性"，指定义存在的个体特征。有人认为它是天生的、内在的、稳定的，比如：

燃烧对于火，流动对于水，都是物质存在的特征。而且，这些特征都是和生命有关的，又如：毛毛虫会变成蝴蝶，花会成为果实。而关于人的"本性"，我们首先可以从饮食、睡眠这些生理需要来定义，显然，人是不能与他所生长的环境所分离的。其次，我们还可以从脾气、性格来定义个体的人，因为，每一个人之所以是他自身，是因为具有自己独特的特征。马克思对两个相近的概念"人的天性"（nature of human）和"人性"（human nature）是有严格区分的。在他看来，后者主要是由人的"社会性"决定的，他用三个概念来定义"人性"：工作、社会关系和需求。于此相对的是"自然性"（naturel）。所谓"自然性"指的是一种原始的状态，没有被现代文明所影响的状态。从某种意义上来说，自然性在人身上体现为动物性或本能。关于前者，马克思认为人类在改造自然的同时也在改造这种"天性"。在工作当中，人类利用自身的自然力，运动手臂、双腿、双手，同时积累了经验、提高了能力。但是，如果我们仅仅从生理或是智力的角度，或者说从"自然性"来理解"人的天性"，那么对人类意义并不大，因为现代科学技术已经高度发达，利用机器，人类的力量已经大大提高，但是人类的生存条件并没有得到根本的改善。相反，物质文明使现实世界中的对立和冲突更加尖锐。所以在对"人的天性"的研究中，我们更趋向于将它理解为"人性"，埃克絮佩里完全是从精神的层面或者是从道德层面来定义这个概念的。

在现代社会复杂的生产和消费体系中，人成了一件商品、一部机器中的零件。人生存的唯一目的就是尽可能地生产、尽可能地消费。与原始年代的人不同，现代人享有更优越的物质条件，但是他们不再有幻想，也不再有安全感。在物质的束缚下，人变得被动、冷漠、自私、听天由命。幻想的破灭使人类社会充满了一种悲观的气氛，人因为无法摆脱自己的命运而陷入贪婪的欲望中。哲学家、思想家、作家都在寻求一种新的文明，一种真正有利于人类的文明。他们意识到，只有当人放弃了捕食文化、人工的价值观，才能创造一个比现在更好的世界。在这个被异化的世界，人和自然的关系显得对立和不和谐，人和人之间也产生了冲突和恶性的竞争。因此，人类需要改变这个世界。有的人主张回归自然，倡导者如卢梭。在他看来，自然与现代文明显得格格不入，因此他主张人的生活应该更加靠近大自然，应该找回自己的本性。卢梭试图通过人的自然化实现人和自然的和谐共存，他提出的"回归自然"对西方人的生活方式和思维模式产生了深刻的影响。另一位18世纪的思想家莫雷利（Etienne-Gabriel Morelly）提出了"自然密码"。莫雷利认为"自然的状态就是人类生存的最佳状态"[①]。自然和人类社会，物质世界和精神世界都应该经历一个完善的过程，而且这个完善的过程不是一蹴而就。许多哲学家都试图从人类社会既定的各种桎梏中解脱出来。因此，对他们来说，改造世界的最佳方式就是回到生存的原始状态。另外一种主张是通过对自然的"人化"来实现人与自然的和谐共存。但是"人化的自然"是完全不同于"物化的自然"或者"机械化的自然"，它代表的是真正的人类文明。并且，"人化自然"也不是"概念化的自然"，不是排斥自然的物质和客观

---

① ［法］莫雷利著，黄建华、姜亚洲译：《自然法典》（*Code de la nature ou le véritable esprit de ses lois, de tout temps négligé ou méconnu*, Editions Sociales, Paris, 1970），1982：81.

的存在而只存在于哲学家的想象中，比如：黑格尔认为世界起源于"绝对理念"。从这种观点出发，自然就是形式化的概念，是人类精神运动的产物。现代人认为，"人化自然"就是"物化的自然"。人借助科学技术改造这个世界。但是，如果我们停留在物质的层面，自然的"人化"将永远难以实现。埃克絮佩里提出从精神层面来"人化"自然，也就是说改变自然对于人类的意义，或者是赋予自然某种意义。在他的理想中，真正被"人化"的自然应该是人类精神的避难所、诗意的栖居地、人与自然完美融合的和谐世界。海德格尔用"l'être-au-monde"（世界中的存在）来定义人，他使用"世界"来代替"自然"，就是为了表现人与自然的融合与统一，这是"人化自然"的最高境界，也正是埃克絮佩里内心所追求但是并没有完全明确的世界，就像他在《城堡》中的"荒漠中的城堡"，因为超越了时空而显得遥不可及。事实上，宇宙是一个无限和多维的世界，它的本质不仅仅是存在于物质和既定的层面。我们甚至可以说物质并不是宇宙的本质，而只是自然的一种存在方式[①]。埃克絮佩里认为世界的改变和人的改变是不可分离的，如同他在《城堡》中写道："当神庙打开的时候，人已经改头换面，所有关于人的问题已经改变了[②]在他看来，只有美德，或者说是人自身所具有的神性才能拯救人类，使人类摆脱虚无和荒诞的处境，从而使世界更美好。他提出用美德来定义人类的范型，而这些美德是普通人需要通过艰苦努力才能获得的，甚至必须要违背"天性"，牺牲自我，这是否

[①] ［法］埃德加·莫兰（Edgar Morin）著，吴泓渺、冯学俊译：《方法：天然之天性》（*La méthode Volume* I, Editions du Seuil, 1981），2002：398.

[②] Antoine de Saint-Exupéry, *Œuvres Complètes*, Tome II, *Citadelle*, 1994: 661.

有些苛刻呢？在《城堡》中，他给了答复："当我塑造一副面目的时候，我要求它长久。"①同时，他承认人性的多样性和复杂性，就像他在作品中写道："美德是人的完美境界，不是全无缺点。"②因此，他所提出的"人化自然"才显得真实和现实。

在《城堡》中，埃克絮佩里给我们描述了在苦役般的工作中改造一个人的过程，他给我们讲述了这样一个故事：沙漠中的柏柏尔族的酋长把盗贼和流氓召集起来建造一座城市，让这些贱民重新找到一种可以投入的事业。在劳动当中，人渐渐地发生了改变，就像书上所说："他们会用粗壮的双手去建设。他们的自尊会换来塔楼、神庙和城墙。他们的凶狠会变成高尚人格和森严纪律，他们会为由自己用心血交换而来的城市服务。他们会为了保卫它而死在它的城墙上。你就会在这些人身上发现引人注目的美德。"③埃克絮佩里在这里表明了和马克思相似的思想，即：人在劳动中实现了对客观物质世界的改造，同时也实现了对自身的完善。但是，对于后者来说，劳动改造的是人的生理特征、智力水平和社会关系，对于前者来说，创造性的行动改造的是人的精神世界和道德观念。《城堡》是埃克絮佩里死后出版的著作，这本书的写作持续了十几年的时间一直到作者失踪，可以说这是一部作者哲学思想的总结，他在书中写道："我写了诗，还有待修改……我一改再改，向着上帝走去。"④他把这个世界看成一首诗歌，表现了他对人类的希望，而"修改"（la correction）是

---

① Antoine de Saint-Exupéry, *Œuvres Complètes*, Tome II, *Citadelle*, 1994: 660.
② Antoine de Saint-Exupéry, *Œuvres Complètes*, Tome II, *Citadelle*, 1994: 421.
③ Antoine de Saint-Exupéry, *Œuvres Complètes*, Tome II, *Citadelle*, 1994: 421.
④ Antoine de Saint-Exupéry, *Œuvres Complètes*, Tome II, *Citadelle*, 1994: 641.

他人化自然的方式。在他的作品中，我们能够发现很多"修改"的近义词，比如"修复"（restaurer），"创造"（créer），"改造"（transformer），"改变"（transfigurer），"改善"（améliorer），"升华"（sublimer），"超越"（dépasser）等等。其实，不管是通过"回归自然"还是通过"人化自然"，人类都在不断尝试各种方法来改造世界。

现代社会不断异化，人类逐渐远离大自然，自我封闭在文明的堡垒中，纠结于生产力、竞争和经济利益。金钱是人们追求的终极目标，也是衡量一切的标准。在错综复杂的生产和消费链条上，人成为了一个物品，或者说一个商品，又像是巨型工业机器上的一个零件。每个人的生活目的就是消费和最大限度地占有物质。和古代人不同，现代人拥有更好的生活条件，但是他们却陷入对物质的无止境的追求中，再也没有精力去注意周围的人、周围的世界，哪怕是他们自身，因而他们失去了梦想，失去了对生命的热诚。被功利的价值观束缚着的现代人，和这个世界渐行渐远，切断和其他人的联系，因此变得冷漠、自私和宿命，人类社会被笼罩在一种悲观的气氛中。因为没有了精神上的追求，人只剩下了肉体，无限夸大肉体的欲望，或者说是本能，只是人们对生存状态的一种反抗。当然，人类不会坐以待毙，作家、思想家和哲学家们一直在寻找着物质文明之外的另一种文明，一种能够让生命变得有意义的文明，一种能够让人类感到幸福的文明。在埃克絮佩里的作品中多次提到"真正的文明"或者是"人类文明"。和物质文明截然相反的是，这种文明把"人"置于文明的中心。埃克絮佩里定义的"文明"是不仅有深刻内涵，而且富有个性。首先，这种"文明"的中心是人类的整体，他一直在用"村庄"(village)、"团体"(communauté)、"团队"(équipe)这样的名词来诠释着这个中心,这个中心绝不是"个人"、"自我",而是"他人"、"集体"。其次,这种文明甚至是对"个人"的某种放弃,当然这种放弃绝不是自暴自弃,而是像小王子所说"像放弃一层旧的外壳"[①],这是一种对死亡的淡然,对个人利益的最大牺牲,是自我"凤凰涅槃"的超越。再者,埃克絮佩里定义的"文明"是以"人类帝国"为载体的,就像作家笔下的"城堡",鼎立在现代文明的"荒漠"之中。埃克絮佩里式的"人类文明"与现代社会"物质文明"是截然不同的,这让我们对他怀有很大的期待。正如他在《城堡》中写道:"城堡,我要把你建在人的心中。"[②]我们试图探寻这位传奇人物的内心,来了解他看待世界和自身的新的视角以及一种不同的生活方式。跟随着作家充满梦想和痛苦的一生,我们看到了他为理想而做出的牺牲和他作为一个"大写人"所实现的自我完善的过程。埃克絮佩里鼓励人们突破内心的束缚,战胜孤独和焦虑,抛弃对物质的幻想,用行动去创造一个现实当中的理想世界,在他看来只有真正的人类文明才能够创造"人化的自然"。

从诞生之日起,人类就开始了对自然的改造。积极有建设性的影响可以促进对自然的"人化",毁灭性的改造是对自然环境的破坏并引起大自然对人类的报复。通过我们的研究,我们试图了解埃克絮佩里所设想的理想世界,他称之为"人类帝国"的世界。在那里,人与人,人与自然和谐相处,彼此紧密相连;在那里,人类超越了物质的束缚建立起真正的人类文明。在很多人看

---

① Antoine de Saint-Exupéry, *Œuvres Complètes*, Tome II, *LePetit Prince*, 1994: 315.
② Antoine de Saint-Exupéry, *Œuvres Complètes*, Tome II, *Citadelle*, 1994: 374.

来，埃克絮佩里的书中讲述的是人与大自然斗争的故事，作家似乎有意将人与自然对立起来。实际上，埃克絮佩里的"人化自然"是一个和谐的、建立在精神层面的人类世界，这个世界即高远又现实，是人类努力摆脱生存困境的理想的实现。埃克絮佩里"人化自然观"不仅反映的是人类对自然进行改造的决心，更是人类对自身的清醒认识和自我提升。他提出在接受人性的多样化和复杂性的基础上改造人性，而很多的思想家都把人性简化成非善即恶的格式化印象。埃克絮佩里认为人必须通过克服自身的弱点来完善自我，因为人的弱点是客观存在的，承认这一点事实上就是肯定了他思想的实际意义。当今社会，人类面临着各种危机。圣·埃克絮佩里让我们更加了解真实的人类，并启发我们用行动来拯救自己、改变世界。虽然他的时代已经过去，但是他的哲学思想却让我们受益良多，鼓励我们勇敢地面对现实，热情地对待生活，充满希望地为实现一个更好的自我，和寻找一个更好的世界而努力奋斗！

参考文献

一、参考书目

[1] Agay (François de), «L'enfance et la maison», dans *Saint-Exupéry, Le sens d'une vie*, Le Cherche Midi, Paris, 1994.

[2] Alias (Henri), dans *Icare*, N.78.

[3] Aubray (Pierre.), «A propos du Petit Prince», *Paroles nouvelles françaises*, 14 mai, 1946.

[4] Bachelard (Gaston), *Poétique de la Rêverie*, PUF coll.Quadrige, Paris, 1998.

[5] Bachelard (Gaston..), *La Poétique de l'espace*, PUF, Paris, 1957.

[6] Bernadie (Sully), *L'Imagination de l'espace dans l'œuvre de Saint-Exupéry*, Thèse pour le Doctorat d'État, Université Paris VII, 1971.

[7] Blanchot (Maurice), *L'Espace littéraire*, Gallimard, Paris, 1955.

[8] Boisgontier (Luc), «Cinq minutes avec M. Antoine de Saint-Exupéry, lauréat du grand prix du Roman»; *Le Figaro littéraire*,

27, mai, 1939.

[9] Bothorel (Jean), *Louise de Vilmorin*, Grasset, Paris, 1993.

[10] Brin (François), *Etude sur Terre des Hommes,* Ellipses, Paris, 2000.

[11] Carlo (François.), *L'esthétique d'Antoine de Saint-Exupéry*, Delachaux Niestlé, Paris, 1957.

[12] Campbell (Joseph), *Le héros aux mille et un visages*, Laffont, Paris, 1977.

[13] Cerisier (Alban), *Il était une fois le Petit Prince*, Gallimard, Paris, 2006.

[14] Chevrier (Pierre.), *Saint-Exupéry*, Gallimard, Paris, 1958.

[15] Christin (Rodolphe), *L'Imaginaire voyageur ou l'expérience exotique*, L'Harmattan, Paris, 2000.

[16] Daurat (Didier), *Saint-Exupéry, tel que je l'ai connu*, Liège, éd. Dynamo, Paris, 1954.

[17] Daurat (Didier.), «Saint-Exupéry, pionnier de la ligne», *Le Figaro littéraire*, 31, juillet, 1954.

[18] Daurat (Didier.), «Souvenir sur Saint-Exupéry», *Historia*, juillet, 1964.

[19] Daurat (Didier.), dans *Icare*, N.69.

[20] Dastur (Françoise), *Heidegger et la pensée à venir*, J.VRIN, Paris, 2011.

[21] Descartes (René), *Méditations métaphysiques*, Vrin, Paris, 1978.

[22] Descartes (René.), *Discours de la méthode*, VRIN, Paris,

1992.

[23] Destrem (Maja), *Saint-Exupéry*, Editions Paris-Match, Paris, 1974.

[24] Drewermann (Eugen), *L'essentiel est invisible*, Cerf, Paris, 2001.

[25] Eliade (Mircéa), *Le Sacré et le Profane*, Paris, Gallimard coll. Folio, 1965.

[26] Froment (Hélène), *On ne revient pas*, Gallimard, Paris, 1941.

[27] Gaillois (Roger), *L'homme et le sacré*, Gallimard, Paris, 1950.

[28] Gelée (Max), dans *Icare,* N.96.

[29] Goldschmidt (Victor), *Anthropologie et politique*, Librairie Philosophique J.VRIN, Paris, 1983.

[30] Guillot (Renée.-Paule), *Saint-Exupéry l'homme du silence*, Edition Dervy, Paris, 2002.

[31] Heidegger (Martin), *Les concepts fondamentaux de la métaphysique*, Gallimard, Paris, 1992.

[32] Jung (Carl-Gustav), *Métamorphoses de l'âme et ses symboles*, traduit de l'allemand par Yves Le Lay, Georg., Paris, 1953.

[33] Kessel (Joseph.), «Portrait de Saint-Exupéry», *Gringoire*, 10 janvier, 1936.

[34] Kessel (Joseph.), «Saint-Exupéry», *Paris-Soir*, 27 mai, 1939.

[35] Kessel (Joseph.), *Mermoz*, Gallimard, Paris, 1965.

[36] La Bruyère (Stacy de), *Saint-Exupéry Une vie à contre-courant*, Albin Michel, Paris, 1994.

[37] Le Hir (Geneviève), *Saint-Exupéry ou la force des images*,

IMAGO, Paris, 2002.
［38］Lukacs (Georges.), *La Théorie du Roman*, Gonthier, Berlin, 1963.
［39］*Marianne*, 26 octobre, 1932.
［40］*Marianne*, 2 novembre, 1932.
［41］*Marianne*, 7 août, 1935.
［42］Maulnier (Thierry), *Le petit prince d'Antoine de Saint-Exupéry,* Gallimard, Paris, 2006.
［43］Merleau-Ponty (Maurice)., *Sens et Non-Sens,* Nagel, Paris, 1966.
［44］Migeo (Marcel), *Henri Guillaumet*, B.Arthaud, Paris, 1949.
［45］Moré (Marcel.), *J'ai vécu l'épopée de l'Aéropostale*, Editions de l'Acropole, Paris, 1980.
［46］Morin (Edgar), *Le paradigme perdu: la nature humaine,* Editions du Seuil, Paris, 1973.
［47］Nietzsche (Friedriche), *Ainsi parlait Zarathoustra*, Gallimard, Paris, 1971.
［48］Odaert (Olivier), *Saint-Exupéry et le fascisme: pour une poétique de l'idéologie*, RiLUnE n.1, 2005.
［49］Ouellet (Réal), *Les Relations humaines dans l'œuvre de Saint-Exupéry*, Minard, Paris, 1971.
［50］Pascal (Blaise), *Pensées et Opuscules*, Hachette, Paris, 1946.
［51］Perrot (Jean.), *Jeux et enjeux du livre d'enfance et de jeunesse*, Cercle de la librairie, Paris, 1999.
［52］Petit (Edmond), *La vie quotidienne dans l'aviation en France*

au début du XXe sciècle 1900-1935, Hachette, Paris, 1977.

[53] Pélissier (Georges.), *Les Cinq Visages des Saint-Exupéry*, Flammarion, Paris, 1951.

[54] Pinchard (Bruno), *Heidegger et la question de l'humanisme*, PUF, Paris, 2005.

[55] Ravoux (Jean.-Philippe.), *Donner un sens à l'existence*, Robert Laffont, Paris, 2008.

[56] Renard (Michel), *Essai sur la démocratie,* AUBIN Editeur, Saint-Etienne, 1999.

[57] Rey-Debove (Josette), Alain, Rey, *Le Nouveau Petit Robert*, Dictionnaires le Robert, Paris, 2000.

[58] Rey-Debove (Josette.), Rey (Alain.), *Le Petit Robert*, Le Robert, 2012.

[59] Roy (Jules), *Saint-Exupéry*, La Manufacture, Paris, 1990.

[60] Safranski (Rüdiger), traduit de l'allemand par Isabelle Kalinowski, *Heidegger et son temps*, Grasset, Paris, 1996.

[61] Salanskis (Jean.-Michel.), *Heidegger, le mal et la science*, KLINCKSIECK, Langres-Saints-Geosmes, 2009.

[62] Saint-Exupéry (Antoine de), *Oeuvres complètes*, Tome I, *L'Aviateur,* Gallimard, Paris, 1994.

[63] Saint-Exupéry (Antoine.de), *Oeuvres complètes*, Tome I, *Courrier Sud,* Gallimard, Paris, 1994.

[64] Saint-Exupéry (Antoine.de), *Oeuvres complètes*, Tome I, *Vol de Nuit,* Gallimard, Paris, 1994.

[65] Saint-Exupéry (Antoine de), *Oeuvres complètes*, Tome I,

Terre des Hommes, Gallimard, Paris, 1994.

[66] Saint-Exupéry (Antoine de), *Oeuvres complètes*, Tome I, *Articles,* Gallimard, Paris, 1994.

[67] Saint-Exupéry (Antoine de), *Oeuvres complètes*, Tome I, *Reportages,* Gallimard, Paris, 1994.

[68] Saint-Exupéry (Antoine de), *Oeuvres complètes*, Tome I, *Lettres à sa mère,* Gallimard, Paris, 1994.

[69] Saint-Exupéry (Antoine de), *Oeuvres complètes*, Tome I, *Préfaces,* Gallimard, Paris, 1994.

[70] Saint-Exupéry (Antoine de), *Oeuvres complètes*, Tome I, *Correspondance,* Gallimard, Paris, 1994.

[71] Saint-Exupéry (Antoine de), *Oeuvres complètes*, Tome I, *Appendices,* Gallimard, Paris, 1994.

[72] Saint-Exupéry (Antoine de), *Oeuvres complètes*, Tome II, *Lettres intimes*, Gallimard, Paris, 1994.

[73] Saint-Exupéry (Antoine de), *Oeuvres complètes*, Tome II, *Lettres à sa famille*, Gallimard, Paris, 1994.

[74] Saint-Exupéry (Antoine de), *Oeuvres complètes*, Tome II, *Lettres amicales et professionnelles*, Gallimard, Paris, 1994.

[75] Saint-Exupéry (Antoine de), *Oeuvres complètes*, Tome II, *Pilote de Guerre*, Gallimard, Paris, 1994.

[76] Saint-Exupéry (Antoine de), *Oeuvres complètes*, Tome II, *Le Petit Prince*, Gallimard, Paris, 1994.

[77] Saint-Exupéry (Antoine de), *Oeuvres complètes*, Tome II, *Citadelle*, Gallimard, Paris, 1994.

[78] Saint-Exupéry (Antoine de), *Oeuvres complètes*, Tome II, *Lettre à un Otage*, Gallimard, Paris, 1994.

[79] Saint-Exupéry (Antoine de), *Lettre à l'inconnue*, Gallimard, Paris, 2008.

[80] Saint-Exupéry (Antoine de), Préface au livre d'Anne Morrow Lindbergh *Le vent se lève*, *Œuvres complètes*, tome I, Gallimard, 1994.

[81] Saint-Exupéry (Antoine de), *Le Destin de Joseph-Marie Le Brix, de José Le Boucher*, Nouvelle Libraire Française, Paris, 1932.

[82] Saint-Exupéry (Consuelo de), *Mémoires de la rose*, Plon, Paris, 2000.

[83] Simon (Pierre-Henri), *L'Homme en Procès*, Payot, 1968.

[84] Tadie (J.Yves), *Le Récit Poétique*, Gallimard, Paris, 1994.

[85] Tison-Braun (Micheline), *Poétique du paysage: Essai sur le genre descriptif*, Nizet, Paris, 1980.

[86] Towarnicki (Frédéric de), *A la rencontre de Heidegger*, Gallimard, Paris, 1993.

[87] Vallières (Nathalie des), *Saint-Exupéry l'archange et l'écrivain*, Gallimard, Paris, 1998.

[88] Vilmorin (Louise de), «Antoine de Saint-Exupéry», *Carrefour*, 26, août, 1944.

[89] Vircondelet (Alain), *Dans les pas de Saint-Exupéry*, L'œuvre Editions, 2010.

[90] Vircondelet (Alain), *La véritable histoire du Petit Prince*,

Flammarion, Paris, 2008.

[91] Wagner (Walter), *La conception de l'amour-amitié dans l'oeuvre de Saint-Exupéry*, PETER LANG, Allemagne, 1996.

[92] Webster (Paul), *Saint-Exupéry vie et mort du petit prince*, Le Félin, Paris, 2002.

[93] Werth (Léon), *Saint-Exupéry, tel que je l'ai connu*, V. Hamy, Paris, 1994.

[94] Xu zhenhua, Huang Jianhua, *Raison et déraison*, 外语教学与研究出版社, 北京, 2000.

[95] A.施密特,《马克思的自然概念》, 商务印书馆, 北京, 1988.

[96] 埃德加·莫兰(Edgar Morin)著, 吴泓渺、冯学俊译,《方法：天然之天性》(*La méthode Volume* I, Editions du Seuil, 1981), 北京大学出版社, 北京, 2002.

[97] 邓道喜,《马克思的人化自然观极其当代意义》, 武汉理工大学出版社, 武汉, 2009.

[98] 莫雷利(Etienne-Gabriel Morelly)著, 黄建华、姜亚洲译,《自然法典》(*Code de la nature ou le véritable esprit de ses lois, de tout temps négligé ou méconnu*, Editions Sociales, Paris, 1970), 商务印书馆, 北京, 1982.

[99] 老子、庄子,《老子·庄子》, 乌兰文艺出版社, 甘肃, 2009.

[100] 马克思、恩格斯,《马克思恩格斯全集》第二十三卷, 人民出版社, 北京, 1972.

[101] 肖四新,《西方文学的精神突围》, 中央编译出版社, 北京, 2003.

二、参考网站信息

［1］http://dlib4.edu.chki.net/kns50
［2］http://www.cairn.info
［3］http://fr.wikipedia.org/wiki/Existentialisme
［4］http://fr.wikipedia.org/wiki/Martin_Heidegger
［5］http://fr.wikipedia.org./wiki/Francis_Bacon_(philosophe)
［6］http://fr.wikipedia.org/wiki/Martin_Buber
［7］http://en.wikipedia.org./wiki/Jean-Paul_Sartre
［8］http://www.dissertationsgratuites.com/dissertations/La-Nature-Humaine-Freud-Rousseau/99989.html
［9］www.megaessays.com/viewpaper/26695.html
［10］http://terresacree.org/etaplane.htmle4/03/2011

三、参考译文

［1］*L'Aviateur*，《圣爱克絮佩里精选集》，刘华编选，北京燕山出版社，2005年，乔咪加译.
［2］*Vol de nuit*，《圣爱克絮佩里精选集》，刘华编选，北京燕山出版社，2005年，刘君强译.
［3］*Courrier Sud*，《圣爱克絮佩里精选集》，刘华编选，北京燕山出版社，2005年，乔咪加译.
［4］*Terre des hommes*，《圣爱克絮佩里精选集》，刘华编选，北京燕山出版社，2005年，刘君强译.
［5］*Pilote de guerre*，《圣爱克絮佩里精选集》，刘华编选，北京燕山出版社，2005年，刘华译.

[6] *Le Petit Prince*,《小王子·堡垒》,上海人民出版社,2008年,黄荭、邹琰、马利红、林珍妮等译.

[7] *Citadelle*,《小王子·堡垒》,上海人民出版社,2008年,黄荭、邹琰、马利红、林珍妮等译.

[8] *Articles*,《镜子的碎片》,上海人民出版社,2008年,时利和、罗晓亮、贾石、陈昇乐等译.

[9] *Reportages*,《镜子的碎片》,上海人民出版社,2008年,时利和、罗晓亮、贾石、陈昇乐等译.

[10] *Lettress*,《沙漠中一口井》,上海人民出版社,2008年,陈玉琴、孔潜、陈昇乐译.